Philip Wölki

Briefing gut – Werbung gut

Philip Wölki

Briefing gut – Werbung gut

Marketing-Wissen für Werber, Kreative & Co.

Bibliografische Information der Deutschen Nationalbibliothek
Die Deutsche Nationalbibliothek verzeichnet diese Publikation in der Deutschen Nationalbibliografie. Detaillierte bibliografische Daten sind im Internet über http://dnb.d-nb.de abrufbar.

ISBN 978-3-636-03102-0

Redaktion: Tanya A. Wegberg, Neuruppin
Lektorat: Michael Schickerling, Landsberg am Lech
Umschlaggestaltung: Jarzina Kommunikations-Design, Köln
Umschlagabbildung: Don Mason, Corbis
Satz: Jürgen Echter, Landsberg am Lech
Druck und Bindung: Holzhausen, Wien
Printed in Austria

Für ein kleines bisschen bessere Werbung

Inhalt

Vorwort

Briefing gut – Werbung gut soll klarmachen, dass ein gutes Briefing – im Sinne einer guten Informationsgrundlage – unerlässlich für gute Werbung ist. Damit soll in keinem Falle die Notwendigkeit guter Kreativer angezweifelt werden, denn ein gutes Briefing allein macht natürlich noch lange keine gute Werbung. Da sich das Thema in diesem Spannungsverhältnis bewegt, wird der Titel ihm ebenso anschaulich wie provokativ gerecht.

Dieses Marketingbuch richtet sich speziell an Sie, einen der über 100.000 Kreativen in der deutschsprachigen Werbung – an CDs, ADs, Texter und die zigtausend auf dem Weg dahin. Die Marketingbücher für Kaufleute helfen Ihnen kaum weiter: Sie sprechen die falsche Sprache und agieren viel zu zahlenfokussiert. So bleibt Marketing häufig ein Buch mit sieben Siegeln, obwohl es eigentlich ganz simpel ist.

Dieses Buch ist jedoch nicht nur sprachlich auf Sie zugeschnitten; auch inhaltlich wird hier jener Teil des Marketings beleuchtet, der für den Kommunikationsbereich relevant ist, ohne das große Ganze außen vor zu lassen.

Das Buch vermittelt somit das nötige Marketingwissen für Werber. Es ist als Unterstützung für die tägliche Arbeit konzipiert, denn gute Werbung fällt ja bekanntlich nicht vom Himmel. Kommunikation bedarf einer umfassenden Informationsbasis, auf der sich dann die Kreativität entfalten kann. Diese Zweckgebundenheit macht den Unterschied zwischen Kunst und Werbung aus. Werbliche Kommunikation hat zu funktionieren, sie ist Teil des Wirtschaftsprozesses und wird daher an ihrem Erfolg gemessen.

Strukturiert werden die Marketinginhalte anhand des für die Kommunikationsbranche elementaren Briefings. Die einzelnen Briefingelemente werden detailliert erläutert. Vor allem sollen hier die jeweiligen Hintergründe beleuchtet werden, da sie für die Beschaffung der nötigen Informationen von besonderer Bedeutung sind. Leider ist es häufig so, dass Briefings unzureichend bei den Kreativen ankommen.

Eine kleine Befragung des Autors im Rahmen der Vorrecherche zu diesem Buch ergab einen Durchschnitt von lediglich 38,3 Prozent guten und sehr guten Briefings; eine Studie der Agentur Diffferent kommt sogar nur auf 33 Prozent.[1] Da eine gute Informationsbasis jedoch für Ihre Arbeit zwingend erforderlich ist, zeigt sich ein dringender Bedarf an genauem Verständnis der einzelnen Punkte sowie am Wissen um die Informationsquellen. Und diese Informationen kommen aus dem Marketing!

Für Sie als Leser hat das Buch den folgenden Nutzen:

- es ist kurz, knackig und illustrativ geschrieben,
- es bringt viele Beispiele aus der Werbepraxis,
- es fokussiert den relevanten Teil des Marketings (Kommunikationsbranche),
- es ist als Unterstützung für die tägliche Arbeit konzipiert,
- es ist aus Agentur- und Kreativensicht (nicht aus Kundensicht) geschrieben,
- Marketingslang wird erläutert, nicht vorausgesetzt,
- es ist verständlich geschrieben,
- es vermittelt reichlich Marketingwissen,
- es ermöglicht die Emanzipation der Kreativen von den Beratern,
- es löst Sprach- und Verständnisprobleme in Agenturen (ein Pendant für die Kundenberater ist in Arbeit),
- es bietet Marketing-Know-how für alle Freelancer und selbstständigen Kreativen,
- es stellt eine Kombination aus Praxis- und Lehrbuch dar.

Dieses Werk versteht sich somit als kleiner Beitrag gegen schlechte Werbung. Denn der Kunde ist zwar selbst schuld, wenn der Kreative nicht die nötigen Arbeitsvoraussetzungen hat, aber es hilft ja bekanntlich nicht, zu jammern und nichts zu ändern. Schuld wurde zugewiesen; nun aber zur eigenständigen Lösung. Wie bekommt man trotzdem die Voraussetzungen für gute, sprich erfolgreiche Werbung? Die Antwort lautet: Eigenbriefing. Leider anstrengend, leider mühsam, jedoch die Alternative zu langweiliger beliebiger Werbung oder Kreativfeuerwerk ohne Bezug zur Marke und Zielgruppe. Letzteres beleidigt wenigstens nicht unser Auge, macht aber langfristig weder den Konsumenten noch den Kunden mit seiner Marke, noch die Agentur und damit den Kreativen glücklich. Also los!

Abbildung 1: *Tourist* von Zhou Ping

Einleitung

Zunächst einmal kurz zu ein paar Begrifflichkeiten, damit wir uns verstehen:

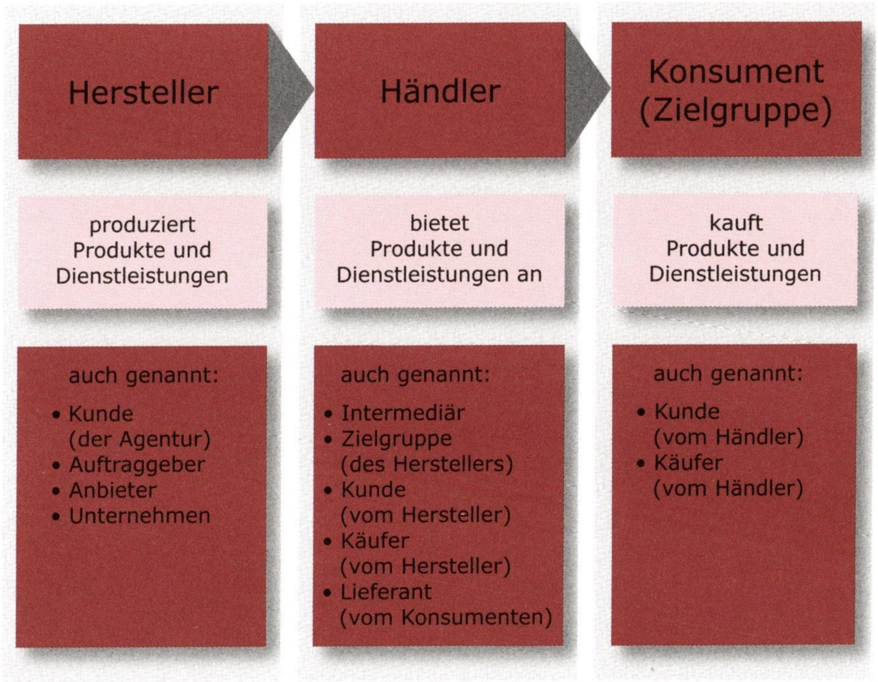

Abbildung 2: Nomenklatur dieses Buches

Die Verwendung der Begriffe für die Teilnehmer an diesem Prozess ist sehr uneinheitlich, daher kommt es immer wieder zu Missverständnissen. Dieses Buch benutzt die im oberen Teil von Abbildung 2 aufgeführten Bezeichnungen.

Die Schwierigkeit mit dem Marketing fängt schon bei seinem falschen Verständnis an: was es heißt, ist genauso ungeklärt wie die Frage, wer es eigentlich macht beziehungsweise machen sollte. Doch sei schon an dieser Stelle angemerkt, dass Marketing kinderleicht ist (anders als zum Beispiel Physik). Jeder kann es verstehen, einzige Bedingung: Man muss ein paar Begriffe lernen. Dieses Buch soll Ihnen dabei helfen.

Marketinggrundlagen

Was ist eigentlich Marketing?

»Werde also nicht müde, deinen Nutzen zu suchen,
indem du anderen Nutzen gewährst.«
Marc Aurel, römischer Kaiser (121-180 n. Chr.)

»Wenn du ein Schiff bauen willst, so trommle nicht Leute zusammen,
um Holz zu beschaffen, Werkzeuge vorzubereiten,
Aufgaben zu vergeben und die Arbeit einzuteilen,
sondern wecke in ihnen die Sehnsucht nach dem weiten, endlosen Meer.«
Antoine de Saint-Exupéry, Der kleine Prinz

Marketing ist die Befriedigung von Bedürfnissen anderer (der Kunden), um seine eigenen Ziele (zum Beispiel Gewinnerzielung oder Image) zu erreichen.

Dies gilt in der Wirtschaft, aber auch im Privaten. Hierzu ein paar illustrative Beispiele:

Szene 1: Ein Mann schenkt einer Frau einen Blumenstrauß.

Der Mann gibt die Blumen zur Bedürfnisbefriedigung der Frau, er weiß, dass sie sich hierüber freut. Nun die entscheidende Frage: Will er hiermit seine Ziele befriedigen? Vorstellbar wären: »Schatz, Sonntag muss ich zum Fußballspiel«, »Schatz, meine Mama kommt zu Besuch«, »Schatz, ich kenne deine beste Freundin etwas näher als du denkst«, »Schatz, die Jungs kommen jetzt jeden Dienstag« oder »Schatz, sorry, ich hab das mit deinem Hintern nicht so gemeint«. Sicher hat der Mann die Blumen geschenkt, weil er seine Ziele erreichen will. Denkbar wäre natürlich auch eine Situation, in der er aus reiner Nettigkeit der Frau gegenüber handelt; das Ziel wäre dann »Gutes tun« – wahrscheinlich eher ein hypothetisches Konstrukt.

Szene 2: Eine Frau schläft mit ihrem Mann.

Die Frau »schenkt Liebe«, was zur Bedürfnisbefriedigung des Mannes führt beziehungsweise führen kann. Zum Glück leben wir nicht mehr in einer Welt, in der dies der einzige Grund für diese Szene ist. Die Frau hat eigene Ziele, die gegebenenfalls direkt in der Szene erreicht werden. Denkbar wäre hier aber auch, dass sie andere Ziele verfolgt: »Schatz, die Mädels kommen Samstagnachmittag zu Besuch«, »Schatz, ich hab da was Schönes gesehen …«, »Schatz, ich glaub, ich bin mit deinem Wagen wo rangekommen« oder »Schatz, wir müssen dringend was im Wohnzimmer verändern«. Möglich wäre natürlich auch eine Situation, in der sie rein aus Nettigkeit mit ihrem Mann schläft.

Szene 3: Eine Frau gibt einem Bettler 5 Euro.

Die Frau gibt das Geld zur Bedürfnisbefriedigung des Bettlers, wahrscheinlich für sein Nahrungsbedürfnis. Sie tut dies auch, weil sie ihre Ziele erreichen will, zum Beispiel Gutes tun oder das eigene schlechte Gewissen in Bezug auf die Ungerechtigkeit der Welt etwas mildern.

Es handelt sich bei allen Szenen um Marketing, obwohl teilweise die wirtschaftliche Komponente fehlt. Im Unternehmen wollen wir zumeist wirtschaftliche Ziele erreichen, das heißt, dass der Kunde für die von uns geleistete Bedürfnisbefriedigung bezahlen muss und wir uns mit diesem Geld unsere Wünsche erfüllen können. Aber auch bei Unternehmen sehen wir relativ häufig unwirtschaftliches Verhalten. So lassen sich einige der großen Fusionen der letzten Jahre rückwirkend betrachtet wohl eher als Egotrip des Vorstands beurteilen.

Generell gilt, dass für den Erfolg also nicht das Produkt selbst, sondern die Lösung des dahinter stehenden Problems entscheidend ist, also der Nutzen, den das Produkt stiftet. Bei vielen Kleidungsstücken zum Beispiel geht es nicht in erster Linie darum, dass wir etwas zum Anziehen haben, sondern um ästhetisches Gefallen und das Image, das uns damit verliehen wird. Somit kann ein aufgesticktes Logo oder ein aufgedruckter Spruch viel »wertvoller« sein als eine bessere Verarbeitung oder Stoffqualität. Das bedeutet: Es geht immer um die Leistung und nicht um das Produkt an sich.

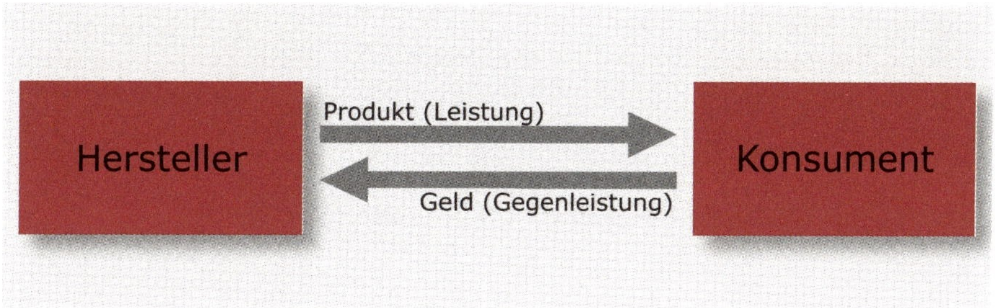

Abbildung 3: Wirtschaften

Und damit sieht Marketing folgendermaßen aus:

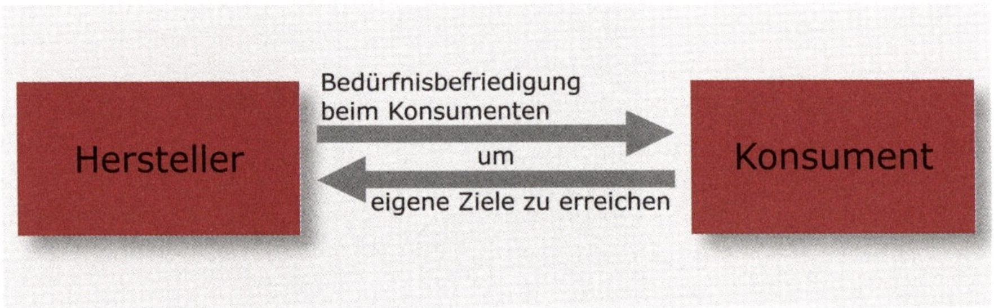

Abbildung 4: Marketing (Herstellersicht)

Aber auch aus Kundensicht handelt es sich hier um einen Vorgang des Marketings:

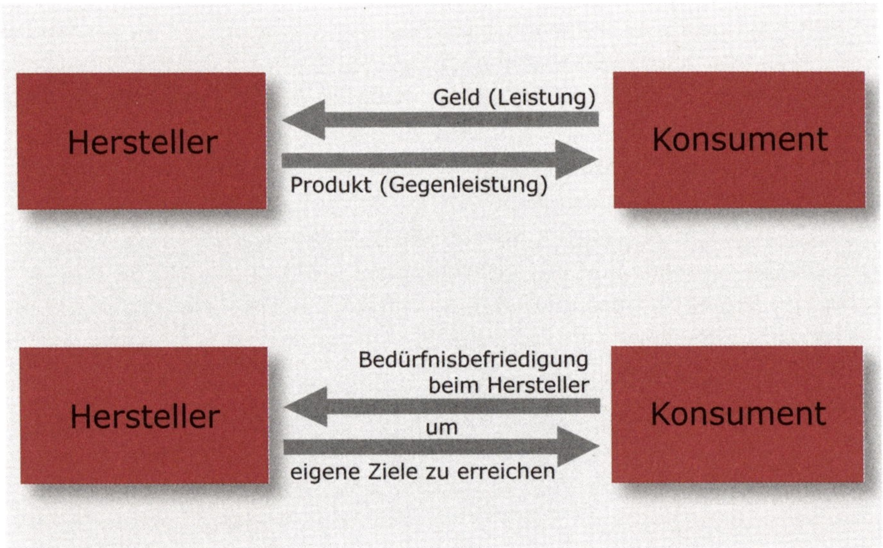

Abbildung 5: Wirtschaften und Marketing (Konsumentensicht)

Es geht bei der Kommunikation nicht um das Produkt oder die Produktvorteile, sondern um den Nutzen und die Nutzenvorteile, sprich um die Bedürfnisbefriedigung!

Sich kundenorientiert zu verhalten bedeutet allerdings nicht, dass man versucht, es dem Kunden 100-prozentig recht zu machen. Es gilt, die Bedürfnisse zu kennen, jeweils in Kombination mit der Bereitschaft, Geld dafür auszugeben. Sie kennen bestimmt viele Dinge, die Sie gerne hätten, für die Sie aber nicht bereit sind, den angegebenen Preis zu bezahlen. Oft kommt es vor, dass wir lieber »70 Prozent Befriedigung« für »75 Prozent Preis« kaufen als 100 für 100. Zudem ist ja bekanntlich auch Kunde nicht gleich Kunde – es gibt solche und solche. Wie viele wollen das 70/75-Paket und wie viele das 100/100-Paket (oder welche anderen Kombinationen auch immer)?

Philip Knight, der Gründer von Nike, begründete die roten Zahlen von 1985 und die Notwendigkeit von Entlassungen damit, dass er die Bedeutung von Marketing unterschätzt und deshalb nicht genug auf die Bedürfnisse geachtet habe. So kam es, dass Nike den damaligen Aerobic-Trend übersah und stattdessen Freizeitschuhe herstellte.[2] Die Gefahr, am Markt vorbeizuproduzieren, ist groß und dieser häufig gnadenlos.

Haben Sie ein *Bedürfnis* nach Leuchten und Glühbirnen? Wahrscheinlich nicht. Sie haben ein Bedürfnis nach Licht, nach Hervorhebung, nach Stimmung, Gemütlichkeit und dergleichen. Die Glühbirne ist dabei nur das Produkt, das diese Bedürfnisbefriedigung verspricht. Könnten Neonröhren oder andere Produkte dies auch oder gar besser, würde niemand mehr Glühbirnen kaufen. Denken Sie bitte nie mehr in Produkten, sie sind nur Mittel zum Zweck.

Kann ein Unternehmen auch *Bedürfnisse schaffen?* Ich habe noch keinen Fall gesehen, in dem dies gelungen ist. Bedürfnisse sind im Menschen verankert. Natürlich hätten wir vor 20 Jahren kein Bedürfnis nach mobiler Kommunikation geäußert, vielleicht hätten wir uns den Nutzen auch nicht vorstellen können, aber heute – im Rückblick – ist es doch klar, dass wir auch damals schon gerne jederzeit kommuniziert hätten, Nachrichten hinterlassen wollten, ohne sprechen zu müssen, uns spontan mit anderen koordinieren und auch angeben wollten. Das Bedürfnis war also schon in uns angelegt. Hier hat Marketing angesetzt und uns dies dann klargemacht.

Lassen Sie sich bitte nicht irritieren: Marketing ist vollkommen unabhängig von der Existenz einer Marketingabteilung. Jedes Unternehmen macht Marketing, wenn es nur ansatzweise versucht, Bedürfnisse zu befriedigen. Die Frage ist also: gutes oder schlechtes Marketing? Zudem machen (die meisten) Marketingabteilungen kein eigenes Marketing, sondern unterstützen lediglich die Chefetage bei Marketingentscheidungen. Marketing ist Unternehmensführung. Marketing wird von den Chefs gemacht, denn sie entscheiden,

1. was angeboten wird,
2. wie viel es den Kunden kosten soll,
3. wo verkauft wird,
4. was wie kommuniziert wird.

Gerade Letzteres sollte nach Möglichkeit an qualifizierte Mitarbeiter delegiert werden, aber so viel Größe haben nur sehr wenige Chefs. Bei Kommunikation meint jeder mitreden zu können.[3] Die vier oben aufgezählten Elemente sind die vier Marketinginstrumente – dazu später mehr.

Dieses Buch strukturiert die Marketinginhalte anhand des Briefings. Das Briefing ist zwar ein Teil der Kommunikation, und diese ist wiederum nur ein Teil des Marketings, jedoch werden Sie alle Inhalte des Marketings im Briefing wiederfinden.

Briefinggrundlagen

In einem Briefing werden alle Informationen übermittelt, die für die Realisierung eines Vorhabens notwendig sind.[4]

Die Agentur wird also über die Hintergründe und Ziele der geplanten Kommunikation informiert. Je vollständiger die Informationen, desto besser kann eine konzeptionskonforme Umsetzung erfolgen: Der kreative Output kann nie besser sein als der informative Input.[5]

Stellen Sie sich folgende Situationen vor:

- Jemand kommt zu einem Software-Entwickler und sagt: »Entwickeln Sie mir mal was.«
- Jemand kommt zum Arzt und sagt: »Hilfe, mir tut irgendetwas weh!«
- Jemand kommt zum Schreiner und sagt: »Einen Konferenztisch, bitte.«
- Jemand kommt zu einer Agentur und sagt: »Kampagne, in fünf Tagen!»

Drei davon sind unrealistisch – eine ist Alltag.

Wenn die Agentur zu einem Schreiner geht und ihm mitteilt, dass sie einen Konferenztisch braucht, um Gäste zu beeindrucken, dann ist dies nichts anderes als ein Briefinggespräch. Der Auftraggeber ist hier die Werbeagentur, der kreative Dienstleister ist der Schreiner. Obwohl – oder gerade weil – beide Seiten kreativ sind, und trotz gemeinsamer Muttersprache, ist die Verständigung nicht ganz einfach. Die Hintergründe, Wissensstände, Vorstellungen, Vorlieben et cetera sind unterschiedlich. Das heißt, die Kommunikation muss mit Bedacht und Rücksicht geführt werden.

Wichtig ist bei diesem Gespräch die Auswahl der Repräsentanten. Sie sollten jeweils für die gesamte eigene Mannschaft sprechen können. Der Schreiner muss wissen, wie die Abläufe im eigenen Unternehmen funktionieren, wie die Auftragslage ist (freie Kapazitäten), wer welche Fähigkeiten und Fertigkeiten besitzt und so weiter. Der Kundenrepräsentant sollte die nötigen Informationen besitzen und transportieren können. Beides nicht gerade einfach: Nehmen wir nur einmal das Wissen, wer die eigene Agentur eigentlich ist. Die wenigsten Mitarbeiter einer großen Agentur werden dem Schreiner hierauf eine hilfreiche Antwort geben können.

Des Weiteren sollten die Vorstellungen und Bedürfnisse der Agentur detailliert skizziert werden können. In diesem Gespräch sind alle Vorgaben, Wünsche,

Möglichkeiten, Materialien und Ähnliches zu besprechen; von beiden Seiten fließen Informationen zur anderen Seite. Gegebenenfalls sind auch Fragen in Rücksprache mit Mitarbeitern und Kollegen zu klären. Häufig ist im ersten Gespräch der Auftraggeber der Gesprächsführende, in einem zweiten Gespräch dann der Dienstleister, denn hier sind die Details abzustimmen. Falls nötig, folgt noch ein Rebriefing, in dem der Dienstleister die Aufgabenstellung des Kunden mit eigenen Worten skizziert und so abzuklären versucht, ob die Aufgabe richtig verstanden wurde.

Hat der Auftraggeber dies bestätigt, wird der Repräsentant des Dienstleisters (in unserem Beispiel also des Schreiners) seine Mitarbeiter und Kollegen briefen, indem er ihnen erklärt, was der Kunde wünscht. Dieses Gespräch beziehungsweise das begleitende Dokument wird Creative Brief genannt.

Das Beispiel verdeutlicht die Wichtigkeit

- der verfügbaren beziehungsweise gesammelten Informationen,
- des Transports dieser Informationen und
- der Auswahl der beteiligten Akteure.

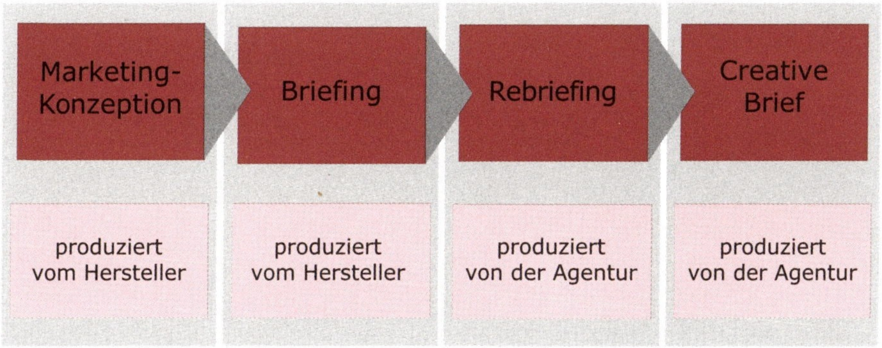

Abbildung 6: Zusammenhang Marketingkonzeption, Briefing/Rebriefing und Creative Brief

- Das Marketingkonzept ist die Kernaufgabe des Marketings.
- Seine Inhalte werden für die Agentur umgeschrieben und zusammengefasst im Briefing.
- Die Agentur versucht eine Zusammenfassung des Briefings mit eigenen Worten im sogenannten Rebriefing.
- Agenturintern wird das Briefing nochmals zusammengefasst und für die Kreativen aufbereitet: der Creative Brief.

Im Folgenden wird synonym für alle drei Arten nur noch von Briefing gesprochen.

Hier noch eine Übersicht über das Briefing:

1. Markt und Umfeld	11. Briefingaufgabe
2. Zielgruppe	12. Ziel der Werbung/Kommunikationsziel
3. Leistung	13. Auslöser der Werbung
4. Hersteller der Leistung	14. Bedeutung der Werbung im Marketingmix
5. Verkaufsstätten	15. Consumer-Benefit
6. Gegenleistung	16. Reason why
7. Bisherige Kommunikations-/Werbeaktivitäten	17. Tonality
8. Konkurrenz	18. Pflichtbestandteile, Vorgaben, Wünsche
9. Werbeeinschränkungen	19. Erfolgskriterien und Erfolgskontrolle
10. Budget (Media- und Produktionsbudget)	20. Zeitplan für die kreative Arbeit

Die einzelnen Elemente des Briefings seien hier kurz anhand der jeweils zu beantwortenden Fragen skizziert; die folgenden Kapitel gehen dann detailliert auf jedes Element ein.

Markt und Umfeld	1. Welche Bedürfnisse befriedigt das zu kommunizierende Produkt? Auf welchen Märkten »kämpft« somit das Produkt?
	2. Wie sehen die Marktstrukturen und -prozesse aus? Also: Wer sind die Teilnehmer am Markt, und welche Vertragsbeziehungen haben sie untereinander?
	3. Was sind die nötigen Marktkennzahlen (Umsatz, Absatz, Marktanteile)?
	4. Welche Umfeldfaktoren haben starken Einfluss auf den definierten Märkten? – Soziokulturelle Rahmenbedingungen? – Politisch-rechtliche Rahmenbedingungen? – Technologische Rahmenbedingungen? – Gesamtwirtschaftliche Rahmenbedingungen? – Ökologische Rahmenbedingungen?

Zielgruppe	5. Neben den Kernbedürfnissen: Welche Bedürfnisse befriedigt das Produkt zudem? Gibt es Consumer-Insights?
	6. Welche Kriterien zieht die Zielgruppe zur Entscheidung heran? Welche Bedürfnisse stehen hinter diesen Entscheidungskriterien?
	7. Wie involviert sind die Konsumenten beim Kauf dieses Produktes?
	8. Wie verhalten sich die Konsumenten beim Kauf? Wo fängt der Prozess an, was passiert dann genau bis zum Kauf?
	9. Wie verhalten sich die Konsumenten beim Konsum?
	10. Wie viele Konsumenten gibt es für das Produkt? Wie häufig kaufen sie? Wie viel kaufen sie jeweils?
	11. Wer ist die Zielgruppe? Beschreiben Sie sie ganz genau.
Leistung	12. Was leistet das Produkt? Wie wichtig ist dem Konsumenten jede einzelne Leistungskomponente bei Kauf und Nutzung? – Welchen Nutzen stiftet das Produkt an sich (alle Nutzenelemente sind gefordert)? – Welchen Nutzen stiftet die Marke/das Image des Produktes? – Welchen Nutzen stiftet die Verpackung?
	13. Was leistet das Sortiment (Nutzenstiftung)?
	14. Was leistet der Kundendienst (Nutzenstiftung)?
	15. Was leisten die Garantien (Nutzenstiftung)?
Hersteller	16. Wird die Herstellermarke bisher mit kommuniziert? Hat die Herstellermarke ein Image in der Zielgruppe? Wie sieht das Image aus? Was ist der Mehrwert der Herstellermarke für das Produkt?
	17. Was ist »kriegsentscheidend« für den Hersteller – im Sinne von »lebensnotwendig«?
	18. Was gibt es Wissenswertes über den Hersteller?
	19. Welche Informationen über den Hersteller »riechen« nach Ideen für die Kommunikation?

Verkaufsstätten	20. Wie sieht die Distributionskette (vom Rohstoff zum Konsumenten) aus?
	21. Verkauft der Hersteller direkt oder indirekt an den Konsumenten?
	22. Über welche Händler verkauft der Hersteller? – Wie sieht die prozentuale Verteilung zwischen den Händlern aus? – Welche Bedeutung hat das zu kommunizierende Produkt für die jeweiligen Händler? – Wie präsentieren die jeweiligen Händler das Produkt? – Geben die Händler dem Produkt einen Imagemehrwert?
Gegenleistung	23. Wie hoch ist der Preis für das Produkt (gegebenenfalls »von ... bis« und Durchschnittspreis)?
	24. Was kommt für den Konsumenten an zusätzlichen Ausgaben/Aufwänden hinzu?
	25. Werden dem Konsumenten vom Hersteller Kredite gewährt?
	26. Gibt es besondere Konditionen (Rabatte) vom Hersteller?
	27. Wie sehen die Liefer- und Zahlungsbedingungen des Herstellers aus?
Bisherige Kommunikation	28. Welche Kommunikationsmittel wurden bisher genutzt (insbesondere in den letzten Jahren)?
	29. Wie interpretieren/kategorisieren Sie die bisher genutzten Kommunikationsmittel?
Konkurrenz	30. Wer sind die Konkurrenten des Herstellers? (im Sinne von: Welche Produkte befriedigen die gleichen Bedürfnisse?, nicht: Wer stellt ähnliche Produkte her?)
	31. Hat der Hersteller Wettbewerbsvorteile? Wenn ja, welche?
	32. Wie beurteilen Sie die bisherige Kommunikation der Wettbewerber?
Werbeeinschränkungen	33. Was sind die rechtlichen Einschränkungen für die Werbung/Kommunikation bei diesem Produkt?
	34. Gibt es zudem Einschränkungen vom Hersteller?
Budget	35. Wie hoch ist das Budget?
Briefingaufgabe	36. Wie lautet konkret die Aufgabe des Briefings – was ist zu tun?
Ziel der Werbung (Kommunikationsziel)	37. Was ist das Ziel dieser Kommunikation? Warum wird sie benötigt? Kann die Kommunikation dieses Ziel erfüllen?

Auslöser der Werbung	38. Gibt es einen konkreten Auslöser für dieses Briefing? Wenn ja, welchen?
Bedeutung im Marketingmix	39. Welche Bedeutung hat zurzeit die Kommunikation generell im Marketingmix des Herstellers?
	40. Welche Bedeutung hat dieses Briefing im Marketingmix des Herstellers?
Consumer-Benefits	41. Stiftet das zu kommunizierende Produkt grundsätzlich Nutzen? Welche Nutzenelemente (Consumer-Benefits) lassen sich identifizieren? Welcher Art (objektiv oder subjektiv) ist dieser Nutzen?
	42. Bei welchen Nutzenelementen ist das zu kommunizierende Produkt besser als die Konkurrenzprodukte (»Wettbewerbsvorteile«)?
	43. Sind diese Wettbewerbsvorteile absolut, das heißt, hat niemand sonst dieses Nutzenelement? Oder sind sie relativ?
	44. Basiert der absolute Wettbewerbsvorteil auf objektivem Nutzen (funktionale Eigenschaften/beweisbare Vorteile)? Existiert also eine USP?
	45. Basiert der absolute Wettbewerbsvorteil auf subjektivem, emotionalem Nutzen? Existiert also eine UAP/UCP?
Reason why	46. Wie lassen sich die identifizierten Benefits begründen (Reasons why)?
Tonality	47. Wie soll die Grundstimmung der Kommunikation aussehen (Tonality)?
Pflichtbestandteile	48. Gibt es besondere Vorgaben für die Gestaltung, zum Beispiel eine Corporate Identity mit Gestaltungsregeln oder zu verwendende Schlüsselsignale (Pflichtbestandteile)?
Erfolgskriterien	49. Wie soll der Erfolg der Kampagne – und damit der Kreativarbeit – gemessen werden?
Zeitplan	50. Wann sind die Deadlines für die Kreativarbeit?

Das Briefing enthält zudem noch administrative Elemente wie Kundennamen, Produkt, Jobtitel, Jobnummer, Datum und den Namen des Teams, auf die hier aber nicht eingegangen werden soll.

Briefinginhalte

Die folgenden 20 Kapitel sollen Ihnen verdeutlichen, was grundsätzlich in ein Briefing gehört und welche fehlenden Inhalte wie erarbeitet werden können. So kann der Kreative sich selbst briefen und damit die Grundlage und Voraussetzung für eine gute Arbeit schaffen.

Um die Inhalte nicht nur theoretisch abzuhandeln, wird – neben vielen punktuellen Beispielen – jeweils anhand eines fortlaufenden Beispiels die praktische Anwendung insgesamt beschrieben. Dabei handelt es sich um einen fiktiven »Frauenbaumarkt«.

Grundlage ist ein Baumarkt, wie wir ihn kennen – à la Hornbach, OBI, Bauhaus –, aber speziell für Frauen konzipiert. Frauen sind ja bekanntlich nicht mehr dem alten Rollenverständnis verhaftet und machten so anno 2006 fast 30 Prozent der Kundschaft in Baumärkten aus. Dennoch sind Baumärkte immer noch fast ausschließlich auf männliche Kundschaft ausgerichtet. Dies soll nun geändert werden. Eine große Baumarktkette entwickelt eine Tochtergesellschaft, die sich dieser zunehmend interessanten Zielgruppe annimmt. In den folgenden Kapiteln sollen anhand dieses Beispiels die Inhalte konkret aufgezeigt werden.

Bitte verstehen Sie dieses Beispiel als Verständnis- und Inspirationsquelle und nicht als Kopiervorlage. Denn (a) wird es für Letzteres zu kurz behandelt und (b) sind die Punkte in den jeweiligen Märkten zu unterschiedlich, so dass Sie sicher wichtige Elemente Ihres Marktes vergessen würden.

1 Markt und Umfeld

Allgemein geht es in diesem ersten Kapitel um die »Einnordung«, das heißt, es werden Fragen wie die folgenden gestellt:

- Wo befindet sich der Hersteller, Kunde, Anbieter mit seinem Angebot?
- Wie sehen der Markt und das Umfeld dazu aus?

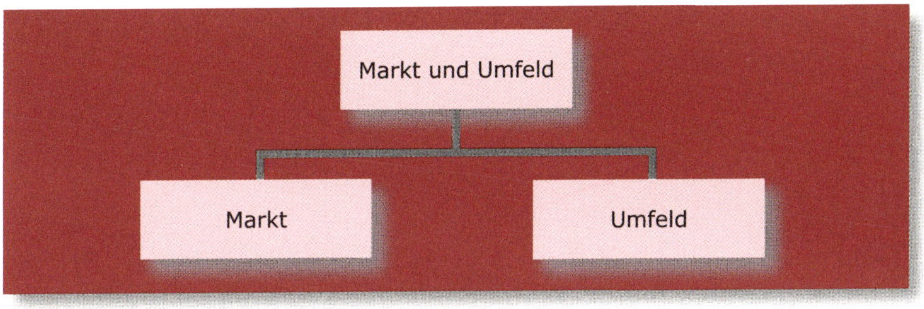

Abbildung 7: Markt und Umfeld

1.1 Markt

Achtung, bevor Sie vorschnell diesen Punkt überspringen: Es ist einer der wichtigsten und schwierigsten und am häufigsten falsch verstandenen des gesamten Briefings!

Die sogenannte Marktanalyse gliedert sich in drei Teile:

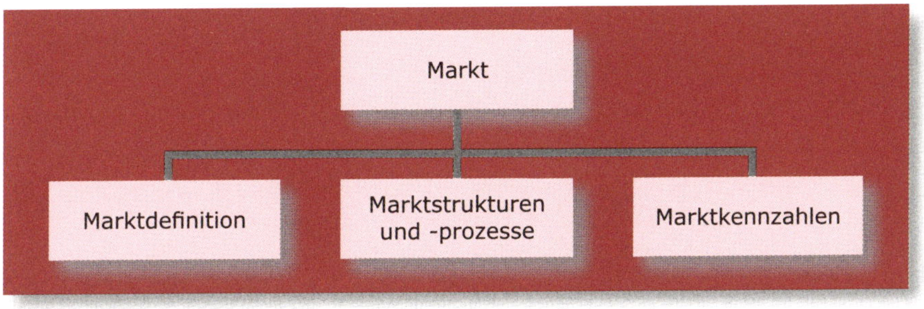

Abbildung 8: Der Markt

Marktdefinition

Erster Schritt der Marktanalyse ist es, den Markt zu definieren. Dies klingt wahrlich trivial, ist es aber häufig leider nicht. Immer noch wird in vielen Branchen fälschlicherweise eine produktorientierte Marktdefinition vorgenommen. Ingenieure dürfen vielleicht produktorientiert arbeiten – Marketer, Werber, Designer, Kommunikatoren dürfen es nicht. Es geht nicht um Produkte (oder Dienstleistungen), sondern um Leistungen, um Bedürfnisbefriedigung!

Bedürfnisse können als Beweggründe des Willens beziehungsweise als Antriebsfeder für das Handeln umschrieben werden. Das bedeutet, kein menschliches Handeln ohne Bedürfnis, bewusst oder unbewusst. Die wesentlichen, bestimmenden Faktoren von Bedürfnissen sind Ängste und Wünsche. Diese können begründet oder diffus sein. Im Spannungsverhältnis von Ängsten und Wünschen trifft der Mensch Entscheidungen – auch Kaufentscheidungen.[6]

Deshalb muss die Marktdefinition bedürfnisorientiert erfolgen. Man verkauft keine Kosmetika, sondern Schönheit, Attraktivität, Erfolg und so weiter. Viele Unternehmen sind schon durch eine falsche Definition ihres Marktes Konkurs gegangen. Wenn man seinen Markt nach Produkten einteilt, und die Konkurrenz andere Produkte hat, welche aber dieselben Bedürfnisse befriedigen – zum Beispiel Bahnfahrt und Flug –, dann hat man diese Konkurrenten nicht im Blickfeld. Das ist riskant. So entstehen zum Beispiel Preismodelle fern von der Wirklichkeit (wie bei der Bahn in 2002).

In den achtziger Jahren galten Schreibmaschine und PC produktbezogen sicher nicht als Konkurrenzprodukte. Bezüglich der Bedürfnisse jedoch konkurrierten sie zweifellos, und so mussten die Kunden sich zwischen ihnen entscheiden. Fast alle haben dies zugunsten des PCs getan, da er klare Wettbewerbsvorteile besitzt, und so verdrängte er die Schreibmaschine fast völlig vom Markt. Ein weiteres Beispiel hierfür sind Super-8-Kameras, verdrängt durch Videokameras, verdrängt durch Camcorder.

Ein Hersteller von Regenmänteln hat nicht nur die anderen Regenmantelhersteller als Konkurrenten, sondern ebenso die Hersteller von Regenschirmen, Regencapes, wetterfesten Jacken et cetera. Denn der Zielgruppe geht es nicht um den Mantel (Produkt), sondern um die Tatsache, dass sie nicht bis auf die Unterwäsche nass werden will (Bedürfnis), und dies lässt sich auch mit anderen Produkten realisieren. Wofür sie sich letztendlich entscheidet, hängt dann von weiteren Faktoren, also zusätzlichen Bedürfnissen ab: zum Beispiel Preis, Bedürfnisbefriedigungsausmaß (Wirksamkeit des Nässeschutzes), Praktikabilität/Funktionalität (zum Beispiel auf dem Fahrrad), Taschentauglichkeit, Imagewirkung und so weiter.

Wichtig ist auch noch, dass zwei Produkte der gleichen Gattung, zum Beispiel zwei Autos, nicht zwangsläufig Konkurrenten sind: So werden Autos von KIA und von Rolls-Roycc in den seltensten Fällen konkurrieren, da die Bedürfnisse, die diese beiden Autotypen befriedigen, kaum deckungsgleich sind. Der KIA dient eher dem Bedürfnis, kostengünstig im eigenen Wagen von A nach B zu kommen, der Rolls befriedigt mehr Status- und Luxusbedürfnisse – obwohl er natürlich auch von A nach B fährt. Weitere Beispiele zu diesem Unterschied:[7]

Unternehmen	**Produktorientierte Definition**	**Bedürfnisorientierte Definition**
Deodoranthersteller	Wir töten Geruchsbakterien ab	Wir machen Sie attraktiv und erfolgreich
Elektronikhersteller	Wir stellen elektronische Bauteile für Küchengeräte her	Wir sorgen für glückliche Ingenieure beim Kunden
Lexikon-Verlag	Wir verkaufen Lexika	Wir geben Ihnen Wissen
Pausensnackhersteller	Wir verarbeiten genmanipuliertes Soja und Zucker	Wir machen Kinder glücklich
Seifenhersteller	Wir stellen Produkte aus Tierkadavern und Chemie her	Wir verkaufen Hoffnung auf Schönheit
Uhrenmarke	Wir verkaufen Uhren	Wir verkaufen Status
Unterhaltungselektronik	Wir stellen mp3-Player her	Wir sorgen für Musik in allen Lebenslagen

Diese Betrachtungsweise hat zudem den pragmatischen Zusatznutzen, dass man so die richtigen Konkurrenten identifiziert. Befriedigt das Produkt kein Bedürfnis, so braucht es niemand. Befriedigt es aber doch Bedürfnisse und kennen Sie diese, so ist das für Sie als Kreativen fast existenziell. Ob Sie später hierauf die Kommunikation aufbauen, hängt noch von weiteren Faktoren ab (zum Beispiel wie weit die Konkurrenz diese Bedürfnisse ebenfalls beziehungsweise noch besser befriedigt).

Für die Bestimmung der Bedürfnisse kann man versuchen, in sich hineinzuhören (falls man zur Zielgruppe gehört) und andere Mitglieder der Zielgruppe zu analysieren. Kein leichter Job, da häufig die Konsumenten selbst nicht genau wissen, warum sie etwas kaufen. »Ich rauche, weil ich cool sein will« oder »Ich kaufe diese Hose, weil ich denke, dass ich dann bei den Mädels besser ankomme« sind zwar ehrliche, aber wahrscheinlich auch selten geäußerte Antworten. Finde ich diese Mode wirklich schön oder cool, oder hat mein Votum für sie mehr damit zu tun, dass meine Peergroup solche Hosen trägt und ich die Gruppe und daher auch die Hose cool finde? Psychoanalyse ist gefragt, daran führt kein Weg vorbei.

Nun stellt sich die Frage, auf welchem Markt unser Beispiel-Frauenbaumarkt tätig ist. In einem ersten Schritt sollten die Bedürfnisse der Zielgruppe bezüglich des Produkts identifiziert werden. Dies sind zum Beispiel folgende:

Frage 1: Welche Bedürfnisse befriedigt das zu kommunizierende Produkt? Auf welchen Märkten »kämpft« somit das Produkt?

Folgende Bedürfnisse werden befriedigt:

- Dekoration (punktuelle Veränderung im Wohnumfeld)
- Veränderung im Wohnumfeld
- Emanzipation (»selbst ist die Frau«)
- Hobby/Freizeitbeschäftigung/Unterhaltung
- Differenzierung von der Masse (noch immer nicht alltäglich für eine Frau)
- Hype-Thema/Mitmachfieber (»dabei sein«)
- Verschönerung/ästhetischer Anspruch
- Geschenk finden (zum Beispiel für den Mann)
- Sparen (preisgünstiges Einrichten)
- Selbstverwirklichung
- Etwas leisten wollen
- Maschinen bedienen (»kann ich auch« und Beherrschen der Technik)
- Kreative Betätigung
- Anerkennung/nicht mehr als Laie dastehen
- Ausgleich zum Beruf schaffen (zum Beispiel zur Büroarbeit)
- Berufliche Tätigkeit/Fähigkeiten für sich selbst nutzen (zum Beispiel für eine Handwerkerin)
- Gemeinschaftsgefühl (Gruppe von Heimwerkerinnen)
- Herausforderungen meistern wollen
- Geborgenheit/Nestbau
- Etwas »nur für sich« machen
- Selbst Boss sein/alleine entscheiden, was man wie macht
- Etwas Einzigartiges (ein Unikat) schaffen
- Sich von anderen abgrenzen
- Etwas erschaffen, Schöpferakt
- Ordnung schaffen
- Handarbeit/DIY (do it yourself)
- Verwirklichung von Kindheitsträumen
- Reparatur, Ersatz
- Umzugsbedarf
- Schnelle Problemlösung
- Erklärungen/Hilfestellung/Unterstützung/Beratung
- Ideen und Anregungen, Inspiration
- Selbstdarstellung/Bewunderung erhalten

- Bestimmtes Lebensniveau mit wenig Geld schaffen
- Sehen und gesehen werden
- »In« sein
- Es dem »besserwissenden« Mann zeigen wollen
- Neuer Lebensstil
- Bummeln
- Individualität (zum Beispiel Unikate besitzen)
- Selbstständigkeit/Eigenständigkeit
- Entspannung/Kopf abschalten
- Sozialer Kontakt/mit jemanden reden
- Umsetzung eigener Ideen
- Naturverbundenheit
- Mittel zum Zweck (Werkzeug, Baustoffe, Ersatzteile)
- Hilfe/Unterstützung bei handwerklichem Vorhaben (»das Projekt«)
- Orientierung/Lernen/Bescheid wissen
- Das Gefühl, eine gute, bewusste Entscheidung zu treffen (Alternativenauswahl)
- Frauengerechte Größen (zum Beispiel Kleidung, Maschinengewicht, Griffgröße)
- Wohlfühlbedürfnis
- Zuneigung/Liebe
- Konsum/Kaufen
- Besitzen wollen (hier nicht auf Unikate bezogen)
- Einfachheit im Ablauf (Anfahrt, Parkplatz, Service, Kasse, Beladen, Heimfahrt)
- Selbsterklärende Produkte
- Schnelligkeit (der gesamte Prozess)
- Lieferservice/Montage vor Ort
- Unterstützung bei Problemen (Service-Hotline)
- Drang zur körperlichen Arbeit (Schweiß als Befriedigung)
- Funktionales Wohnen, Praktikabilität
- Sicheres Leben, zum Beispiel Kinderschutz, Gefahrenvermeidung
- Gebinde nach Maß (nicht immer gleich 50 Kilo kaufen müssen)
- Wickelraum
- Wohnlichkeit/Gemütlichkeit (ungleich Ästhetik)/atmosphärische Wärme
- Grundbedürfnisse (fließend Wasser, Wärme/Heizung, Kühle/Klimaanlage, Toilette et cetera)
- Trendberatung (Feng Shui, Wellness, Osterdekoration)
- Notwendiges Vorhaben (kein Mann zur Hand, kein Geld für Handwerker)
- Gewolltes Vorhaben (»das kann ich alleine«/»das kann ich auch«)
- Schnäppchenjagd

Auch wenn diese Masse an Bedürfnissen auf den ersten Blick relativ unpraktikabel erscheint, so wird sie uns doch im weiteren Verlauf helfen, besser auf die Zielgruppe einzugehen. Es ist offensichtlich, dass nicht jede Zielperson bezüglich ihres Baumarktes alle diese Bedürfnisse hat. Häufig lässt sich so schon in diesem Stadium eine Segmentierung vornehmen, zum Beispiel:

Kombination A:

Dekoration (punktuelle Veränderung), Hobby/Freizeitbeschäftigung/Unterhaltung, Hype-Thema, Veränderung im Wohnumfeld, Verschönerung/ästhetischer Anspruch, kreative Betätigung, Geborgenheit/Nestbau, Ideen und Anregungen, Inspiration, Selbstdarstellung/Bewunderung erhalten, Umsetzung eigener Ideen, Wohnlichkeit/Gemütlichkeit (ungleich Ästhetik)/atmosphärische Wärme.

Die Frau, auf die diese Bedürfnisse zutreffen, sei im Folgenden Beate genannt.

Kombination B:

Emanzipation (»selbst ist die Frau«), Veränderung im Wohnumfeld, Selbstverwirklichung, etwas leisten wollen, Maschinen bedienen (insbesondere Beherrschen der Technik), gegebenenfalls Ausgleich zum Beruf schaffen (zum Beispiel zur Büroarbeit), Herausforderung, etwas erschaffen, Schöpferakt, Handarbeit/DIY, Individualität, Selbstständigkeit/Eigenständigkeit, Umsetzung eigener Ideen, besitzen wollen, Drang zur körperlichen Arbeit (Schweiß als Befriedigung), gewolltes Vorhaben (»das kann ich alleine«/»das kann ich auch«).

Die hierzu passende Powerfrau sei im Folgenden Natascha genannt.

Kombination C:

Veränderung im Wohnumfeld, Verschönerung/ästhetischer Anspruch, Sparen (preisgünstiges Einrichten), Selbstverwirklichung, etwas Einzigartiges (Unikat) schaffen, Reparatur, Ersatz, Umzug, schnelle Problemlösung, funktionales Wohnen, Praktikabilität, notwendiges Vorhaben (kein Mann zur Hand, kein Geld für Handwerker).

Diese Frau ist die patente, notgedrungen Selbstständige, wir nennen sie Nina.

Kombination D:

Gemeinschaftsgefühl (Gruppe von Heimwerkerinnen), sehen und gesehen werden, »in« sein, Hilfe/Unterstützung bei Vorhaben, Orientierung/Lernen/Bescheid wissen, frauengerechte Größen (insbesondere bei der Kleidung), Konsum/Kaufen, Einfachheit im Ablauf (Anfahrt, Parkplatz, Service, Kasse, Beladen, Heimfahrt), selbsterklärende Produkte und Lieferservice/gegebenenfalls Montage vor Ort.

Diese Frau ist die »In«-Heimwerkerin, wir nennen sie Monika.

Des Weiteren ist da noch die »Künstlerin«, genannt Lela, die »vom Heimwerkermann gesandte Frau«, genannt Anna, und sicherlich noch die eine oder andere Gruppe.

Somit ist unser Frauenbaumarkt auf mindestens sechs Märkten aktiv, ob er will oder nicht:

A	Markt für Nestbau (Beate)
B	Markt für die Selbstverwirklichung von toughen Powerfrauen (Natascha)
C	Markt für notgedrungen patente Heimwerkerinnen (Nina)
D	Markt für »dabei sein«, »in« sein, Mitläufer (Monika)
E	Markt zur kreativen Selbstauslebung (Lela)
F	Markt für die Heimwerkerhelferin (Anna)

Wie Sie sehen, ist bei einigen Märkten etwas »Baumarktliches« mit im Namen enthalten (A, C, F) und bei anderen nicht (B, D, E). Dies ist eine elementare Erkenntnis! Zum einen kann man hieraus Schlüsse über den Wettbewerb ziehen, zum Beispiel, dass bei Natascha auch Sportarten oder der Job Konkurrenz darstellen. Zum anderen ergeben sich Vorgaben für die Kommunikation: Für Monika zum Beispiel sollte man das Trendige in den Mittelpunkt stellen und nicht so sehr einzelne Produkte oder gar Schweinebauchanzeigen. Bei der Namensgebung geht es nicht primär um schöne Namen. Legen Sie bitte mehr Wert auf die Richtigkeit der Aussage. Häufig bekommen die Märkte über die Kombination verschiedener Bedürfnisse »komische Namen«, damit müssen Sie leben. Anmerkung: Bei der Vergabe der Namen ist insbesondere auf die damit Arbeitenden zu achten. Falls die Kollegen mit »3 Engel für Charlie« nichts anfangen können, ist diese Bezeichnung wenig hilfreich und sollte ersetzt werden.

Der erste wichtige Schritt ist getan. Die Märkte sind definiert, und wir wissen, welche Bedürfnisse grundsätzlich zu erfüllen sind. Dies ist ein ganz bedeutendes Element mit zentraler Bedeutung für alles Weitere.

Marktstrukturen und -prozesse

Der zweite Schritt beschreibt die Marktstrukturen und die Marktprozesse.

- Marktstrukturen benennen die Marktteilnehmer, zum Beispiel Hersteller, Händler und Konsumenten.
- Marktprozesse decken die Beziehungen auf: Welcher Teilnehmer hat mit wem eine Vertragsbeziehung? Hat der Hersteller eine direkte Beziehung zum Konsumenten oder lediglich über den Händler? Oder gar beides?

Abbildung 9 macht die Marktstrukturen und -prozesse auf einen Blick verständlich. In der Marktübersicht erkennt man, ob der Handel hier eine Rolle spielt oder nicht. Das kann auch für die Kommunikation von Bedeutung sein, zum Beispiel weil die Werbung dem Handel kommuniziert, dass der Hersteller das versprochene Werbebudget auch wirklich eingesetzt und so seine Vertragsverpflichtung eingehalten hat. Häufig hat das zur Folge, dass bestimmte Marken in handelsnahen Zeitschriften und Zeitungen inserieren.

Der Kreis des Herstellers ist ergänzt um die Wettbewerber (H+W), da es um den Markt insgesamt geht, das heißt um alle Anbieter und nicht nur um den Hersteller – es sei denn, er ist Monopolist.

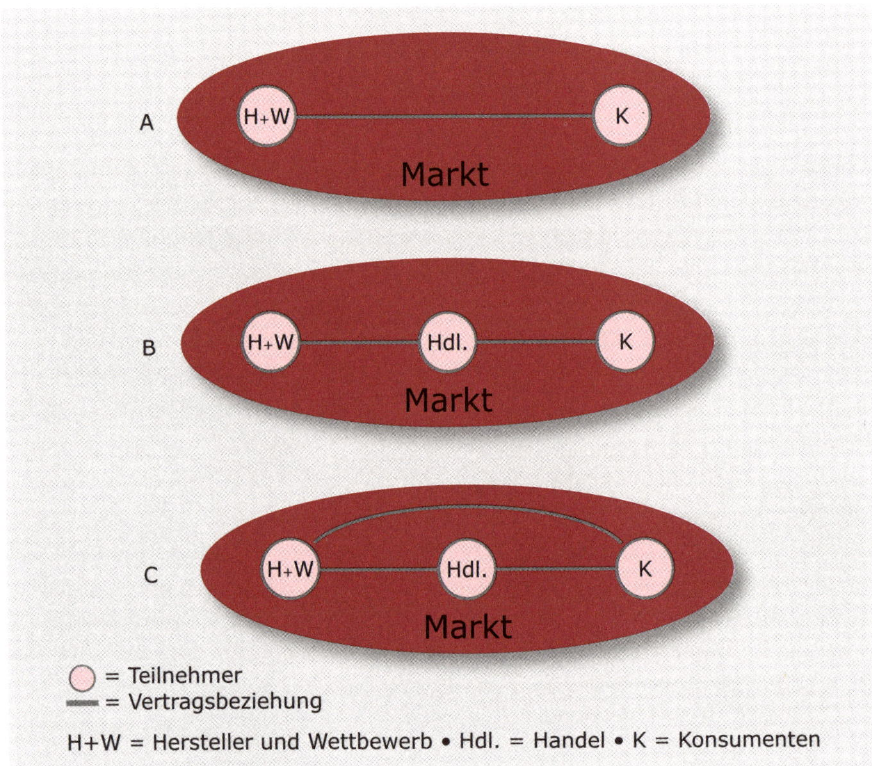

Abbildung 9: Typische Marktstrukturen und -prozesse

Frage 2: Wie sehen die Marktstrukturen und -prozesse aus? Also: Wer sind die Teilnehmer am Markt und welche Vertragsbeziehungen haben sie untereinander?

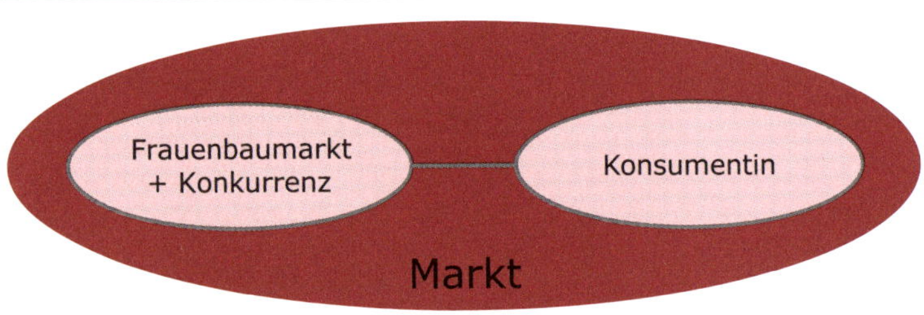

Marktkennzahlen

Der dritte und letzte Schritt ist eine Zusammenstellung von Marktkennzahlen. Das sind Absatz- und Umsatzzahlen, aber auch die Anzahl der Teilnehmer, und sie dienen der Bestimmung der Marktgröße.

- Absatz(volumen) ist das, was ein Unternehmen verkauft hat in Stück (Menge).
- Umsatz ist der entsprechende Wert in Euro, das heißt Menge × Preis.
- Marktvolumen gibt die Absatzmenge im Verhältnis zu allen Unternehmen am Markt an.
- Marktpotenzial ist eine Zahl, die angeblich erreichbar gewesen wäre. Es handelt sich also um eine Schätzung.
- Marktanteil eines Herstellers ist der Absatz dieses Herstellers dividiert durch den Absatz aller Hersteller (Marktvolumen).

Frage 3: Was sind die nötigen Marktkennzahlen (Umsatz, Absatz, Marktanteile)?

Bezüglich der Zahlen wären beim Frauenbaumarkt folgende allgemeine Kenngrößen vorstellbar (fiktive Zahlen für 2007):

- Umsatz von Frauen in Baumärkten: 10 Milliarden Euro (37 Prozent)
- Umsatz von Männern in Baumärkten: 17 Milliarden Euro (63 Prozent)
- Umsatz Dekorationsartikel für die Wohnung (nicht in Baumärkten): 7,8 Milliarden Euro
- Frauen, die in Baumärkten waren: 24 Millionen (entspricht 57 Prozent aller Frauen)
- durchschnittliche Anzahl der Besuche von Frauen in Baumärkten: 6,3
- bevorzugte Warengruppen in Baumärkten von Frauen: Deko (6,2 Prozent des Umsatzes), Malerei (5,3 Prozent), Eisenwaren (5,2 Prozent)
- Anteil verkaufter Dekorationsartikel im Baumarkt nach Geschlecht: 90 Prozent Frauen, 10 Prozent Männer
- Anteil Dekorationsartikel am Baumarktumsatz: 5 Prozent
- Anzahl der Baumärkte mit integriertem Café: 53 (entspricht 1,2 Prozent aller Baumärkte)

Kennzahlen für Markt A (Nestbau/Beate):

Eine Absatzbetrachtung (Produkte in Stück) macht bei den unterschiedlichen Produkten – vom Antiktisch bis zu Rosenblättern – keinen Sinn. Umsatz des Frauenbaumarktes, nennen wir ihn kurz FBM, im Jahr 2007: 0 Euro (Eröffnung Mitte 2008). Das Marktvolumen Dekoration bei Frauen (Beate) errechnet sich folgendermaßen:

- Gesamtumsatz Baumärkte 2007: 10 + 17 Milliarden = 27 Milliarden Euro
- Anteil Dekoration 5 Prozent, das entspricht 5,4 Milliarden Euro
- Anteil der Frauen davon 90 Prozent, das heißt zirka 4,9 Milliarden Euro

Der Umsatz mit Dekoration außerhalb der Baumärkte beträgt 7,8 Milliarden Euro. Wenn man hier als Annahme eine ähnliche Verteilung zwischen Mann und Frau annimmt, so machen die Frauen wieder 90 Prozent aus, das sind dann zirka 7,0 Milliarden Euro. In Summe ergibt das ein Marktvolumen Dekoration bei Frauen von 4,9 + 7,0 = 11,9 Milliarden Euro, im Vergleich zum Volumen aller Baumärkte (27 Milliarden Euro) ein doch stattlicher Markt.
Der Marktanteil des FBM beträgt 2007 natürlich auch noch 0 Prozent.

Kennzahlen für Markt B (Selbstverwirklichung/Natascha):

Eine Absatzbetrachtung (Produkte in Stück) macht auch hier bei den unterschiedlichen Produkten – vom Carport bis zur Schraube – keinen Sinn. Die Umsatzberechnung ist in diesem Markt der Selbstverwirklichung etwas komplizierter. Die Konkurrenz erstreckt sich über viele verschiedene Gebiete, von Trendsportarten bis zu ausgefallenen Hobbys. Hier ist die obige Betrachtung – wenn überhaupt – nur auf einen einzelnen Markt mit der Konkurrenz vor Ort zu berechnen.
Ein alternativer Weg ist die Berechnung über die Zielgruppe:
Wie viel Euro geben die Natascha pro Monat für diesen Markt beziehungsweise für diese Bedürfnisbefriedigung aus? Wahrscheinlich würde man diese Berechnung nach der Untersuchung der Zielgruppe (Kapitel 2) machen, denn dann kennen wir Natascha besser. Trotzdem sei sie hier vorgezogen: Wie viele Nataschas gibt es? Wir schätzen: 1 Prozent der Bevölkerung. Sie geben durchschnittlich 180 Euro pro Monat für diese Selbstbestätigung aus. Für den deutschen Markt errechnet sich daraus: 1 Prozent von 42 Millionen Frauen sind 420.000. Diese geben pro Jahr 12 × 180 = 2.160 Euro aus, ergibt 0,9 Milliarden Euro. Im Vergleich zu den 11,9 Milliarden Euro der Beates ein kleiner Markt.

1.2 Umfeldanalyse

Das Umfeld umfasst hier die Rahmenbedingungen außerhalb des Marktes, die einen Einfluss auf den Markt haben (können). Es handelt sich dabei um Faktoren, die nicht vom Hersteller oder anderen Marktteilnehmern nachhaltig zu beeinflussen sind und essenzielle Bedeutung haben können. Sie sind zwar auch nicht durch die Werbung manipulierbar, stellen aber häufig (a) eine Quelle der Inspiration dar, indem sie Ideen für Sujets und ganze Kampagnen liefern, und geben (b) Anlässe zur Kommunikation. Beispiele:

- Die eine oder andere Anzeige von Sixt greift politisch-rechtliche Entwicklungen auf.
- Ein Hornbach-Spot knüpfte an die Mehrwertsteuererhöhung an.
- McDonald's spielt mit Heidi Klum und Salat auf soziokulturelle Entwicklungen an und versucht so weit wie möglich gegenzusteuern – die Entwicklung der gesundheitsbewussteren Ernährung können sie nicht aufhalten, aber man kann McDonald's aus der »Schusslinie« bringen.

Jede »Slice-of-Life«-Werbung dreht sich – wie der Name schon sagt – um Szenen aus dem täglichen Leben. Auch hier spielen die soziokulturellen Entwicklungen mit hinein. Die Rama-Familie existiert heute schließlich fast nur noch in der Werbung.

Unterteilen lässt sich das Umfeld in fünf Bereiche:[8]

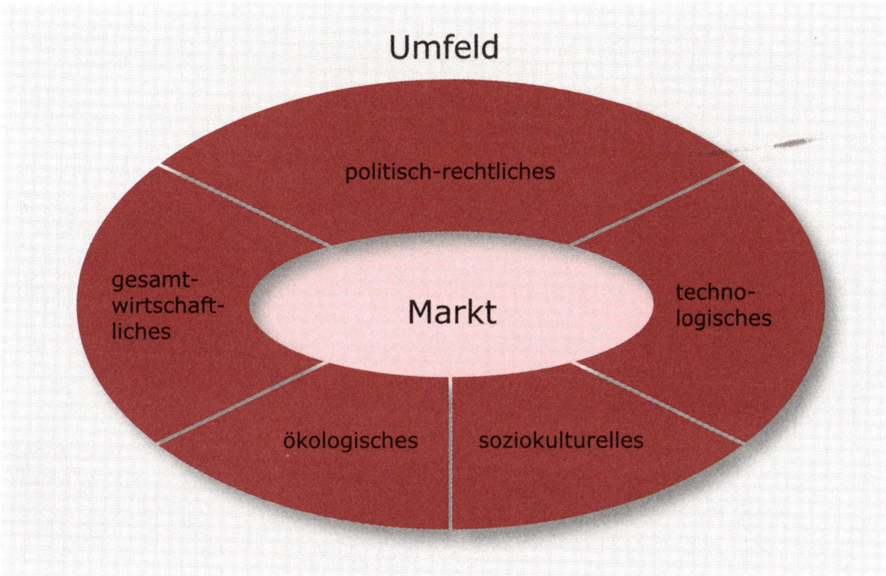

Abbildung 10: Die fünf Rahmenbedingungen des Marktes

Soziokulturelle Rahmenbedingungen

Die Rahmenbedingungen mit dem stärksten Einfluss auf die Werbung sind normalerweise die soziokulturellen. Es sind alle Veränderungen in der Gesellschaft, im Zusammenleben der Menschen, in deren Einstellungen, Werten und Verhaltensweisen. Dabei geht es nicht um eine Beschreibung der Zielgruppe, sondern um das Erkennen von gesellschaftlichen Trends, die aber ihrerseits Auswirkungen auf die Zielgruppen haben (zum Beispiel Frühstücksverhalten, Kleidungsstil, Werteverfall, Allgemeinbildung). Zudem sollen hier auch die demografischen Entwicklungen in Deutschland (beziehungsweise auf dem regionalen Markt) thematisiert werden, zum Beispiel Altersstruktur, Haushaltsgröße, Familienstand, Geburtenquote und so weiter.

Beispielhafte Fragestellungen sind demnach, jeweils mit Bezug auf ihren Einfluss auf den oben beschriebenen Markt:

- Welche gesellschaftlichen Trends entwickeln sich?
- Wie entwickeln sich die relevanten Einstellungen und Werte?
- Wie sieht die demografische Struktur der Bevölkerung aus?

Konkret könnten folgende Fragen aufgeworfen werden:

- Würde ein möglicher Iran-Krieg die Einstellung der deutschen Bevölkerung zu den USA verändern?
- Kommt eine Retrowelle der achtziger Jahre auf uns zu? Welche Auswirkungen wird sie haben?
- Bleibt Trachtenmode in Süddeutschland auch in Zukunft aktuell?
- Führt das Gefühl »Wir sind Papst« zu mehr Kirchenbesuchern?
- Bleibt Bier durch die »Goldbiere« langfristig gesellschaftsfähig?
- Wird es wieder eine Zeit geben, in der nicht nur sonntags gefrühstückt wird?

Solche Entwicklungen können die aktuelle wie die zukünftige Marktsituation beeinflussen.

Frage 4: Welche Umfeldfaktoren haben starken Einfluss auf die oben definierten Märkte?
Soziokulturelle Rahmenbedingungen
• Männer- und Frauenrolle (Emanzipation) • Single-Haushalte, Großfamilien, Wohngemeinschaften, sonstige Wohnkonzepte • Heimwerken in Mode oder nicht • Ehe und eheliche Pflichten (»Mann muss ran«) • Kinderrate • Traditionelle Werte: Ordnung und Sauberkeit (alles muss heil und funktionstüchtig sein) • Einrichtungstradition • Schönheitsempfinden/Ästhetik • Wohnmoden/-trends im Großen (zum Beispiel Retrowelle oder »shabby chic«) und im Kleinen (zum Beispiel Wohnzimmerfarbe, Vogelhäuser mit runden Dächern, Dekor, Baddesign) • Einstellung zu Natur/Holz/Wohnraum • Bescheidenheit und Angebertum • Einstellung zu Angst/Gefahr (Sicherheit) • Einstellung zu Selbstgemachtem • Einstellung zu Wohnen im eigenen Haus und Bausparmentalität (»wenn ich groß bin, will ich auch Spießer werden«[9]) • Arten der Freizeitgestaltung

- Konkurrenzkampf unter Nachbarn
- »Geiz-ist-geil«-Einstellung
- MTV-/Popkultur: »Pimp my House«
- Elektrifizierung des Wohnraums (Elektrohammer)
- (Immer noch) Cocooning (»mein Reich«, Dekoration und Style)
- Wunsch nach Individualität
- Suche nach Aufmerksamkeit und Anerkennung
- Wegwerfgesellschaft
- Konsumwahn, Kaufen als Spaß und Selbstzweck
- DIY-Trend – Stolz auf Selbstgemachtes
- Autoritärer Führungsstil in Unternehmen (zu Hause »mal Chef sein«)
- Ökotrends (Solarzellen und Regenzisternen)
- Präsentation der Wohnung (Repräsentation vor Gästen)

Politisch-rechtliche Rahmenbedingungen

Die Fragestellungen sind hier sehr vielfältig, da so gut wie jede Branche auf andere Weise betroffen ist. Grundsätzlich geht es um die Rahmenbedingungen, die der Staat den Unternehmen vorgibt. Einige Beispiele:

- Welche jetzigen (und geplanten) Gesetze und Vorschriften sind relevant?
- Wie sehen die politischen Machtverhältnisse aus, und wie verändern sie sich? Wer ist an der Regierung? Was passiert bei einem Regierungswechsel?
- Welche Steuergesetze sind relevant (Mehrwertsteuer, Kapitalertragsteuer et cetera)?
- Welche Innovationsanreize beziehungsweise Subventionen stehen zur Verfügung?
- Was passiert mit den Ladenöffnungszeiten?
- Welchen Einfluss haben und was machen die Gewerkschaften?
- Wie entwickelt sich das Verhältnis zwischen Deutschland und zum Beispiel den USA?
- Welche Gesetzesnovellen kommen? Was bringt die Gesundheitsreform, die Steuerreform, die Pfandverordnung et cetera?
- Welche Rabattmöglichkeiten bestehen beziehungsweise wie weit ist die Preisautonomie der Hersteller eingeschränkt?
- Welche Richtlinien bezüglich der Kommunikation gibt es? (Werberecht[10])
- Welche Verbraucherschutzgesetze gibt es?
- Wie sieht es mit dem Patent-, Marken- und Urheberrecht aus?
- Ist die weltpolitische Lage stabil? Sind weitere »11. September« in Sicht?
- Gibt es kriegerische Auseinandersetzungen?

Frage 4: Welche Umfeldfaktoren haben starken Einfluss auf die oben definierten Märkte?	
Politisch-rechtliche Rahmenbedingungen	
Rahmenbedingung	**Begründung/Erläuterung**
innenpolitisch	
• Lkw-Maut	• Logistikkosten (Beschaffung)
• Kfz-Steuer	• Logistikkosten (Beschaffung)
• Eigenheimzulage	• Verfügbares Einkommen der Zielgruppe
• Staatliche Zuschüsse, Subventionen	• Verfügbares Einkommen der Zielgruppe
• Ladenöffnungszeiten	• Möglichkeiten des Einkaufs
• Vorgeschriebene Geräteprüfungen	• Zusatzkosten/Sortimentseinschränkung
• Gesetz gegen unlauteren Wettbewerb (UWG)	• Verbot von Dumpingpreisen (Verkauf unter den Einstandspreisen), Einschränkung der Preisautonomie
• Mehrwertsteuer	• Preiserhöhungseffekt
• Garantien, Verbraucherschutz, Sachmängelhaftung (Gewährleistung)	• Vertrauen und Stabilität
• Umweltschutzgesetze in Bezug auf Materialien, Werkstoffe	• Zum Beispiel Tropenhölzer
• Umweltschutzgesetze in Bezug auf den Wohnraum	• Zum Beispiel Filternachrüstung oder Asbest, »Global-Warming«-Gesetze
• Einkommens- und vermögenssteuerliche Behandlung von Wohnraum	• Verfügbares Einkommen der Zielgruppe und gegebenenfalls Einstellungsänderung zu bestimmten Wohnformen
• Gewerkschaften/Tarifverträge	• Kosteneffekt
• Arbeitsrecht und Arbeitsschutzgesetze	• Mögliche Arbeitszeiten, Pausen, Toilettennotwendigkeit, Umgang mit Chemikalien (Farben) et cetera
• Erhöhung der Rentenzahlungen	• Verfügbares Einkommen der älteren Zielgruppe
• Parkplatzverordnung	• Standortkosten
• DIN (Deutsche Industrie Norm)	• Normen
• Vorschriften für Bedienungsanleitungen	• Kosteneffekt
• Preisauszeichnungsverordnung	• Kosteneffekt

außenpolitisch	
• Gesetze der EU	• Ein Großteil der Gesetze für Deutschland wird von der EU initiiert
• G8	• Globalisierung (Konkurrenz und Absatzmärkte)
• Bilaterale Beziehungen	• Zum Beispiel zwischen Deutschland und Schweden für Holz
• Kriege	• Auswirkungen auf den Ölpreis (Logistikkosten) und Verhalten der Zielgruppe
• »11. September«/politische Stabilität	• Auswirkungen auf den Ölpreis (Logistikkosten) und Verhalten der Zielgruppe
• Zölle/Einfuhrbeschränkungen	• Einfuhr von Tropenhölzern

Technologische Rahmenbedingungen

Das technologische Umfeld umfasst all die technologischen Veränderungen, die Auswirkungen auf den Markt haben. In den letzten Jahren galt dies etwa für die Weiterentwicklung der Informations- und Telekommunikationstechnologie.

Konkrete Beispiele sind:

- der Buchhandel und das Internet,
- die Veränderungen an Automobilen durch Bordcomputer (hier gibt es auch starke Auswirkungen auf die Wartung der Fahrzeuge),
- die Möglichkeiten in Zeitschriften durch neue Drucktechniken.

Die Technologieveränderungen beziehen sich zum einen auf die Herstellerseite (insbesondere auf das Produkt an sich und dessen Produktion), zum anderen auf die Konsumentenseite, also die vorhandene Technologie im Anwendungsumfeld. So ist beispielsweise die Ausstattung der Küchen mit Backöfen in Deutschland und in Japan sehr unterschiedlich.

Übrigens: Ihre Aufgabe ist es nicht, nebenbei ein Ingenieurstudium zu absolvieren. Es geht mehr um das Fragen an der richtigen Stelle und ein Sinnieren über die Auswirkungen bestimmter Technologien. Schließlich können sich hier überall Kampagnenideen verstecken …

Frage 4: Welche Umfeldfaktoren haben starken Einfluss auf die oben definierten Märkte?	
Technologische Rahmenbedingungen	
Rahmenbedingung	**Begründung/Erläuterung**
Produktionsprozess	
• Lager-/Hochregaltechnologie	• Logistik im Haus
• Anlieferung (Palettenstapelung/Kfz)	• Logistik zum Haus
• Kasse/Warenwirtschaftssystem	• Vernetzung/Informationsfluss
• Produktbezogene Veränderungen, die eine andere Produktion bedingen	• Zum Beispiel Klicktechnik beim Laminat verändert den Laminatproduktionsprozess
• Nanotechnologie	• Oberflächenbehandlung
• Laser- und Flowjet-Technologie	• Sägeverfahren
produktbezogen	
• Laminat	• Neue Klicktechnik
• Akkuschrauber	• Verhältnis Akkugröße und Leistung
• Lasertechnologie	• Laserzollstock/Stichsäge mit Laser
anwendungsbezogen	
• 220 V	• Antrieb von Motoren
• Steckdosen	• Anschlüsse
• Wasser	• Nicht mitgelieferte Zutaten

Gesamtwirtschaftliche Rahmenbedingungen

In diesem Punkt geht es um die Abhängigkeit einzelner Märkte vom großen Ganzen. Zum Beispiel ist der nationale Werbemarkt abhängig von der nationalen Konjunktur, denn die Unternehmen sparen an Werbung, wenn es ihnen schlecht geht, und geben mehr für Werbung aus, wenn es ihnen gut geht. Ein solches Verhalten ist zwar nur bedingt sinnvoll, aber die meisten Unternehmen reagieren so. Dieser Abhängigkeit kann sich die Werbebranche nicht entziehen – anschaulich abzulesen am Arbeitsmarkt für Werber.

Die Konsequenzen lassen sich in drei Gruppen einteilen:

Konjunktur-entwicklung	Konsequente Markenentwicklung	Beispiele (basierend auf Vermutungen)
nach unten	nach oben	Lebensmittel-Discounter, Grundnahrungsmittel, eBay, Gebrauchtfahrräder, Alkohol, Zigaretten, Vitamin C und Abwehrkräftesteigerer aller Art, Impfungen, günstige Modelabel wie H&M
nach unten	neutral	Särge, Brillen, Kondome, Hygieneartikel, Waschmittel, Papier, einige Luxusprodukte
nach unten	nach unten	Tom Tailor, Musik-CDs, einige Mittelklassewagen (zum Beispiel Opel Vectra), Levis-Jeans

Frage 4: Welche Umfeldfaktoren haben starken Einfluss auf die oben definierten Märkte?

Gesamtwirtschaftliche Rahmenbedingungen

Baumärkte sind in zwei Richtungen abhängig von der Konjunktur:

- positiv: wenn das Geld für den professionellen Handwerker fehlt, muss man – soweit möglich – selber ran
- negativ: wenn das Geld knapp wird, wird hauptsächlich in Reparaturen und das Nötigste investiert; Dekoration und Verschönerungen werden zurückgestellt

Insgesamt ist damit wahrscheinlich keine allzu starke Auswirkung zu spüren. Die beiden Effekte gleichen sich annähernd aus.

Ökologische Rahmenbedingungen

Bei den ökologischen Rahmenbedingungen geht es um die Verfügbarkeit von Rohstoffen und Energie, um infrastrukturelle Bedingungen, Klimaveränderungen und auch um Umweltverschmutzung.

Die Fragestellungen lauten hier unter anderem:

- Welche natürlichen Ressourcen stehen zur Verfügung?
- Wie verändern sie sich?
- Wie wird die Marktsituation davon (kurz- und langfristig) beeinflusst?

Ökologische Rahmenbedingungen können auch Märkte schaffen, wie das wachsende Angebot an Sonnencremes mit hohem Lichtschutzfaktor aufgrund des Ozonlochs zeigt.

Frage 4: Welche Umfeldfaktoren haben starken Einfluss auf die oben definierten Märkte?
Ökologische Rahmenbedingungen
• Lichtverhältnisse (Dunkelheit Sommer/Winter) • Entwicklung der durchschnittlichen Außentemperaturen (zum Beispiel für den Bedarf an Kälteanlagen, Grills, Terrassen, Sonnenliegen und -schirmen) • Witterungsverhältnisse • Vorkommen von bestimmten Rohstoffen (beispielsweise Marmor, Glaswolle) • Resistenzen bestimmter Pflanzen • Wetterkatastrophen – können Logistikprobleme verursachen

2 Zielgruppe der Kommunikation

Das zweite Kapitel widmet sich der Zielgruppe oder, wie es ein Kollege einmal so schön ausdrückte: dem »Humanmaterial«.

Die Zielgruppe ist hier der Personenkreis, der mit der Kommunikation beziehungsweise der Werbung erreicht werden soll.[11]

Diese Zielgruppe, hier auch als Konsumenten bezeichnet, ist selbstverständlich wichtig, schließlich ist sie es, die am Ende den Umsatz bringen soll. Man kann sie in Kunden und potenzielle Kunden unterscheiden; beide gehören zur Zielgruppe: Es handelt sich um Menschen, denen das Unternehmen etwas verkaufen möchte. Dazu trifft man bewusst eine Auswahl, das heißt, nur ein Teil der Gesamtbevölkerung wird anvisiert. Man verzichtet auf einige potenzielle Kunden; dies hat aber den Vorteil, dass die Angebote effizienter umgesetzt werden können, denn man kann es ja bekanntlich nicht allen recht machen.

Beispiel: Der berühmte Ford T von 1909 versuchte – damals erfolgreich –, alle anzusprechen. So etwas funktioniert auf sich noch entwickelnden Märkten, auf denen die Kunden froh sind, überhaupt ein Produkt kaufen zu können. Heute, da unsere Bedürfnisse bezüglich Autos weit ausdifferenzierter sind, würde ein solcher Versuch scheitern. Ein wirklicher »Volkswagen« ist heute bestenfalls noch im unteren Segment möglich, und das ist ebenfalls eine begrenzte Zielgruppe.

Trotzdem ist die Frage nach der Zielgruppe oft nicht einfach zu beantworten:[12]

Fragen	Beispiel Kinderzahncreme
Wer braucht das Produkt? Wessen Bedürfnisse werden befriedigt?	A Kinder B Einzelhandel: Apotheken, Drogerien, Kaufhäuser, Supermärkte
Wer verbraucht es?	Kinder
Wie wird es verwendet?	A zum Zähneputzen B zum Wiederverkauf als Ertragsquelle
Wer kauft es?	A meist die Eltern B Einkäufer
Wo wird gekauft?	A im Einzelhandel B beim Großhandel oder direkt beim Hersteller
Wer entscheidet?	A Eltern oder Kind B Einkäufer oder Inhaber

Wer beeinflusst den Käufer/Entscheider?	A Kind oder Eltern, Verkäufer im Geschäft, Zahnarzt, Presse B Verkäufer des Großhändlers/Herstellers, Fachpresse
Wodurch und warum?	A Kindeswille (Geschmack), Testergebnisse oder Expertenmeinung B Konditionen, Incentives, Ertragsstreben

Grundsätzlich lassen sich mehrere Bedeutungen für das Wort »Zielgruppe« erfassen. Je nach Rolle der umworbenen Menschen unterscheidet man:

- die Zielgruppe, die das Produkt kaufen soll: *Käuferzielgruppe*,
- die Zielgruppe, die jene beeinflussen soll, die das Produkt kaufen sollen: *Beeinflusserzielgruppe* (zum Beispiel Lehrer für Füller der ersten Schulklasse),
- die Zielgruppe, die das Produkt verwenden und jene beeinflussen soll, die das Produkt kaufen sollen: *Verwenderzielgruppe*, die nicht Käufer ist (zum Beispiel Kinder bei Produkten, die finanziell nicht im Taschengeldbereich liegen, wie ein PC),
- die Zielgruppe, die als Kaufentscheider gegebenenfalls verhindern, dass jene, die das Produkt nutzen wollen, dies auch können: *Entscheiderzielgruppe*, die nicht Verwender sind (zum Beispiel Eltern, die wollen, dass sich ihre Kinder gesund ernähren).

Es liegt auf der Hand, dass die Kommunikation diese einzelnen Zielgruppen unterschiedlich ansprechen muss. Das Briefing soll die Kommunikationszielgruppe definieren. Treffen Sie die Entscheidung, welche der Gruppen kommunikativ erreicht werden soll – oder wollen Sie alle ansprechen? Normalerweise spricht das Budget dagegen, so beschränkt man sich auf einen Teil der Zielgruppen. Vielfach trifft der Hersteller die Entscheidung schon im Vorfeld, alternativ müssen Sie entscheiden oder den Hersteller beraten: entweder nach der Wichtigkeit der Zielgruppe (umsatzmäßig, imagemäßig) oder nach Wirksamkeit der Werbung (wo kann am meisten bewegt werden?).

Die Werbung von Nutella zum Beispiel richtet sich nicht an Kinder, die Hauptzielgruppe, da sie das Produkt ohnehin lieben. Gezielt umworben werden deshalb die Älteren ab 20, weil sie ein stärkeres Ernährungsbewusstsein zu entwickeln beginnen, und da kann es nicht schaden, kommunikativ etwas »gegenzuwirken«. Zudem könnten sie, wenn sie selbst einmal Kinder haben, ihnen den Zugang zu Nutella verwehren.

Das Sender-Empfänger-Modell der Kommunikation dürfte Ihnen hinlänglich bekannt sein. Wichtig ist aber, sich die Quintessenz immer wieder vor Augen zu führen:

- **Kommunikation ist schwierig.**
- **Wichtig ist, was ankommt.**

Um erfolgreich zu kommunizieren, müssen Sie die Zielgruppe kennen, sonst gehen Sie ein hohes Risiko ein. Wenn Sie Ihnen unbekannte Personen ansprechen, wissen Sie nicht, wie sie reagieren werden. Diese Ungewissheit macht unsicher. Denken Sie nur an den ersten Besuch bei den Eltern Ihre ersten Dates zurück. Hatten Sie Angst? Waren Sie unsicher? Haben Sie Ihre(n) Partner(in) vorher gefragt, wie die Eltern denn so »drauf sind«?

Die Angst war berechtigt: Es ging Ihnen um etwas. Genau wie bei der Werbung. Für den Hersteller und Auftraggeber – aber auch für die Agentur und für Sie persönlich. Warum wollten Sie damals mehr über die Eltern wissen? Weil Sie Ihr Verhalten, Ihre Aussagen, Ihre Sprache, Ihre Kleidung und dergleichen anpassen wollten, und das ist vernünftig. Nicht, dass man es immer allen recht machen sollte, aber erinnern Sie sich bitte an die Definition von Marketing: Bedürfnisbefriedigung, um die eigenen Ziele zu erreichen! Wenn Sie den Sohn/die Tochter daten wollen, müssen Sie die Eltern gnädig stimmen. Und bei der Werbung ist das natürlich auch so. Wie soll die Zielgruppe sich mit den Testimonials identifizieren, wenn sie nicht »attraktiv« sind, das Falsche anhaben, das Falsche sagen, die falschen Wörter gebrauchen? Fehlerquellen lauern überall. Schließen Sie sie aus! Bereiten Sie sich vor! Sagen Sie es richtig! Sinn dieses Kapitels ist das kennenlernen der Zielgruppe. Wir wollen erfahren, wie sie »drauf ist«. Trauen Sie zunächst niemanden, machen Sie sich Ihr eigenes Bild![13]

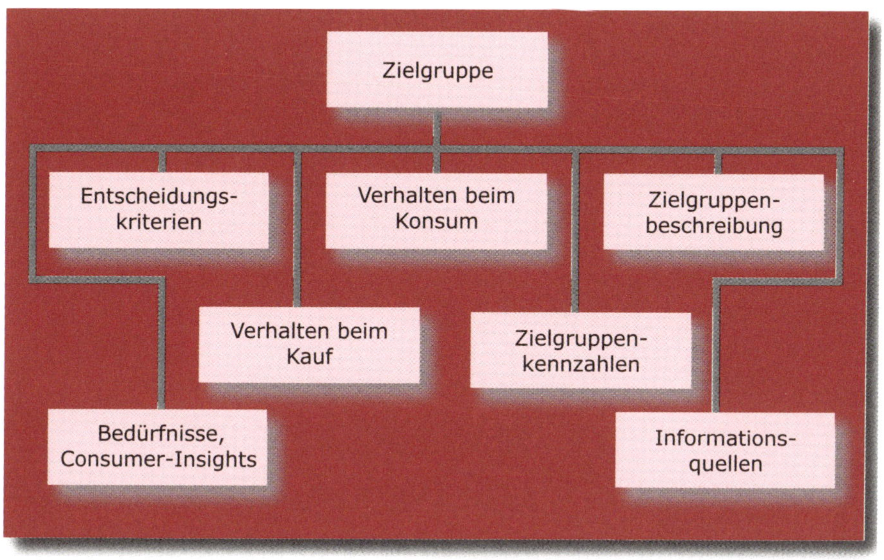

Abbildung 11: Übersicht über die Zielgruppe

2.1 Bedürfnisse und Consumer-Insights

In Kapitel 1 (Marktdefinition) wurde das Thema Bedürfnisse bereits angerissen. Dort ging es um die »Kernbedürfnisse«, die den Markt definieren. Hier stehen nun alle Bedürfnisse im Vordergrund, die der Konsument bezüglich des Produktes hegt. Wir kaufen Dinge ja nicht ohne Grund; es geht also um Bedürfnisse, Sehnsüchte und Wünsche, die in uns schlummern und die wir mit dem Kauf bestimmter Produkte befriedigen wollen.

Grundlagen Bedürfnisse

In der Praxis bringt eine Unterscheidung zwischen Motiven und Bedürfnissen keinen Mehrwert. Die Begriffe sollen daher hier synonym verwendet werden.[14]

Sie erinnern sich: Bedürfnisse sind die Beweggründe des Willens, die Antriebsfeder für das Handeln. Das bedeutet, kein menschliches Handeln ohne Bedürfnis, bewusst oder unbewusst. Die wesentlich bestimmenden Faktoren sind Ängste und Wünsche, begründet oder diffus.[15]

Bedürfnisse werden nur bei einer Diskrepanz zwischen einem gegebenen und einem gewünschten Zustand relevant. Das Bedürfnis nach Unterhaltung entsteht insbesondere in langweiligen Situationen, zum Beispiel auf einer Juristen-Party. Somit ist ein Bedürfnis »das mit dem Streben nach Beseitigung eines Mangels empfundene Gefühl«.[16] Solche Bedürfnisse können (a) biologischer (angeborener/biogenetischer) Natur sein, zum Beispiel Nahrung, Sexualität und Bewegung, oder (b) sozialer (erlernter/psychogenetischer) Natur sein, zum Beispiel Ansehen, Leistung, Gastlichkeit, Zusammenarbeit.[17] Diese Einteilung ist jedoch nicht eindeutig, da die biologisch ausgelösten Bedürfnisse auch sozial auslösbar sind. Als Beispiele seien hier der soziale Druck auf Jugendliche, die sexuell zu den Nachzüglern in ihrer Gruppe gehören, oder sozial verursachte Essstörungen genannt. Speziell hervorzuheben sind vier erlernte Bedürfnisse, da diese sehr häufig von der Kommunikation angesprochen werden:[18]

- Gewinnbedürfnis (Schnäppchenjäger, »Smart Shopper«),
- Zeitersparnisbedürfnis (Fast Food),
- Bequemlichkeitsbedürfnis (Convenience Food),
- Abwechslungsbedürfnis (»Eis des Jahres«).

Kann man alle Bedürfnisse auflisten? Schiffmann und Kanuk definieren insgesamt 42 »echte Bedürfnisse«:[19]

Echte Bedürfnisse					
1.	Aktivität	15.	Herrschaft	29.	Sauberkeit
2.	Amüsement	16.	Hingabe	30.	Schutz
3.	Ansehen	17.	Höflichkeit	31.	Schutz vor Furcht/ Gefahr
4.	Behaglichkeit	18.	Humor	32.	Sexualität
5.	Besitztum	19.	Kinderliebe	33.	Sicherheit
6.	Ehrgeiz	20.	Lebensfreude	34.	Sportlichkeit
7.	Einfluss auf andere	21.	Leistung	35.	Sympathie für andere Personen
8.	Erfrischung	22.	Macht	36.	Trinken
9.	Gastlichkeit	23.	Nachahmung	37.	Vergnügen
10.	Geborgenheit	24.	Nahrung	38.	Vertrauen
11.	Genuss	25.	Natürlichkeit	39.	Wärme
12.	Geschmack	26.	Neugier	40.	Wettbewerb
13.	Gesundheit	27.	Prestige	41.	Wohlbefinden
14.	häuslicher Komfort	28.	Religiosität	42.	Zusammenarbeit

Da Bedürfnisse jedoch auch durch Sozialisation entstehen, ist es denkbar, eine unendliche Anzahl einzelner Bedürfnisse zu finden.[20] Häufig wird auch von Bedürfnissen nach einem Produkt gesprochen. Dies nennt man Quasi-Bedürfnis. Aber: Menschen kaufen Produkte nicht um ihrer selbst willen. Hinter den Quasi-Bedürfnissen stehen immer echte Bedürfnisse, und im Marketing und der Kommunikation kommt es darauf an, einen möglichst engen Bezug dazu herzustellen.[21]

Wenn sich ein Bedürfnis auf Produkte und Dienstleistungen richtet und wenn ein Bestreben – und die Fähigkeit – vorhanden ist, diese zu erwerben, dann spricht man von einem Bedarf.[22]

Beispiel: Bedürfnis nach Mobilität + verfügbares Geld = Bedarf nach einem Auto

Diese Unterscheidung ist an dieser Stelle nicht weiter wichtig, kommt aber bei der Selektion von Zielgruppen zum Tragen.

Nutzen und Bedürfnis

Der Nutzen ist das, was der Konsument von dem Produkt hat. Er ist subjektiv und hängt von der persönlichen Wahrnehmung, den Erwartungen und den Präferenzen ab. Drei kurze Beispiele dazu:

- *Wahrnehmung:* Der ingenieurmäßig vorgebildete Autokäufer wird – im Gegensatz zum »Otto Normalverbraucher« – beim Autokauf zum Beispiel auf die Spaltmaße (Abstand zwischen den Karosserieteilen) achten.
- *Erwartungen:* Buchen wir ein Hotelzimmer in London, so hängen unsere Erwartungen an dessen Komfort sicherlich auch von seinem Preis ab. Kostet die Übernachtung 50 Pfund, so wird man andere Erwartungen hegen als wenn man ein Zimmer für 500 Pfund gebucht hätte.
- *Präferenzen:* Man lernt mit der Zeit, dass man bei Kinoempfehlungen nicht allen Leuten vertrauen kann, denn jeder beurteilt Filme unterschiedlich. Dies hängt mit den eigenen Präferenzen zusammen, zum Beispiel wird ein Science-Fiction-Fan andere Filme empfehlen als ein Action-Liebhaber oder ein Schnulzen-Anhänger.

Das heißt, der Käufer bestimmt letztendlich den Nutzen der angebotenen Leistungen. Nutzen ist somit der Gegenwert, den der Kunde erhält, um seine Bedürfnisse zu befriedigen – Nutzen und Bedürfnisse sind zwei Seiten einer Medaille.[23] Mehr zum Thema Nutzen in Kapitel 3.

Bedürfnisrecherche

Hier soll insbesondere auf zwei Aspekte der Recherche eingegangen werden:

- Die mangelnde Erkenntnis der Konsumenten selbst und
- die Tiefe oder Ausdauer der »Forscher«.

Die intensive Beschäftigung mit Bedürfnissen ist außerordentlich wichtig, aber leider nicht so einfach. Der Konsument ist meist wenig hilfreich. Auf die Frage nach seinen Bedürfnissen bezüglich eines Autos würde zum Beispiel kaum ein Raucher den Aschenbecher nennen, obwohl die meisten auch im Auto rauchen. Es gibt drei Gründe hierfür:

- Im Verhältnis zum Auto wird der Aschenbecher nicht als so wichtig empfunden.
- Das Vorhandensein eines Aschenbechers im Auto wird als selbstverständlich vorausgesetzt.
- Bedürfnisse haben in unserem Kulturkreis immer eine gewisse Schwere, eine Bedeutung, etwas »Besonderes«.

Alle drei Gründe machen deutlich, dass man sich nicht auf die Antworten des Konsumenten verlassen kann. Weitere Bedürfnisse, die im Hinblick auf ein Auto selten genannt werden dürften, sind die Cockpitbeleuchtung, die Betankung, das Wechseln der Glühbirnen und Sicherungen und der neidische Blick des Nachbarn. Eine Untersuchung einer Unternehmensberatung hat – wenig überraschend – ergeben, dass die Top 5 der angegebenen/vorgegebenen Gründe und die Top 5 der wirklichen Gründe offenkundig nicht übereinstimmen.[24]

Top 5 der vorgegebenen Gründe	Top 5 der wirklichen Gründe
1. Pannensicherheit	1. Für Leute wie mich (Image)
2. Sparsamer Verbrauch	2. Spaß am Fahren
3. Zuverlässigkeit	3. Gefühl von Attraktivität
4. Wiederverkaufswert	4. Attraktives Äußeres
5. Komfortabilität	5. Pannensicherheit

Menschen können oder wollen über ihre eigenen Bedürfnisse relativ wenig aussagen. Sie erleben Bedürfnisse im Wesentlichen durch Selbstbeobachtung (sogenannte Introspektion), beobachten dabei jedoch oft nur solche Bedürfnisse, die sie für sozial wünschenswert halten.[25] Zudem tun sie Dinge, um Bedürfnisse zu befriedigen, die ihnen gar nicht bewusst sind.[26] So kennen die Konsumenten in den folgenden Fällen ihre Bedürfnisse nicht beziehungsweise können/werden sie nicht äußern:[27]

Fälle	Beispiel
Der Wunsch oder Beweggrund ist nicht bewusst, weil er unangenehm, vielleicht zu emotional, konfliktträchtig oder peinlich ist	Porsche fürs Ego; latente Sympathie für den »Musikantenstadl«; der »Axe-Effekt«, der Frauen verführt
Der Wunsch oder Beweggrund ist schwer zu artikulieren	Bevorzugung einer anderen Haarfarbe beim Partner; Pornografie-Themen; undefinierbare Sehnsucht nach Neuem/ Anderem
Der Wunsch oder Beweggrund ist lediglich latent vorhanden	Bevor man Handys kannte, gab es zwar das Bedürfnis nach »Überall-und-jederzeit«-Kommunikation, aber man hätte es wohl nicht geäußert, weil man keine Lösung hierfür kannte. Das Bedürfnis, mit dem Auto zu fliegen, würde heute kaum jemand nennen, obwohl niemand gern im Stau steht

Bei den Bedürfnissen ist es extrem wichtig, die wahren Gründe zu erforschen. Zu leicht erliegt man der Versuchung, das Augenscheinliche als Bedürfnis zu nehmen, und die wahren Gründe bleiben verborgen. Dies sei an drei kleinen Beispielen illustriert:

Produkt	**Augenscheinliches Bedürfnis**	**Tieferliegendes wichtigeres Bedürfnis**
Auto	Von A nach B kommen	Image
Armbanduhr	Uhrzeit anzeigen	Ästhetik und Geltung
Turnschuh	Sport treiben	Image »sportlich«

Das Bedürfnis bei einem Auto ist selten lediglich, von A nach B zu kommen. Die Fahrtüchtigkeit spielt zwar (meist) eine Rolle, aber warum fahren wir nicht alle koreanische oder chinesische Autos? Image spielt wohl auch eine nicht zu vernachlässigende Rolle. Und hierfür sind wir bereit, weit tiefer in die Tasche zu greifen. Tragen Sie eine Uhr für 10 Euro? Wenn nicht, was ist der Grund? Die Bedürfnisse bei einer Uhr sind Ästhetik (für die eigenen Augen), Geltungsdrang (für die Augen der anderen) und meist erst an dritter Stelle die Anzeige der Uhrzeit – das kann doch auch das Handy. Und wer nutzt seine Turnschuhe wirklich zum Sport? Auch hier ist das Bedürfnis mehr das Image. Es reicht, wenn die Leute glauben, man sei fit. Es ist viel einfacher, Turnschuhe zu kaufen als täglich ins Fitnessstudio zu gehen oder gar Diäten durchzuhalten.

Warum kaufen wir? Welches Bedürfnis hat etwa ein Radiologe bezüglich der Anschaffung eines neuen Röntgengerätes? Diese Frage ist sicherlich entscheidend für die Kommunikation, aber es sind immer unterschiedliche Bedürfnisse zu berücksichtigen: Der eine will damit hauptsächlich Geld verdienen, der andere will in erster Linie Menschen helfen, der Dritte will medizinische Studien betreiben, der Nächste will vielleicht die Wartezeiten für die Patienten verringern et cetera.[28]

Warum kaufen wir das zwanzigste T-Shirt? Das zehnte Paar Schuhe? Warum haben wir mehr als drei Unterhosen? Warum mehr als einen schwarzen Pullover? Logischerweise geht es hier nicht um das Bedürfnis nach Wärme oder nach Kleidung. Vielmehr stehen Bedürfnisse folgender Art im Vordergrund: Bedürfnis nach Stil, nach Gruppenzugehörigkeit, nach Abwechslung, nach Image (Wie schlimm wäre es, wenn jemand denken würde: »Der kann sich nur drei Paar Schuhe leisten!«?), nach Konsistenz des Outfits (Alles muss gut zusammen passen, schließlich sind Sie ja ein Augenmensch!), nach Bequemlichkeit (Wer will schon jeden Tag waschen müssen?) und so weiter.

Wie tief muss man gehen, um die wahren Bedürfnisse zu erforschen? Betrachten wir diese Frage anhand des Angebots eines Investmentfonds. Zielgruppe sind berufstätige Männer mittleren Alters, mit mittlerem Einkommen, Familienväter, mindestens ein Kind.[29]

Fragenebene	Mögliche Antwort	Vermutetes Bedürfnis
Warum soll die Person Anteile dieses Investmentfonds erwerben?	Will Geld gewinnbringend anlegen	Geld verdienen
Warum will diese Person Geld gewinnbringend anlegen?	Will Kapital ansammeln für die Zeit nach dem aktiven Arbeitsleben	Will vorsorgen
Warum will diese Person für die Zeit nach dem aktiven Arbeitsleben Kapital ansammeln?	Will für die Familie ein finanziell sorgenfreier Lebensstandard sichern	Will Lebensstandard genießen
Warum ist für diesen Mann ein finanziell sorgenfreier Lebensstandard seiner Familie wichtig?	Fühlt sich für sie verantwortlich und möchte sie gut versorgt wissen, falls ihm etwas zustößt	Will Familie absichern
Warum will er seine Familie absichern?	Will ein ruhiges Gewissen haben	Will ruhiges Gewissen haben, will ruhig schlafen können

An dieser Stelle sei auch auf die in Kapitel 3 vorgestellten Verfahren zur Erkundung von Bedürfnissen verwiesen.

Consumer-Insights

Consumer-Insights sind Informationen über Bedürfnisse und Motive, welche einen Wettbewerbsvorteil bewirken können, weil sie ein besonderes Leistungsversprechen ermöglichen.[30]

Zum Zusammenhang zwischen Consumer-Insight und Consumer-Benefit ein Beispiel:[31] Warum kauft man ein Auto mit Navigationssystem?

- *Consumer-Insight:* Die Zielgruppe hat keine Zeit, um sich zu verfahren. Nach dem Weg fragen zu müssen kommt einem Versagen gleich.
- *Consumer-Benefit:* Mein Auto führt mich – stressfrei – überall direkt hin.
- *Reason why:* Es hat ein Navigationssystem (inklusive Karten auf DVD, Anzeige und Ansage).

Das Leistungsversprechen (Consumer-Benefit – siehe Kapitel 15) wird durch die Kenntnis der Consumer-Insight ermöglicht. Es handelt sich hierbei um einen Nutzen, mit dem wohl auch viele andere Anbieter von Autos aufwarten können. Vielleicht ist er aber zu einem Wettbewerbsvorteil auszubauen, oder man kann eine UAP daraus generieren (siehe hierzu Kapitel 15). Indirekt impliziert dies eine gewisse »Neuheit« der Consumer-Insight, im Sinne einer neuen Erkenntnis. Nichtsdestotrotz bleibt die Consumer-Insight ein Bedürfnis oder Motiv, also alter Wein in neuen Schläuchen. Consumer-Insights sind in jedem Fall sehr hilfreich, um größere Sammlungen von Bedürfnissen auf den Punkt zu bringen. Um die wirklichen Bedürfnisse bei Befragungen herauszubekommen, kann man zusätzlich den »Umweg« über die Entscheidungskriterien nehmen. Diese haben für den Kunden nicht dieselbe Bedeutungsschwere und führen deshalb normalerweise zu weiteren Erkenntnissen, sprich Bedürfnissen.

Frage 5: Neben den Kernbedürfnissen: Welche Bedürfnisse befriedigt das Produkt zudem? Gibt es Consumer-Insights?

Die Liste der Bedürfnisse befindet sich in voller Länge unter Frage 1.
Beate: »Ich finde die Atmosphäre im Baumarkt zu anonym, die Einrichtung ist mir zu kalt, zu technisch. Ich finde auch die Zuordnung Eisenwaren, Holz und so weiter nicht optimal. Ich hätte gerne mehr Anregungen, Inspirationen. Vieles kann man sich schwer vorstellen.«

Natascha: »Ich will ernst genommen werden. So ein Baumarkt-Hampelmann, der meint, mit mir wie mit einem Dummchen sprechen zu müssen, nur weil ich eine Frau bin, der gehört an die Wand genagelt.«

Lela: »Ich schaue mir nur ein paar ausgewählte Bereiche im Baumarkt an. Leider sind diese nicht immer einfach zu finden. Eine Übersichtskarte am Eingang wäre hilfreich. Mittlerweile kenne ich mich aber in meinem Baumarkt aus. Wenn ich mal dort bin, dann halte ich mich meist länger auf. Ich gehe fast immer ohne Plan und Idee hin. Die Gegenstände wirken dann auf mich. Es ist für mich immer aufregend, mir in dieser martialischen Männerwelt Inspiration zu holen, Gegenstände herauszuholen und in meinem Atelier in einem neuen Kontext zu inszenieren. Ausflüge dieser Art sind sehr anstrengend, und ich schaffe es höchstens ein Mal im Monat.«

2.2 Entscheidungskriterien

Entscheidungskriterien sind all jene Faktoren, die der Konsument bei seiner Entscheidung berücksichtigt. Ihre Aufgabe ist deren vollständige Erfassung, bei mehreren Zielgruppen mit unterschiedlichen Ansprüchen separat für alle Gruppen. Bei der Erstellung einer Liste von Kaufentscheidungskriterien wird zugleich deutlich, welche Faktoren nicht entscheidungsrelevant sind. Der Vergleich mit den technischen Features eines Wagens treibt dann meist Tränen in die Augen der Ingenieure des Herstellers, denn die tollen neuen Entwicklungen werden häufig weder gesehen noch als entscheidungsrelevant erachtet, nicht einmal indirekt. Auch beim Handy sind die Top-5-Kriterien: »fühle mich gut damit«, »von Freunden empfohlen«, »guter Ruf«, »dominante Marke« und »gute Tonqualität«.[32]

Was meinen Sie, wie viele Entscheidungskriterien kann man bei Erdbeermarmelade ins Feld führen? Sind es insgesamt 10, 20 oder eher 100? Denken Sie selbst einmal kurz in Ruhe darüber nach. Auf wie viele kommen Sie?

50 Kaufentscheidungskriterien bei Erdbeermarmelade

- Akutes Hungergefühl
- Andere Nutzer des Produkts, zum Beispiel Familienmitglieder oder Gäste, aber auch »Mama«, der Freundeskreis und Hass-Personen
- Anzahl der Gläser der Marke im Regal am POS, die noch verfügbar sind
- Anzahl der Gläser der Konkurrenz im Regal am POS, die noch verfügbar sind
- Anzahl der Konkurrenzangebote in diesem Geschäft
- Aussehen insgesamt, zum Beispiel appetitlich, »so wie eine teure Marke« oder edel/repräsentativ
- Aussehen der Verpackung der Konkurrenzprodukte (im Verhältnis)
- Deckel (Material, Form, Farbe und Anmutung)
- Erfahrungswerte mit dem Produkt
- Etikett, unter anderem Gesamteindruck/Anmutung (»Oma«), Bilder, Logo (Assoziation), Anbringung (zum Beispiel schief und uneinheitlich wie anfangs bei Bionade)
- Farbe der Verpackung
- Form der Verpackung
- Fruchtanteil in der Marmelade
- Füllmenge, aber auch Gesamtgewicht
- Ganze Stücke/Früchte in der Marmelade
- Gesamtes Sortiment des Anbieters (Programmbreite und -tiefe)
- Geräusch beim (ersten) Öffnen
- Geruch der Marmelade
- Geschmack der Marmelade, zum Beispiel fruchtig, samtig
- Gewinnspiele, Promotion-Aktionen
- Größe der Verpackung
- Grüner Punkt, Recycling, entstehende Abfallmenge und -art
- Image des Verkäufers, zum Beispiel des Supermarktes
- Kalorien
- Lokale/regionale Verbundenheit des Unternehmens mit der Region
- Markenbekanntheit
- Markenimage
- Marmelade: Farbe, Konsistenz, Light, Wellness et cetera
- Material der Verpackung (Glas, Plastik)
- Name/Bezeichnung (Assoziationen, zum Beispiel »wie schlank klingt Tamara?«[33])
- Preis (inklusive Rabatte, Sonderaktionen, Extras) – in Relation zur Konkurrenz
- Presseberichte zum Unternehmen, zur Marke, zum Produkt
- Probieren eines Test-Marmeladenbrots bei einer Promotion-Aktion im Supermarkt
- Referenzen, Empfehlungen von anderen (Mundpropaganda)
- Restentleerungsmöglichkeit (Negativbeispiel: Nutella-Gläser)
- Standort im Regal (Augenhöhe, Greifhöhe, Bückzone, gegebenenfalls Zweitplatzierung)
- Unternehmensethik
- Testberichte (zum Beispiel Stiftung Warentest)
- Transparenz/Durchsichtigkeit der Marmelade
- Verfügbarkeit (Saisonalität)
- Verpackungsdesign
- Verschlussart: zum Beispiel Deckel und Wiederverschließbarkeit
- Viskosität, Konsistenz, Dichte, spezifisches Artgewicht

• Gütesiegel • Haltbarkeitsdatum (wie viele Tage nutzbar) • Herkunft der Zutaten (regionale Früchte, Früchte aus Neuseeland, Bio-Anbau) • Herstellungsart	• Wissen, zum Beispiel der Unterschied zwischen Marmelade, Fruchtaufstrich, Gelee und Konfitüre oder Nährwerte oder auch Informationen zum Unternehmen • Werbung (ansprechend, überzeugend, Testimonials) • Zutaten/Inhaltsstoffe: zum Beispiel Konservierungsstoffe, Zuckeranteil, Anzahl der Zusatzstoffe, Vitamine, sonstige Zutaten (zum Beispiel Vanille), Gelatine, Allergene, Diät-Eignung, Ernährungstabelle

Und hier sind ganz sicher nicht mal alle Ihre Kriterien dabei. Dennoch sei erwähnt, dass natürlich nicht jeder Marmeladenkäufer sämtliche 50 Kriterien in seine Entscheidung mit einbezieht. Es handelt sich um eine Zusammenstellung; all diese Entscheidungskriterien kommen vor und haben daher ihre Relevanz, und natürlich sind einige wichtiger als andere. Wahrscheinlich haben Sie bei Ihrem letzten Kauf nicht so viele Faktoren erwogen, jedoch fallen Ihnen beim Konsum gelegentlich sicher auch wichtige Kriterien auf, die das Produkt *nicht* erfüllt, und deshalb kaufen Sie es demnächst nicht mehr. Das sind somit auch Entscheidungskriterien.

Analog zu den Bedürfnissen ist bei den Entscheidungskriterien ebenfalls die Problematik gegeben, dass der Konsument nicht unbedingt immer weiß, wonach er entscheidet. Das Unterbewusste spielt häufig mit uns. So wird kaum jemand den Geruch des Neuwagens als Entscheidungskriterium aufführen; im Unterbewussten ist er dies aber sehr wohl. Daher haben Autokonzerne heute Geruchs-Ingenieure. Ebenso verhält es sich mit dem Geräusch beim Zuschlagen der Tür. Unterbewusst hören wir hier die Qualität des Wagens: es gibt einen Mercedes-Sound und einen Fiat-Panda-Sound. Folglich sind auch Sound-Ingenieure bei den Herstellern beschäftigt. Das geschulte Auge eines Fachmanns achtet auf die Materialien und deren Verarbeitung beim Wagen, Kriterien, die dem Laien nicht auffallen und die er daher auch nicht heranziehen kann, nicht einmal unterbewusst. Zudem besteht die Gefahr von verfälschten Antworten auf drei Gebieten:

- dem Feld der Schamgrenze,
- dem Bereich der gesellschaftlich nicht akzeptierten Antworten (neudeutsch: Political Correctness) und
- dem Gebiet des Nicht-Eingestehen-Wollens.

Wenn Sie also jemanden nach den Gründen fragen, warum er diese Handschellen, diese Zigaretten oder diesen Sportwagen gekauft hat, werden Sie mit hoher

Wahrscheinlichkeit keine korrekte Antwort erhalten. Es ist eine bestimmte Aufmerksamkeit beim Fragen ebenso erforderlich wie eine Interpretation der Ergebnisse.

Frage 6: Welche Kriterien zieht die Zielgruppe zur Entscheidung heran? Welche Bedürfnisse stehen hinter diesen Entscheidungskriterien?

Die Entscheidungskriterien sind sehr vielfältig, insbesondere in Bezug auf die möglichen unterschiedlichen Produkte, die zum Kauf anstehen. Es seien daher an dieser Stelle nur die generellen Entscheidungskriterien für/gegen den Frauenbaumarkt FBM betrachtet.[34]

- Standort (relative Entfernung, freie Parkplätze, ÖPNV-Anbindung, weitere Einkaufsmöglichkeiten in der Nähe: zum Beispiel Shopping-Center)
- Informationsstände
- Personal: kompetent, hilfsbereit, kommunikativ und verfügbar
- Preise, Preisniveau, Preis-Leistungs-Verhältnis
- Beratungskompetenz
- Verladehilfe ab Kasse
- Sauberkeit
- Telefonservice
- Lieferservice
- Aufbau- und Anschlussservice
- Navigation im Laden: Übersichtlichkeit, Orientierung, Kennzeichnung der Gänge, Übersichtsplan am Eingang
- Image
- Werbung/Kommunikation
- Angebot/Sortiment:
  - Breite – zum Beispiel auch Hautpflegeprodukte
  - Tiefe – zum Beispiel viele Farben
  - Marken/Anteil von bekannten Marken
  - Hausmarken/Handelsmarken
  - Spezialitäten: Farbmischung, Holzzuschnitt, Einzelschrauben, Teppichzuschnitt, Planung (Küche)
  - Speziell für Frauen: Kleidung, Maschinenauswahl
  - Große Dekorationsabteilung
- Angenehme Atmosphäre/Gemütlichkeit (Licht, Musik, Hallenoptik, Abteilungen/Segmente, Geruch, Temperatur, Farben, teilweise auch Corporate Design)
- Sonstiges Angebot (Essen, Trinken, Tanken ...)
- Kinderbereich (Abenteuerspielplatz)
- Ratenzahlung
- Web: Verfügbarkeit, Sortiment (Produktabfrage)
- Toiletten
- Andere Kunden, Gleichgesinnte treffen, Kommunikationstreff, Austausch
- Einkaufswagengröße
- Vorführgeräte
- Anregungen, Ideen, Beispielaufbauten/Showcases (montierter Carport)

- Aktionstage
- Workshops/Lehrgänge
- Events (Tanzen/Tombola)
- Übungs-/Probe-/Testwände
- Öffnungszeiten
- Rolltreppe, Fließband, Aufzug
- Kundenkarten (Rabatte, Club)
- Wechselndes Angebot, Sonderangebote, Schnäppchen
- Rückgaberecht
- Sich persönlich besser aufgehoben fühlen, individuelle Beratung
- Neugierde, Neues kennenlernen
- Im Trend sein, dazugehören
- Drive-In, einfache Verladung sperriger und/oder schwerer Waren
- Biologisch unbedenkliche Baumaterialien ohne Schadstoffbelastung (zum Beispiel Farben, Lacke, Lehmputz)
- Vormontierung zum Beispiel bei Rasenmähern
- Verleih von zum Beispiel Fahrzeugen (Sprinter, Anhänger et cetera)
- Café
- Einfaches Handling der angebotenen Geräte, zum Beispiel spezielle Bohrerkennzeichnung mit farblich passend abgestimmten Dübeln und Schrauben sowie leichte, leise, handliche Maschinen

Hieraus ergeben sich unter anderem die folgenden »neuen« Bedürfnisse:

- Besondere Anlässe für einen Besuch (zum Beispiel Events, Angebot der Woche)
- Sauberkeit
- Zeitliche Flexibilität beim Einkauf (Öffnungszeiten)
- Frauenspezifisches Sortiment, zum Beispiel Arbeitskleidung in Damengrößen
- Weitere Services wie Café und Verleih von Fahrzeugen

2.3 Verhaltensweisen beim Kauf

Um den Kunden besser zu verstehen und insbesondere seinen Informationsbedarf zu erfahren, ist es wichtig, die Verhaltensweisen beim Kauf kennenzulernen. Sie sollten die »Rituale des Kaufs« kennen und verstehen.

Der Kauf ist keine punktuelle Angelegenheit, sondern ein Prozess. Er endet mit dem Kaufakt, also der Umsetzung der Kaufentscheidung.

Der Beginn ist häufig nicht so klar zu definieren; in Anlehnung an technische Prozesse kann man ihn als Initialzündung bezeichnen. Teilweise wird er auch als Problemerkennung bezeichnet, was allerdings eine gewisse negative Note hat.

Auf dem Weg von der Initialzündung bis zum Kauf ergeben sich viele Anlässe, dem Konsumenten kommunikativ entgegenzukommen. Dieses Wissen bietet eine gute Grundlage für Media-Entscheidungen (zum Beispiel Guerilla-

Maßnahmen), aber auch für die Gestaltung der einzelnen Werbemaßnahmen. Sicher ist nachvollziehbar, dass sich im Laufe des Kaufprozesses und mit zunehmender Information die Fragestellungen beim Konsumenten verändern. Ein Prospekt, den der Konsument zu Beginn des Kaufprozesses liest, sollte andere Anforderungen erfüllen, beispielsweise im Detaillierungsgrad der Information, als ein später genutzter. Hier kann und sollte man reagieren.

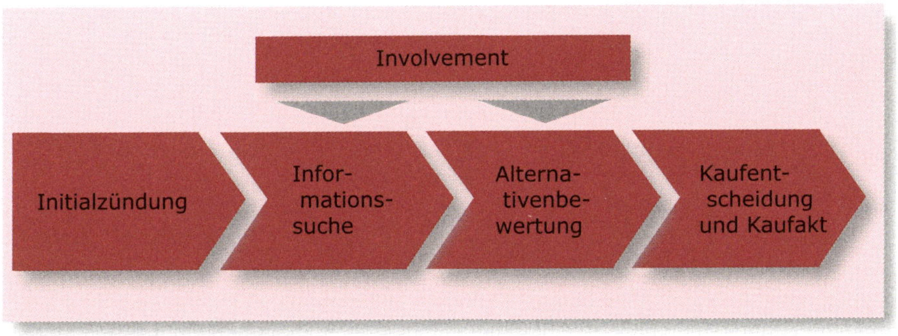

Abbildung 12: Der Kaufprozess

Initialzündungen

Die Beschäftigung mit dem Anfang des Kaufprozesses ist wichtig, weil ab hier der potenzielle Konsument empfänglich für unsere Kommunikation wird. Wie viel Werbung sehen wir am Tag und werden doch nicht angesprochen, weil wir zum Beispiel keinen Hund haben oder gerade keinen Autokauf planen! Wenn Sie jedoch dem Kunden in der richtigen Situation mit Werbung entgegenkommen, ist das Gold wert. Das Wissen über Initialzündungen hilft, Streuverluste zu reduzieren: Warum bekommen frischgebackene Eltern Post, die andere Menschen nicht bekommen?

Nehmen wir als Beispiel den Kauf eines neuen Autos. Welche Anlässe und Situationen könnten Sie dazu bringen, sich damit zu beschäftigen? Naheliegend ist natürlich die Verschrottung des alten Wagens, aber ebenso können folgende Situationen den Prozess auslösen:

- Ihr Nachbar besitzt einen neuen Wagen.
- Sie haben ein gutes Angebot für den jetzigen Wagen vorliegen – mit der Aussicht, dass Sie sonst niemals mehr Geld dafür bekämen.
- Sie lernen eine beeindruckende Person kennen, die Sie sich zum Vorbild nehmen. Sie fährt ein anderes Auto als Sie.
- Ein neues Modell von Ihrem jetzigen Fahrzeug kommt heraus.
- Sie bekommen eine Gehaltserhöhung oder eine Beförderung.
- Die ersten größeren Reparaturen des jetzigen Autos werden fällig.

- Ihre Partnerin/Ihr Partner brennt mit jemandem durch, der einen besseren Wagen fährt.
- Sie trennen sich einvernehmlich von Ihrer Partnerin/Ihrem Partner.
- Ihre Erbtante kommt ins Krankenhaus.

Kennen Sie also diese Zeitpunkte, so können Sie hier ansetzen und überlegen, wie und wo Sie die Zielgruppe erreichen.

Involvement

Da das Involvement die Informationssuche und die Alternativenbewertung beeinflusst, sei es hier vorgezogen:

Involvement bezeichnet den Grad der Wichtigkeit des Produktes (oder Themas) für den Menschen, das heißt die Bereitschaft, sich mit einem Produkt zu befassen.[35] Involvement kennzeichnet so die von einer Person wahrgenommene Relevanz, basierend auf den eigenen Bedürfnissen.[36]

Ziel ist es an dieser Stelle, das Involvement der Konsumenten zu erkennen. Leider ist es nicht empirisch beobachtbar, denn es entsteht aus den inneren Bedürfnissen und dem Interesse des Einzelnen an diesem Produkt oder Thema. Involvement ist individuell, das heißt, es kann bei jedem anders sein. Die folgenden Beispiele erläutern das etwas näher:

- Viele von uns interessieren sich nicht für Golf (kein Involvement); einige aber spielen Golf, es ist ihr Hobby (starkes Involvement). Andere leben mit einem Golf spielenden Partner zusammen (geringes Involvement).
- Manche trinken Tee nur, wenn sie sich unwohl fühlen (geringes Involvement); für andere ist die Teestunde eine wichtige Instanz im Leben, die sie geradezu zelebrieren (starkes Involvement). Reine Kaffeetrinker haben überhaupt keinen Bezug zu Tee (kein Involvement).

Durch die Abhängigkeit von der einzelnen Person lassen sich Produkte nicht generell einteilen. Jedoch sind durchaus Tendenzaussagen möglich:

Hohes Involvement	Geringes Involvement
Autos, Eigenheim, Hobbyartikel (zum Beispiel Bücher, Sportausrüstung), Urlaubsreisen, Bekleidung, Schmuck, Wohnungseinrichtung, Zigaretten, tragbare Elektronik (sozial auffällige Produkte), Computer	Glühlampen, Haushaltsreiniger, Mehl, Dosentomaten und andere Konserven, Deodorants

Dies wirft die Frage auf, warum uns ein Produkt mehr interessiert als ein anderes, also nach den Bestimmungsfaktoren des Involvements.

Bestimmungsfaktoren	**Beispiele**
Ungedeckter, als dringend empfundener Bedarf	Schmutzige Wäsche stapelt sich, da die Waschmaschine defekt ist
Neue Produkte, die bessere Bedürfnisbefriedigung versprechen	Updates der eigenen Virussoftware (für PC-User)
Preisniveau, das heißt der Preis in Relation zu den individuellen Möglichkeiten. Wenn es um viel Geld geht, ist man logischerweise vorsichtiger beim Kauf und versucht, einen Fehlkauf zu vermeiden	Auto, Haus, aber auch häufig schon Computer und Stereoanlage
Hohe Bedarfsdringlichkeit	Einkäufe am letzten Tag vor Weihnachten oder dem Urlaub
Lange Nutzungsdauer	Gebrauchsgüter (wie Brotschneidemaschinen, Toaster) im Gegensatz zu Gütern des täglichen Bedarfs (zum Beispiel Zahnpasta, Brot, Waschmittel)
Soziales Risiko, Gefahr der Ächtung, Lächerlichmachung, Gruppenausschluss, Sexentzug, weniger Anerkennung et cetera	Auto, Kleidung, Frisur, Zigarettenmarke, Füllermarke, Urlaubsorte

Übrigens: Involvement kann sich von einer Sekunde zur anderen verändern!

Die folgende Tabelle stellt detailliert dar, welche Auswirkungen unterschiedliches Involvement auf das Konsumentenverhalten hat:[37]

Hohes Involvement	**Geringes Involvement**
Informationssuche	Passive Informationsaufnahme
Aktive Auseinandersetzung	Passieren lassen
Hohe Verarbeitungstiefe	Geringe Verarbeitungstiefe
Geringe Persuation (Überzeugung) – »souveräner Konsument«	Hohe Persuation (Überzeugung) – »geheime Verführung«
Vergleichende Bewertung vor dem Kauf	Bewertung allenfalls nach dem Kauf
Viele Merkmale beachtet (viele Entscheidungskriterien)	Wenige Merkmale beachtet (wenige Entscheidungskriterien)
Wenige akzeptable Alternativen	Viele akzeptable Alternativen

Viel sozialer Einfluss	Wenig sozialer Einfluss
Ziel: »Optimierung«	Ziel: »keine Probleme«
Markentreue aus Überzeugung	Markentreue aus Gewohnheit
Stark verankerte, intensive Einstellung	Gering verankerte, flache Einstellung
Hohe Gedächtnisleistung	Geringe Gedächtnisleistung

Der Grund für die etwas ausführlichere Behandlung des Themas Involvement in diesem Rahmen liegt in seiner Bedeutung für die Kommunikation. Involvement ist die mentale Bedingung, auf die Werbung beim Empfänger trifft.[38] Trommsdorff stellt folgende Grundregeln für die Kommunikation in Abhängigkeit vom Involvementniveau auf:[39]

	Hohes Involvement	**Geringes Involvement**
Werbeziel	überzeugen	oft kontaktieren
Inhalt der Botschaft	alles Wichtige sagen	»etwas« sagen
Länge der Botschaft	ausführlich	kurz
Einstellungsänderung soll erreicht werden durch ...	sachliche Argumente	affektive (emotionale) Reize
Kommunikationsmittel	Sprache	Bilder, Musik et cetera
Wiederholungsfrequenz	gering	hoch
Timingschwerpunkt	in der Entscheidungsphase	ständig
Hohe Wechselwirkung mit folgenden anderen Instrumenten	persönlicher Verkauf, Produktqualität, Preis	Distribution, Anreize am POS

Auch wenn dies kein zwingender Fahrplan für die Kommunikation ist, so gibt er doch die grundsätzliche Richtung vor. Abschließend sei in Bezug auf die Kommunikation noch erwähnt, dass das Involvement auch als Maß für die kognitive Kontrolle gilt, die der Konsument bei seiner Entscheidung ausübt.[40] Im Rahmen dieses Buches soll – wie in der Einleitung skizziert – die Grundlage im Sinne einer Informationsbasis für gute Werbung gelegt werden. Was in Bezug auf die Umsetzung darüber hinaus geht, kann hier nicht weiter Beachtung finden. Es sei daher lediglich auf das Elaboration-Likelihood-Modell oder das Cognitive-Response-Modell verwiesen[41] sowie auf die Wirkungspfade informativer beziehungsweise emotionaler Werbung bei involvierten und wenig involvierten Konsumenten.[42]

Frage 7: Wie involviert sind die Konsumenten beim Kauf dieses Produktes?
Beate ist das Thema Dekoration und Wohnen insgesamt sehr wichtig, daher ist sie auch hoch involviert. Ebenso geht es **Natascha** mit ihrem Selbstverwirklichungsdrang: Das Projekt muss – wenn es einmal angegangen wurde – ein Erfolg werden.

Informationssuche und Alternativenbewertung

Des Weiteren ist im Kaufprozess auch die Zeit zwischen der Initialzündung und dem Kaufakt am Ende entscheidend. Bei größeren Entscheidungen wie beim Autokauf kann diese Phase gut und gerne sechs Monate dauern. Hier werden Kataloge durchgeblättert, Autos im Internet konfiguriert, Sonntage in Autohäusern verbracht, Probefahrten gemacht und so weiter. Und überall dort ist Kommunikation möglich und auch nötig. Der Prozess durchläuft nicht immer alle Phasen, und er kann auch in wenigen Sekunden vollzogen sein wie zum Beispiel der Kaugummikauf an der Kasse des Supermarktes.

Die Relevanz dieses Prozesses soll an einem plakativen Beispiel erläutert werden: die unterschiedliche Art des Neuwagenkaufs von Mann und Frau.

Der Kaufprozess von Automobilen ist in Anbetracht des Preises, der gesellschaftlichen Sichtbarkeit und der Relevanz als Imagegeber ein häufig hoch involvierter und daher intensiv betriebener, langwieriger Prozess. Ab der Initialzündung wird aktiv nach in Frage kommenden Marken und Modellen Ausschau gehalten. Normalerweise kommen dann zwei bis vier davon in die engere Wahl. Nach den Probefahrten entscheidet man sich für ein Modell. Dieses wird im Internet vorkonfiguriert, und man marschiert mit einer relativ fixen Preisvorstellung ins Autohaus. Bis zu diesem Zeitpunkt verhalten sich Mann und Frau ähnlich. Nun ändert sich dies schlagartig.

Der Mann wird zum Schauspieler: Er tut so, als ob er noch nie in diesem Autohaus war, schlendert an den Wagen vorbei, guckt kritisch, quasi auf der Suche nach Beulen und Roststellen bei Neuwagen. Er lässt sich in ein Gespräch verwickeln, führt – aus seiner Sicht – ein Fachgespräch über technische Details, um seine nicht vorhandene Kompetenz zu beweisen und hofft so, nicht übers Ohr gehauen zu werden.

Die Frau geht mehr oder minder direkt zum Verkäufer, schildert ihr Anliegen und hofft, aufgrund ihrer netten Art ein paar Prozente zu bekommen.

Das Feilschen um den Preis geht mehrmals hin und her, der Verkäufer geht zu seinem Chef oder ruft diesen an – oder wen auch immer – und kommt dann, sehnlich erwartet, zurück.

Situation Mann: Der Verkäufer macht ein etwas zerknirschtes Gesicht. Mühsam kommt ein »Ja, aber ...« über seine Lippen, und mit dem Aber ist ein kleines Detail des Autos gemeint, was er dann nicht mehr mit hinzugeben kann. Gehen wir mal von den legendären Fußmatten aus. Der Mann ist aufgebracht: Er soll einen Neuwagen ohne Fußmatten kaufen? Niemals! Er kämpft so lange, bis er auch noch die Fußmatten (im Wert von 33,70 Euro) herausgehandelt hat, und wenn es eine halbe Stunde dauert. Am Ende bekommt er – selbstredend – die Fußmatten und geht als stolzer Sieger vom Platz. Er hat alles rausgeholt.

Situation Frau: Würde der Verkäufer das obige Verfahren (»Ja, aber ...«) bei der Frau abziehen, so würde sie wahrscheinlich leicht süffisant säuseln: »dann eben nicht«, würde dennoch unterschreiben und dann leicht verstimmt den Laden verlassen. Stattdessen kehrt also der Verkäufer mit einem Grinsen zum Tisch zurück, erklärt, dass er den Chef überzeugen konnte, und sagt: »Gnädige Frau, die Fußmatten schenken wir Ihnen selbstverständlich noch dazu.« Die Frau freut sich und verlässt mit dem Gedanken »was für ein netter Verkäufer« das Autohaus.

Hätte der Verkäufer das mit dem Grinsen und den geschenkten Matten bei dem Mann versucht, hätte dieser geflucht, sich schwarzgeärgert, wahrscheinlich nicht einmal unterschrieben und wäre vor Wut kochend abgezogen – mit dem Gefühl, dass er noch viel mehr hätte rausholen können, mindestens 500 Euro wären da noch drin gewesen ...

An diesem zugegeben simplen und etwas klischeehaften Beispiel soll die Bedeutung der Kommunikation in allen Phasen des Kaufprozesses verdeutlicht und die nötige Sensibilität betont werden. Kommunikation bedingt Kenntnisse über die andere Seite.

Es ist wichtig, das Verhalten der Zielgruppe im Kaufprozess exakt zu skizzieren. Welche Informationsquellen und Informationsmedien werden genutzt? Wie erfolgen die Wahl der Geschäfte und die Wahl der Marken? Nur so lässt sich schlussfolgern, wie und wo man den Konsumenten sinnvoll kommunikativ erreichen kann.

Kaufentscheidung und Kaufakt

Das Ergebnis der Informationssuche und Alternativenbewertung ist dann die Kaufentscheidung und der Kaufakt. Die Kaufentscheidungskriterien wurden in Kapitel 2.2 ausführlich beschrieben. Normalerweise ist der Akt schnell vollzogen und wird nicht mehr entscheidend von Kommunikation beeinflusst.

Frage 8: Wie verhalten sich die Konsumenten beim Kauf? Wo fängt der Prozess an, was passiert dann genau bis zum Kauf?
Aufgrund der Vielzahl an Produkten, die ein Baumarkt führt, ist natürlich auch die Anzahl der möglichen Initialzündungen fast endlos, daher soll hier etwas verallgemeinert werden: • Nötige Reparaturen im Wohnumfeld (aller Art) • Es fehlt etwas Bestimmtes im Wohnumfeld • Man hat etwas bei anderen gesehen und will es auch haben • Lust auf Neues • Anregungen in den Medien oder der Werbung bekommen • Man fährt gerade an einem Baumarkt vorbei • Frustriert vom derzeitigen Leben • Langeweile • Saisonales: zum Beispiel Sommer steht vor der Tür • Der Nachbar hat etwas Neues, und man muss unbedingt nachlegen • Umzug, Einzug beziehungsweise Auszug von Personen des Haushalts, Schwangerschaft/Nachwuchs und Ähnliches • Gehaltserhöhung, Lottogewinn oder Erbschaft • Potenznachlass (Kompensation) • Nötige Imagepflege • Man realisiert, dass man nicht mitreden kann • Sonstiger Gruppenzwang Nach der Initialzündung ist der Prozess im Baumarkt nicht so langwierig wie beim Autokauf. Es dauert häufig nur wenige Tage bis zum Besuch – abhängig von der zur Verfügung stehenden Freizeit. Der Ablauf sei hier an einem Beispiel illustrativ dargestellt: Nehmen wir mal einen Reparaturbedarf in der eigenen Wohnung an. Vanessas Badezimmerbeleuchtung ist ausgefallen. Vanessa wird bei der Inspektion des Schadens die Dringlichkeit der Reparatur bestimmen. Mittels einer Taschenlampe wird ein Notbehelf geschaffen. Die Anschaffung der neuen Leuchte wird auf Samstag terminiert. Die Frage nach dem Geschäft wird gestellt. Alternativen werden im Kopf durchgespielt: »Welche Baumärkte fallen mir spontan ein? Oder das Leuchtengeschäft in der Innenstadt ... und da hatte doch letztens Eva erzählt ... es soll einen Frauenbaumarkt geben ... wo war der denn noch ... wie hieß der noch gleich? Internetrecherche oder Gelbe Seiten? Internet, weil, ist ja was Neues: Google: Frauenbaumarkt. Ja, Treffer, jetzt auf die Site, nach dem Markt in der Nähe suchen, prima, direkt mit Stadtplan und Anfahrtsskizze zum Ausdrucken. Liegt ja ganz in der Nähe der Arbeit. Vielleicht schaffe ich es ja schon unter der Woche. Schnell Öffnungszeiten gecheckt – stehen zum Glück auch auf dem Ausdruck. Prima. Hab auch gerade schon angerufen, um nachzufragen, ob die Leuchte vorrätig ist. Netter Service. Bin gespannt, wie der Frauenbaumarkt so ist.«

Das Agentur-Business hat Vanessa trotz der längeren Öffnungszeiten nicht vor Samstag hinkommen lassen. Nun fährt sie mit ihrem schwarzen Lupo auf den Parkplatz des Frauenbaumarktes und betritt erwartungsvoll wenig später die Halle, die zu ihrer freudigen Überraschung überhaupt nicht nach einer solchen aussieht. Sie begibt sich direkt zum Informationsstand am Eingang. Man weist ihr freundlich den Weg zu den Leuchten, wo sie selbstständig das gewünschte Stück auswählt. Auf dem Weg hat sie jedoch ein paar Dinge gesehen, die sie noch mal näher in Augenschein nehmen möchte, ehe sie zur Kasse geht ...

2.4 Verhaltensweisen beim Konsum

Man geht immer davon aus, dass andere Menschen das mit den Produkten tun, was man selbst tut beziehungsweise wozu sie eigentlich bestimmt sind. Dass dies ein Irrtum ist, zeigen ein paar einfache Haushaltstricks:

- Maggi wird als Eiwürze verwendet,
- Hefe hilft gegen den Geruch im Kühlschrank,
- mit Cola lässt sich Rost entfernen oder der Abfluss reinigen,
- Backofenspray reinigt Alufelgen preiswerter als Felgenspray,
- Leinöl macht blinde Spiegel wieder blank,
- eine Knoblauchzehe hält das Blumenwasser klar und die Blumen länger frisch.

Auch wenn die Verhaltensweisen beim Konsum von Produkten in den meisten Fällen dem Erwarteten entsprechen, können solche Zweckentfremdungen wie in den obigen Beispielen wunderbares Futter für die Kommunikation bieten, denn sie lassen sich in Werbegeschichten (sogenannten Slice-of-Life-Storys) aufgreifen und verarbeiten.

Frage 9: Wie verhalten sich die Konsumenten beim Konsum?

Der Konsum beginnt für einige Zielgruppen schon beim Einkauf.
Für **Beate** ist der gesamte Prozess wichtig: vom Einkauf über das Dekorieren/Arrangieren zu Hause bis zur Bestätigung durch Familie und Gäste. Jeder Teil gibt Beate Befriedigung. Für **Natascha** sind das Heimwerken und insbesondere die Vollendung der Werke das Wichtigste am Konsum. Der Einkauf wird professionell gemanagt, ist aber eher notwendiges Übel. Das Verhalten beim Konsum ist bei allen Zielgruppen/auf allen Märkten eher klassisch (normal), außer bei **Lela**. Sie verwendet die Produkte für ihre Kunstwerke und führt sie damit einer artfremden Anwendung zu.

2.5 Zahl der Käufer, Häufigkeit des Kaufs und Kaufmenge

Neben den qualitativen Informationen sind oft auch ein paar quantitative Daten hilfreich, zum Beispiel:

Quantitative Daten	Beispiel/Erläuterung
Zahl der Käufer	10 sind ungleich 10 Millionen, das heißt, die Kommunikation zu 10 Personen vollzieht sich anders als zur Millionenmasse
Häufigkeit des Kaufs	Wie aktuell/akut ist das Problem beziehungsweise wie häufig tritt es auf?
Kaufmenge	Hortung/Vorrat und Konsummenge, Themen wie Frische, Vergänglichkeit, Aktualität

Selbstverständlich dient diese Erhebung auch dem besseren Verständnis der Prozesse beim Kunden und eröffnet die Möglichkeit einer besseren Kommunikation.

In vielen Märkten gibt es zudem Entwicklungsstufen von Kunden (siehe Abbildung 13). In solchen Märkten wäre es schön zu wissen, wie sich die Bestandskunden auf die einzelnen Gruppen verteilen.

Abbildung 13: Entwicklungsstufen von Kunden

Ein Exklusivkäufer ist hierbei jemand, der ausschließlich beim Hersteller kauft. Der aktive Fürsprecher empfiehlt anderen unaufgefordert – also nicht nur auf Nachfrage – das Produkt des Herstellers. Naheliegend, dass man Letzteres nur mit einigen wenigen Produkten macht.

Frage 10: Wie viele Konsumenten gibt es für das Produkt? Wie häufig kaufen sie? Wie viel kaufen sie jeweils?
Natascha: Es gibt 420.000 Nataschas. Natascha gibt zwar 180 Euro für den Markt Selbstverwirklichung aus, aber da ist unter anderem auch das Fitnessstudio mit drin. Für den Baumarkt bleiben bei 7 Einkäufen pro Jahr dann jeweils 63,21 Euro, also 442,47 Euro im Jahr. **Beate:** Sie macht 13,8 Prozent der weiblichen Bevölkerung aus, also 5,8 Millionen, die jeweils durchschnittlich 170 Euro pro Monat für Dekoration ausgeben. Das sind 2.040 Euro pro Jahr, für die Gesamtheit aller Beates kommen 11,9 Milliarden Euro heraus. Davon entfallen auf die Baumärkte 4,9 Milliarden, das entspricht 41 Prozent. Beate geht durchschnittlich 3,1 Mal im Monat zum »Deko-Shopping«, also 37,2 Mal im Jahr, davon 41 Prozent (analog zum Umsatzanteil) wären 15,3 Besuche in Baumärkten pro Jahr oder 1,3 im Monat. Die 4,9 Milliarden Euro pro Jahr bei 5,8 Millionen Beates sind 844,83 Euro pro Beate und Jahr, das sind bei 15,3 Besuchen 55,22 Euro pro Besuch im Baumarkt. In Bezug auf die Entwicklungsstufen der Kunden zeichnet sich Beate als sehr untreu aus. Sie will sich überall mal umschauen und erreicht daher nie die Stufe des Exklusivkäufers. Für Natascha ist das Einkaufserlebnis sekundär. Sie wird Exklusivkäufer, wenn ein Baumarkt ihren Ansprüchen entspricht und sie dort alles bekommt, was sie braucht. Fürsprecher zu werden ist dagegen nicht Nataschas Art.

2.6 Beschreibende Faktoren der Zielgruppe

Zu guter Letzt benötigt man auch beschreibende Faktoren der Zielgruppe, um sich ein Bild von den Käufern zu verschaffen. Sicherlich hätten Sie diesen Punkt schon ganz am Anfang des Kapitels erwartet, doch er steht an dieser Stelle, weil man sich häufig lediglich auf ihn beschränkt. Viele Briefings gehen bei der Zielgruppenbeschreibung nicht über die beschreibenden Faktoren hinaus. Dies erschwert den Kreativen die Arbeit und lässt sie anfälliger für Missverständnisse und damit auch für »falsche« Kommunikation werden. Wenn möglich, fordern Sie diese Informationen über die Zielgruppe, andernfalls besorgen Sie sie sich selbst.

Grundsätzlich stehen wir hier einer besonderen Herausforderung gegenüber. Früher war das Leben einfacher, als es noch klar bestimmbare Zielgruppen gab, zum Beispiel die Popper, die Mods, die Punks und so weiter – deutlich abgegrenzt mit nur minimalen Überschneidungen. Heute sind wir alle »schizophrene, multiple Persönlichkeiten«.[43] Wir konsumieren sehr gegensätzliche Dinge und sind damit irgendwie »sowohl als auch«.

Das Institut Rheingold aus Köln verfolgt daher einen Ansatz, der sich an den jeweiligen *Verfassungen* der Konsumenten orientiert, das heißt, sie setzen an der Stimmung, dem Zustand an, in dem er mit dem Produkt in Kontakt kommt. So ist normalerweise die Verfassung für eine Tafel Milka-Schokolade eine andere als die für Ritter Sport. Letztere konkurriert daher mehr mit Schokoriegeln als mit Tafelschokolade.[44] Milka ist sinnlicher Genuss, eine Sofa-Situation. Ritter Sport ist Energieaufladung, Adrenalin, alles andere als Sofa. Daraus folgt, dass diese zwei Schokoladentafeln keine Konkurrenten sind. Natürlich gibt es Konsumenten, die sowohl Milka als auch Ritter Sport kaufen – je nach ihrem aktuellen Befinden. Andere bevorzugen für die jeweiligen Verfassungen Snickers, Mars oder Bifi beziehungsweise Chips, Pralinen oder Eiscreme.

Stellen Sie sich die Frage, inwiefern die Produkte verfassungs- oder wertegeprägt sind, suchen Sie also immer nach den Bedürfnissen dahinter, und beschreiben Sie dann diesen Teil der Zielgruppe. Um bei der Schizophrenie zu bleiben: Es interessiert uns nur dieser eine der beiden!

Das Ziel der Zielgruppenbeschreibung

Das Ziel ist klar: Sie müssen am Ende ein klares Bild von einer (oder einigen) Zielperson(en) haben. Und zwar so klar, dass Sie auf diese zugeschnitten gestalten können. Das Vorstellungsbild muss also Fragen beantworten wie:

- Welche Typo spricht die Zielgruppe an?
- Welche Farben sprechen die Zielgruppe an?
- Wer wäre ein gutes Testimonial?
- Welche Zeichen und Signale sprechen die Zielgruppe an?
- Mit welchem Kleidungsstil identifiziert sich die Zielgruppe?
- Welche Träume/Sehnsüchte hat die Zielgruppe?

Eine für Kommunikationszwecke geeignete gute Zielgruppenbeschreibung zeichnet sich dadurch aus, dass sie ein plastisches Bild eines Personentyps zeichnet, ein menschliches Profil, das die produktrelevanten Denkweisen, Bedürfnisse, Wünsche, Erwartungen, Vorurteile, Interessen und Verhaltensweisen widerspiegelt.[45]

Vorgehen bei der Zielgruppenbeschreibung

Das Vorgehen zum Verfassen einer Zielgruppenbeschreibung erfolgt normalerweise über drei Phasen, die jeweils eine Herausforderung darstellen:

- Zielgruppe kennenlernen,
- Zielgruppe verstehen lernen,
- Zielgruppe zusammenfassen oder verdichten.

Die Zielgruppe kennenzulernen bedeutet, sie sich physisch vor Augen zu führen, anzuschauen und natürlich in sich »aufzusaugen«. Auch wenn eine statistische Repräsentativität der Fallzahl nicht wirklich zu erreichen ist, so sei betont, dass zwei bis drei Fälle natürlich nicht ausreichen.

Die Zielgruppe verstehen zu lernen geht über das Kennen ihrer äußeren Hülle hinaus. Also: Sprechen Sie mit der Zielgruppe, versuchen Sie zu verstehen, wer sie ist, was sie denkt, wo sie hin will, was sie mag, was sie hasst et cetera.

Nachdem wir einen Teil der Zielgruppe kennengelernt und Verständnis für sie entwickelt haben, gilt es, diese Informationen zu verdichten, das heißt zu vereinen und auszusortieren. Hier gibt es zwei Wege. Die einen stellen sich eine »zusammengedampfte« Gruppe vor, die anderen fokussieren auf eine Zielperson. Also ergibt sich die Grundsatzfrage: Beschreibt man eine Zielperson als ausgewähltes Paradebeispiel oder alle Zielpersonen im Hinblick auf die Gruppengemeinsamkeiten?

	Musterkunde	**Gruppe aller Zielpersonen**
Vorteil	wird fassbar, man kann sich ein klares Bild von der Zielgruppe machen	nicht verzerrt, da die gesamte Gruppe beschrieben wird
Nachteil	Gefahr, die falsche Person herauszugreifen; gegebenenfalls unzulässige Vereinfachung	oft »weichgespült«, weder Fisch noch Fleisch, Masse an Menschen, die man sich nicht vorstellen kann; es entsteht kein Bild der Zielgruppe im Kopf des Kreativen

Das Konzept des Durchschnittskunden ist grundsätzlich gefährlich. Alle Kunden sind Menschen und damit einzigartige Individuen. Wenn ein Unternehmen allerdings mehrere tausend, vielleicht gar mehrere Millionen Kunden hat beziehungsweise anstrebt, ist eine individuelle Betrachtung jedes Einzelnen nicht zu finanzieren. Deshalb muss die Frage nach der nötigen Anzahl von Durchschnitts- oder Musterkunden dringend gestellt werden. Einer kann ausreichen, aber auch ungenügend sein.

Nehmen wir einen Hersteller von Inkontinenzprodukten auf Zellulosebasis (Windeln). Sein Durchschnittsnutzer wäre 40 Jahre, der Durchschnittskäufer über 50. Sinnvoller sind mindestens zwei Gruppen von Nutzern, nämlich Säuglinge und Senioren, sowie von Käufern, nämlich frischgebackene Eltern und Senioren beziehungsweise deren Pflegepersonal.

Wenn eine Zusammenfassung von Personen schwierig erscheint, kann es ratsam sein, eine Zielperson herauszugreifen. Aber wen? Nehmen Sie zur Veranschaulichung eine Ihnen bekannte Gruppe, zum Beispiel Ihren Freundeskreis. Wer wäre das Sinnbild dieser Gruppe? Wer ist so repräsentativ, dass er für alle stehen kann? Die Frage wird dann meist präzisiert: Wer steht für die meisten der Gruppe? Je nach Gruppe kann es auch nötig sein, in Bezug auf die Ästhetik und den Geschmack mehr als einen Repräsentanten zu wählen, also: Welche zwei oder drei Personen stehen zusammen für die meisten der Gruppe?

Informationen zur Zielgruppenbeschreibung

Ein Beispiel vorweg:[46]

Paul	Mark
männlich mittleres Alter gehobene Bildung höheres Einkommen verheiratet zwei Kinder	männlich mittleres Alter gehobene Bildung höheres Einkommen verheiratet zwei Kinder
Paul fährt Mercedes	Mark fährt BMW
Präferenzen: Wissenschaft, Reichtum, Logik, Wert, Präzision, Eigentum, Erfinder, Eleganz	Präferenzen: Abenteuer, Angriff, Geschwindigkeit, Jagd, Herausforderung, Sieg, Wildheit, Elite
Psychografie: rational, materiell	Psychografie: erlebnisorientiert, kämpferisch

Obwohl Paul und Mark von der allgemeinen Beschreibung her identisch sind, kauften sie trotzdem unterschiedliche Fahrzeuge. Denn was Paul als angenehm empfindet und was seine Psychografie ausmacht, ist grundlegend unterschiedlich zu Mark. Die beiden sind soziodemografische Zwillinge, denn die oben beschriebenen Faktoren sind Elemente der Soziodemografie. Die Krux mit solchen Kriterien ist, dass sie zwar leicht festzustellen sind und zudem eine erste Idee von der Zielgruppe geben, aber auf der anderen Seite zu sehr an der Oberfläche bleiben und daher für unsere Belange bei weitem nicht ausreichen.

Wie viele Leute Ihres Alters haben doch ganz andere Vorlieben und Vorstellungen vom Leben als Sie? Oder nehmen wir mal die Konfessionszugehörigkeit (konfessionslos, römisch-katholisch oder evangelisch: zusammen über 90 Prozent in Deutschland).[47] Sie hat kaum Aussagekraft für das Konsumverhalten eines Menschen – was kaufen Sie denn schon aufgrund Ihrer Konfession?

Die demografischen Kriterien verlieren generell an Bedeutung. Früher hatte das Einkommen noch Aussagekraft in Bezug auf Einkaufsstätten, zum Beispiel im Lebensmitteleinzelhandel. Aber heute? Es kauft doch so gut wie jeder bei den Discountern. General Motors, Muttergesellschaft der Marken Cadillac, Chevrolet, Corvette, Hummer, Opel und Saab, geriet Ende der siebziger Jahre des letzten Jahrhunderts in eine ernsthafte Krise, weil man auf dem US-Markt an einer Segmentierung nach Einkommensklassen festhielt.[48]

Vorteile der Soziodemografie	Nachteile der Soziodemografie
Einfachheit der Erfassung	Sinn und Zweck dieses Punktes ist das Kennen- und Verstehenlernen der Zielgruppe. Dem Kreativen muss ein klares Bild der Zielgruppe vor seinen Augen entstehen. Eine Beschreibung wie » 20 bis 30 Jahre, mittleres Einkommen, eher urban, mit einem Kind zwischen 0 und 5 Jahren, eher konservativ ...« reicht hier nicht aus, denn sie ist noch viel zu unscharf. Je genauer die Beschreibung, desto besser!
Quantifizierbarkeit der Zielgruppe: Man kann leicht die Anzahl der 25-Jährigen herausbekommen, aber versuchen Sie dies mal für die, die sich wie 25 fühlen!	
Einfache Übersetzung der Zielgruppe für die Medien: Viele Mediadaten basieren auf demografischen Kriterien	

Würden Sie sich über ein Geschenk für eine Person Ihres Geschlechts in Ihrem Alter freuen? Die Wahrscheinlichkeit spricht dagegen! Machen wir es konkreter: Ihre Nachbarin geht in einen Buchladen und fragt nach einer Buchempfehlung, indem sie Sie anhand Ihrer demografischen Daten beschreibt: Alter, Einkommen, Geschlecht, Wohnort et cetera. Wird ihr daraufhin das neue Designbuch empfohlen, das Sie sich kaufen wollten, oder Ihr Lieblingsromanautor? Wohl eher nicht.

Um wieder auf die Kommunikation zu kommen: Sie müssen sich die Schuhe vorstellen können, welche die Zielperson trägt, Sie brauchen eine Idee von ihrem Lebenskonzept. So wird die Umsetzung Ihrer Werbeidee eine konsequente Schlussfolgerung sein. Wenn Sie sich jedoch nicht zwischen verschiedenen Schuhen der Zielperson entscheiden können, dann laufen Sie insgesamt mit Ihrer Gestaltung auf dünnem Eis – und der Hersteller mit Ihnen. Klassisch werden folgende Konsumentenmerkmale zur Beschreibung der Zielgruppe herangezogen:[49]

Verbrauchermerkmale	Beispiel/Erläuterung
soziodemografische Kriterien	Einkommen, Schulbildung, Geschlecht, Familienstand, Kinderzahl, Haushaltsgröße (Anzahl der Personen im Haushalt), Alter, Wohnortgröße, Konfession et cetera
psychografische Kriterien	Bedürfnisse, Motive, Wünsche, Lebensstile, Persönlichkeitsstrukturen, Einstellungen, Präferenzen, Kaufabsichten et cetera

verhaltensbezogene Kriterien	Informationsverhalten: Mediennutzung, Kommunikationsverhalten
	Kaufverhalten: Einkaufsstättenwahl, Produkt- beziehungsweise Markenwahl, Markentreue, Verpackungspräferenzen, Preisverhalten beziehungsweise -bewusstsein
	Verwendungsverhalten: Verwendungsart, -zeit, -ort und -intensität, Lagerhaltung, Wartungsverhalten et cetera

Es bleibt festzuhalten, dass die nötigen Fragen mit den soziodemografischen Kriterien der Zielgruppe allein nicht ausreichend zu beantworten sind. Deshalb gilt es, weitere Daten der Zielgruppe zu erfassen. Zentraler Punkt der *psychografischen Beschreibung* sind die Bedürfnisse und Interessen der Konsumenten, daher auch die intensive Auseinandersetzung in Kapitel 2.1 mit den Bedürfnissen. Die *verhaltensbezogenen Kriterien* in Bezug auf Kauf und Konsum wurden dort ebenfalls behandelt. Weitere Erkenntnisse sind aus dem Informationsverhalten der Zielgruppe zu ziehen. Eine Übersicht:[50]

Informationsverhalten	**Ausprägung**
Interesse am Angebot	überhaupt nicht interessiert – no involvement
	nur gering oder unspezifisch interessiert – low involvement
	sehr stark interessiert – high involvement
Informationsnachfrage	aktiv
	passiv – muss animiert werden
Informationszugang	schwierig und langwierig
	schnell und leicht
Informationszeit	nimmt sich viel Zeit
	nimmt sich kaum/keine Zeit
Wissensstand/ Vorinformiertheit	hoch
	niedrig

Das Thema Involvement wurde bereits ausführlich beleuchtet. Die weiteren Punkte des Informationsverhaltens geben insbesondere Vorgaben für die Gestaltung der Kommunikation.

Manche Produkte werden von einigen Konsumenten intensiv (Intensivverwender) und von anderen weniger intensiv verwendet (Normalverwender).

Fragen Sie: Unterscheiden sich diese zwei Gruppen? Wie groß sind sie jeweils? Macht eine getrennte Ansprache Sinn?

Denken Sie bei der Zielgruppe auch an die bisherigen und an die gewünschten Verwender. Die Betrachtung der Nicht-Verwender, das heißt der Verwender von Konkurrenzprodukten, ist ebenfalls sehr interessant. Sie gibt Auskunft über Kaufbarrieren, Gegenargumente und Nachteile des Produkts; ein meist sehr aufschlussreicher Wechsel der Perspektive.

Beispiele für Zielgruppenbeschreibungen

Zur Veranschaulichung seien einige Zielgruppenbeschreibungen vorgestellt.

Beispiel 1: »Röntgen-Gott« in Weiß[51]

Vorwiegend männlich, ab 40 Jahre, verheiratet, Hochschulabschluss, Promotion, arbeitet meist in großen Unikliniken, lebt im großstädtischen Umfeld, reist häufig per Flugzeug, hält internationale Vorträge auf Fachkongressen, sitzt in Gremien und Ausschüssen. Er ist Spezialist, oft auch Forscher, weniger Generalist, ihn reizt die Herausforderung der Medizin. Er steht immer unter Druck, selektiert daher sehr intensiv seine Informationsquellen. Er ist sich seiner Bedeutung bewusst, genießt Prestige und Ansehen und die Annehmlichkeiten des Lebens und seines Wohlstandes intensiv, wenn er denn dafür Zeit findet.

Diese Zielgruppenbeschreibung beinhaltet einige Facetten der Zielperson, jedoch ist sie leider noch nicht eindeutig. Man kann den »Gott in Weiß« sehr verschieden interpretieren:

- *»Gott in Weiß«* verstanden als Kosmopolit und Vielflieger, daher zum Beispiel über das *Lufthansa-Magazin* zu erreichen,
- *»Gott in Weiß«* verstanden als Pionier und Forscher, daher zu erreichen mit Sponsorings bei Forschungsprojekten,
- *»Gott in Weiß«* verstanden als Prestige-Hascher, zu erreichen über Lobbyarbeit, die ihm dazu verhilft, in Gremien und als Redner auf Fachkongresse zu kommen,
- *»Gott in Weiß«* verstanden als Lebemann, zu erreichen über Einladungen zu speziellen Rahmenprogrammen während der Kongresse und Veranstaltungen.

Dies liegt einfach daran, dass die verschiedenen Bedürfnisse der Zielgruppe zwar erwähnt werden, aber nicht gewichtet sind. Was ist dem »Gott in Weiß« denn nun am wichtigsten?

Beispiel 2: Idealist[52]

Ausgebildeter Radiologe, arbeitet entweder als niedergelassener Arzt oder in einer Klinik, zumindest Oberarzt, vorwiegend männlich, ab 40 Jahre. Er kennt unseren Kunden (den Hersteller von Röntgengeräten) dem Namen nach und auch einige seiner Produkte, ist zum Teil auch Kunde der Konkurrenz. Das Wichtigste bei der Auswahl der Röntgenanlage ist für ihn die bestmögliche diagnostische Versorgung des Patienten. Technisch hochentwickelte Details akzeptiert er nur, wenn sie dem Patienten etwas bringen. Er hält sich fachlich ständig fit, besucht Kongresse und sucht den Erfahrungsaustausch mit Kollegen.

Diese Zielgruppenbeschreibung weist sicherlich grundsätzlich schon einen guten Detaillierungsgrad auf, bewerten lässt sich das aber nur in Bezug auf das jeweilige Produkt. Zum Beispiel mag die Beschreibung für den Verkauf von Röntgengeräten ausreichen, für Computerspiele wäre es sicher nicht genug.

Beispiel 3: Sprayer

Schüler, männlich, 14 Jahre alt, aus wohlhabendem Elternhaus, zirka 40 Euro Taschengeld im Monat, die er bisher für Comics, CDs, Videospiele, Sammelkarten oder Ähnliches ausgegeben hat. Fährt auf seinem Schulweg täglich mit der Bahn an bunt bemalten Lärmschutzwänden vorbei, findet eines Tages in der Garage Papis alten Autolack. Von der Neugier und dem Reiz des Verbotenen getrieben, schleicht er sich nachts hinaus und sprüht sein erstes Bild. Ist alles gut gegangen, geht er am darauffolgenden Wochenende wieder los, bis der Vorrat in der Garage aufgebraucht ist. Jetzt müssen neue Dosen her. Mit dem ersten Besuch beim »Dosendealer« eröffnet sich ihm eine völlig neue Welt. Hunderte Farbtöne, verschiedene Aufsätze und selbstverständlich auch Graffiti-Magazine und Bücher wecken sein Interesse, und beim Durchblättern einiger Exemplare fällt ihm auf, was für schöne und wie viele Bilder in diesem Buch über Hamburg zu finden sind. Sobald er das Geld zusammen hat, kauft er das Buch, um fleißig abzumalen und besser zu werden.[53]

Die Beschreibung ist sicherlich aufschlussreich für Hersteller von Produkten für die Sprayerszene, ein Hersteller von Schulbüchern erfährt allerdings noch nicht genug über seine Zielperson/Zielgruppe. Die Beispiele sollen Ihnen eine Vorstellung von der Tiefe der einzelnen Beschreibungen geben.

Informationen für Guerilla-Werbung

Es wird zunehmend wichtiger, folgende Frage zu beantworten: Wo ist die Zielgruppe (sonst noch) zu erreichen?

Klassisch ist dies eine Aufgabe der Media-Agentur, die auch für die Aufteilung des Media-Budgets auf die verschiedenen Werbeträger (Zeitung, Zeitschriften, Plakat, Radio, Internet et cetera) zuständig ist. Durch knappere Budgets der Werbekunden und hohen Konkurrenzdruck unter Werbeagenturen wird es wichtig, sich auch im Bereich Ambient Media und Guerilla-Marketing zu profilieren. Somit braucht die Werbeagentur Informationen über das Outdoor-Verhalten der Zielgruppe:

- Wann sind sie außer Haus?
- Was machen sie dann?
- Wo begeben sie sich hin (Job und Freizeit)?
- Wo ist ihr häusliches und arbeitsmäßiges Umfeld?

Normalerweise bedingen diese Werbeformen außerdem gute regionale Kenntnisse.

Unternehmenskunden als Zielgruppe

Produkte werden nicht nur an Konsumenten verkauft, sondern auch an Unternehmen. Bei Unternehmenskunden werden oft andere Kriterien zur Beschreibung der Zielgruppen angesetzt:[54]

Kriterien	Beispiel
Merkmale des Unternehmens	Branche, Größe, verwendete Technologien, Bestellmengen et cetera
Merkmale des einkaufsentscheidenden Kollektivs (auch Buying-Center genannt)	Anzahl der Mitglieder im Einkaufsgremium, Zusammensetzung des Gremiums, innerbetriebliche Machtstrukturen im Sinne von der Einbindung des Gremiums ins Unternehmen
Merkmale der an der Entscheidung beteiligten Personen	Beruf, Ausbildung, Bedürfnisse, Motive, Einstellungen, Risikobereitschaft et cetera

Selbstverständlich sind auch bei Unternehmenskunden Menschen beschäftigt, und auch wenn die versuchen, rationalere Begründungen für ihre Entscheidungen zu finden, bleiben sie nun mal menschlich – zumindest die meisten. Soll heißen: auch hier kommt man um die Beschreibung der Zielgruppe, der Zielperson nicht herum.

Zusammenfassung: Definition der Zielperson

Stellen Sie sich folgende allgemeine Fragen zur Zielperson:

- Wie denkt diese Zielperson?
- Was fühlt, erwartet, hofft, fürchtet, befürchtet die Zielperson, was lehnt sie ab?
- Woran ist die Zielperson interessiert?
- Was bewegt die Zielperson?
- Was veranlasst die Zielperson zum Handeln?
- Was macht das Wertesystem der Zielperson aus?
- Wie informiert sich die Person?
- Wo bewegt sich die Person?
- Welche Einstellungen hat die Zielperson grundsätzlich und in Bezug auf den Markt?
- Was weiß die Zielperson bereits über das Produkt?
- Was reizt die Zielperson?
- Was hemmt die Zielperson?

Stellen Sie jeweils auch die Frage nach dem Warum, und ergänzen Sie diese Liste mit Fragen im Kontext zu dem jeweiligen Produkt.

Häufig helfen auch Bilder bei der Kommunikation der Zielgruppe an Kollegen. Aber Vorsicht, Bilder erzeugen beim Betrachter Assoziationen und diese sollten – analog zu den Antworten – bei den Betrachtern identisch sein. Einen Schauspieler, den wir kennen, verbinden wir vielleicht mit einer bestimmten Rolle, die er mal gespielt hat. Bestimmte Merkmale erinnern uns auch an andere Personen. Deshalb ist es empfehlenswert, mindestens drei Fotos von verschiedenen Personen für eine Zielperson zu benutzen. Sollte eines davon unerwünschte Assoziationen hervorrufen, so werden die anderen zwei dies ausgleichen.

Frage 11: Wer ist die Zielgruppe? Beschreiben Sie sie ganz genau.
Natascha ist 32 Jahre alt, lebt in einem der angesagtesten Stadtteile der Stadt und fährt einen praktischen Fünftürer, der ihrem Gehaltsniveau entspricht. Natascha arbeitet im Büro und ist im Job sehr engagiert, aber dennoch keine verbissene Karrierefrau. Sie sucht Bestätigung in ihrem Job, muss aber nicht die Nummer eins sein. Sie trägt sportliche, bequeme Kleidung und hat für den Job und feierliche Anlässe auch Formelleres im Schrank hängen. Ihre Wohnung ist nicht allzu groß, aber liebevoll eingerichtet. Alle Besucher fühlen sich sofort wohl bei ihr, obwohl sie es mit Ordnung nicht so genau nimmt. Sie sagt, sie hätte keine Zeit für so einen Quatsch. Natascha ist handwerklich begabt und hat Spaß daran. Auch diese Projekte begreift sie als persönliche Herausforderung, ein Scheitern kommt nicht in Frage. Sie hat immer eher ein paar Kilo zu viel als zu wenig, aber solange das im Rahmen bleibt, ist das okay für sie. Sie geht ins Fitnessstudio, insbesondere liebt sie ihren Spinning-Kurs, wo sie so richtig Dampf ablassen kann. Es ist kein aufgestauter Frust – eher ihre Energie. Sie ist spontan und lebensfroh und geht gerne essen, alles außer deutscher Küche. Abends trinkt sie gerne Weinschorle. Sie hat einen großen Bekanntenkreis, und Nina, ihre beste Freundin, weiß so gut wie alles über Natascha. Augenblicklich ist sie Single nach einer zweijährigen Beziehung. Musikalisch ist Natascha sehr offen.

2.7 Informationsquellen für Zielgruppen

Zu dem Beispiel des Frauenbaumarktes befragen wir nun einige der gängigen Informationsquellen. Solche Quellen können – je nach Zielgruppe und Marke – eine hilfreiche Unterstützung sein. Die Ergebnisse werden unkommentiert vorgestellt, machen Sie sich Ihr eigenes Bild.

Folgende Informationen über die Zielgruppe kamen dabei heraus:

TNS Infratest

TNS Infratest sieht Werthaltungen als eine wesentliche Einflussgröße des Verhaltens, aber sie sind in Befragungen nicht direkt messbar. Gründe hierfür liegen in der Diskrepanz zwischen der Selbst- und der Fremdeinschätzung, Rationalisierungseffekten und sozialer Erwünschtheit von Antworten. Die Semiometrie versucht, Wörter als Indikatoren zur indirekten Messung von Werten heranzuziehen. Es wurde ein Messmodell mit 210 Begriffen entwickelt. Die Befragten geben durch Markierung eines Skalenpunktes zu jedem Wort an, inwieweit es in ihnen ein angenehmes oder unangenehmes Gefühl hervorruft.

Frauen, die sich für Baumärkte interessieren und regelmäßig basteln, heimwerken und Do-it-yourself-Tätigkeiten ausüben, bewerteten die 210 Begriffe folgendermaßen:[55]

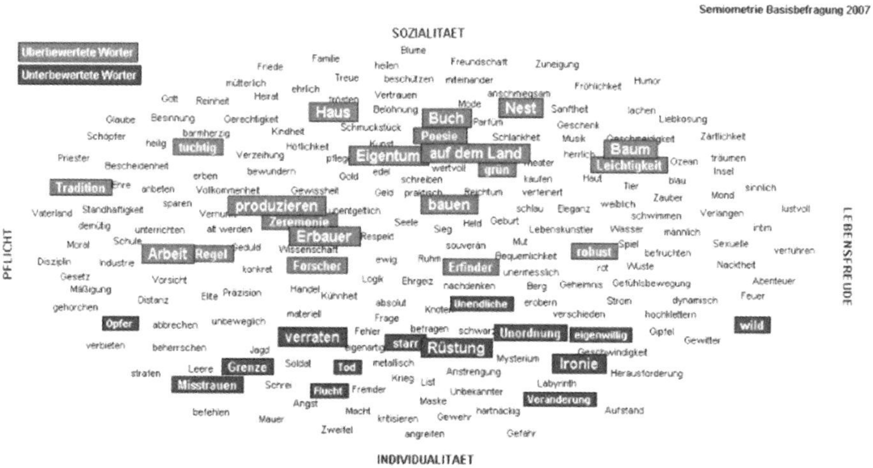

Abbildung 14: Ergebnisse der Semiometrie

Zielgruppe »Frauenbaumarkt« 21 Prozent (n = 456)			
familiär		kulturell	+++
sozial		rational	+++
religiös		kritisch	
materiell		dominant	
verträumt		kämpferisch	
lustorientiert		pflichtbewusst	++
erlebnisorientiert		traditionsverbunden	

Interpretation: Die befragten Frauen bewerten zahlreiche Wörter angenehmer, die einen unmittelbaren Bezug zur Thematik aufweisen: *Erbauer, bauen, produzieren, Eigentum, tüchtig* und *Arbeit.* Sie weisen eine rationale, pragmatische, nüchterne, pflichtbewusste und bodenständige Grundhaltung auf. Zudem zeigt sich in den überbewerteten Wörtern *auf dem Land, Baum, grün* und *Nest* ein Bezug zur Natur. Darüber hinaus weisen sie eine kulturelle Orientierung (zum Beispiel *Poesie, Buch*) auf.

Zukunftsinstitut

Das Zukunftsinstitut hat in der Studie »Lebensstile 2020« elf Konsumententypen entwickelt.[56] In den Lebensstiltypologien werden die Menschen nicht statisch beschrieben. Menschen definieren sich nicht mehr durch ihre »Konstanzen«, sondern durch die Widersprüche und Veränderungen, in denen sie leben.

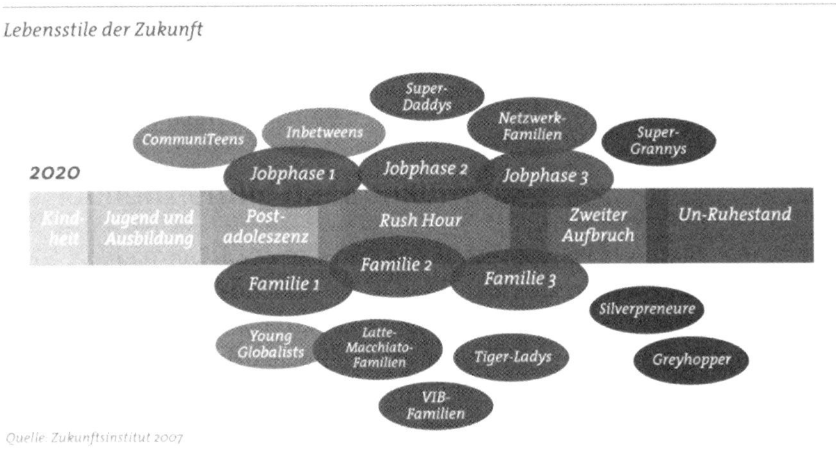

Abbildung 15: Die elf Lebensstiltypen des Zukunftsinstituts[57]

Nicht nur im Job erobern die Frauen immer mehr Männerdomänen. Auch die Freizeitgestaltung nimmt immer häufiger »männliche« Züge an. Die Heimwerkerin ist dafür ein typisches Beispiel. Ob Gärtnern oder Renovieren, Malerarbeiten oder Möbelbau: Der DIY-Markt ist keinesfalls mehr nur noch männerdominiert. Frauen treffen Einrichtungsentscheidungen, die sie auch selbst umsetzen wollen, anstatt zu warten, bis der Mann mit dem Werkzeugkasten kommt.[58]

GIM Gesellschaft für innovative Marktforschung

Das Heidelberger Marktforschungsinstitut GIM Gesellschaft für Innovative Marktforschung hat die sogenannte »GIM-Zielgruppen-Galaxie« entwickelt. In ihr sind zwölf Zielgruppendefinitionen vereint, jedoch ohne den Anspruch, die gesamte Gesellschaft komplett abzubilden. Die GIM richtet ihr Augenmerk vielmehr auf kleine qualitative Zielgruppen und beobachtet deren unterschiedliche Verhaltensweisen und Nutzungsgewohnheiten hinsichtlich Marken und Medien. Die Zielgruppendefinitionen basieren auf unterschiedlichen Wertesets, die das Verhalten situativ bestimmen.[59]

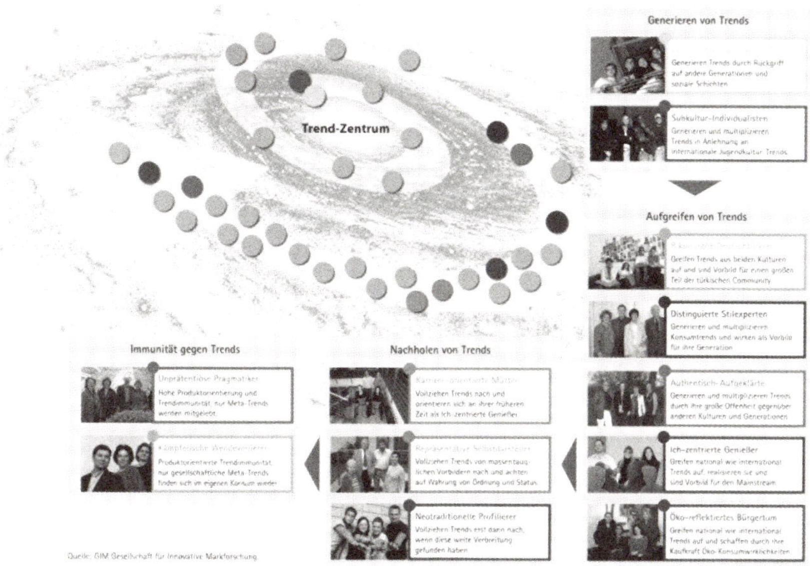

Abbildung 16: GIM-Zielgruppen-Galaxie[60]

Die GIM identifiziert zwei Zielgruppen (aus ihrer »Galaxie«), die für den Frauenbaumarkt relevant sind: die »unprätentiösen Pragmatiker« und die »neotraditionellen Profilierer«. Letztere seien hier beispielhaft näher vorgestellt:[61]

- Altersgruppe von 20 bis 29 Jahren, stammen aus der Unter- und Mittelschicht, zumeist klein- und vorstädtischer Prägung,
- üben wie schon ihre Eltern oft gewerbliche oder kaufmännische Berufe aus,
- stehen für traditionelle Werte,
- streben nach einer »altmodischen«, bürgerlichen Existenz, suchen das traditionelle »Wir« in sozialen Beziehungen,
- haben starken Bezug zu Familie und Verwandtschaft,
- brauchen Marken zur Selbstprofilierung,
- sind preissensibel bei Konsumgütern des täglichen Lebens,
- reagieren gut auf Werbung mit weltgewandten, selbstsicheren Vorbildern,
- sind bei abendlichen Einkäufen oder Kneipenbesuchen über POS-Marketing und Ambient Media zu erreichen,
- sitzen gern gemütlich zu Hause und sind dort für TV-, Internet- und Direktwerbung empfänglich.

Allgemeines:[62] Spontan passiert bei dieser Zielgruppe kaum etwas. Eingekauft wird nach genauem Plan und mit Einkaufszettel. Sonderangebote haben diese Konsumenten schon vorher aus Anzeigenblättern und Werbebeilagen recherchiert, und dann wird auf Vorrat gekauft – was man hat, hat man. Experimente sind nicht angesagt, weder beim Konsum noch im Sozialverhalten – traditionelle Werte wie Pflichtbewusstsein und »wahre« Freundschaft sind ihnen wichtig. Sie schätzen die häusliche Geborgenheit, die sie durch die gemeinsame Zeit mit dem Partner in den eigenen vier Wänden erleben. Wenn sie dann doch mal ausgehen, fahren sie meistens in ihre Stammkneipe oder in ihr Lieblingsrestaurant. Gerne gehen sie auch gemeinsam ins Kino, zum Kartfahren oder ins Bowling-Center. Auffallend häufig veranstalten die »neotraditionellen Profilierer« DVD- und Videoabende zu Hause – bis zu zehnmal pro Monat. Fernsehen und Radio laufen fast ständig. Charakteristisch am Konsum- und Markenverhalten der »neotraditionellen Profilierer« ist, dass sie zur Selbstprofilierung immer wieder zu Marken wie Tommy Hilfiger, Ralph Lauren, Esprit, Adidas oder Lacoste greifen, die ihnen – in ihrer Welt – Prestige verleihen. Ein auffallendes Logo ist ein zusätzlicher Nutzen.[63]

Die »neotraditionellen Profilierer« und »Heim und Wohnen«:[64]

- geordneter, bürgerlicher Lebensstil,
- Mietwohnungen in Kleinstädten und Vororten,
- häuslich-familiäre Orientierung; verbringen viel Zeit mit dem Partner zu Hause. Wichtiger Bezugspunkt ist daher das Wohnzimmer, das auf den Fernseher hin ausgerichtet ist,
- man versucht, etwas große Welt in das eigene Heim zu holen: zum Beispiel fernöstliche Accessoires,
- Orientierung an DIY-Sendungen im TV, wo man sich immer wieder Anregungen für die Verschönerung der eigenen Wohnung holt,
- die Wohnungseinrichtung richtet sich nach den allgemein bekannten Mainstream-Trends, die man aus den Zeitschriften und dem Fernsehen kennt,
- gerne tauscht man sich auch mit Bekannten über neue Ideen für die eigene Wohnung aus.

Die »neotraditionellen Profilierer« und DIY:

- konfektionierte Kreativität: als Ideenlieferant dienen Lifestyle-Zeitschriften für Frauen mit Einrichtungstipps und TV-Sendungen (SOS bis zu Daily Soaps), Ideen werden meist 1 zu 1 umgesetzt,
- Suche nach Ideen, die günstig umzusetzen sind, mit wenig Geld viel machen,
- Interesse vor allem an Dekorationsartikeln, mit denen man seine Wohnung schnell verändern kann,
- farbige Wände gestaltet mit Wischtechniken.

GIM identifiziert die folgenden Bedürfnisse im Kontext Baumarkt:[65]

- Baumarkt heißt: »Alles aus einer Hand«,
- Suche nach Sonderangeboten,
- Frauen gehen in den Baumarkt gemeinsam mit Partner oder auch mit dem Vater,
- die große Auswahl des Baumarkts wird als Anregung genutzt,
- Bedürfnis nach entsprechender Präsentation von Gestaltungsideen,
- gerne greift man auch auf kompetente Beratung zurück: Wie kann ich eine bestimmte Idee umsetzen? Was passt zu meiner Wohnung?
- Produkte: Dekorationsartikel, Stoffe, Farben, Bastelmaterialien, einfache Einrichtungsgegenstände (Lampen, Regale, Beistelltische),
- alternative Quellen: Butlers, Ikea.

Wahrnehmungsverzerrende Effekte

Für die Eigenrecherche sollten Sie beachten: In der Psychologie wurden einige wahrnehmungsverzerrenden Effekte identifiziert, das heißt, Wahrnehmung und Wirklichkeit können gegebenenfalls etwas auseinander liegen.[66]

- *Halo-Effekt:* Ein einzelnes, wesentliches Merkmal wirkt so stark, dass es andere Kriterien überstrahlt (auch Überstrahlungseffekt genannt)
- *Egozentriefehler:* Beurteiler geht von sich selbst als Maßstab aus, ohne Berücksichtigung von Erfahrungen, Ausbildungsstand, finanziellen Möglichkeiten et cetera
- *Ideologiefehler:* Beurteilte, die die gleiche Einstellung zu politischen und weltanschaulichen Punkten haben, werden gegebenenfalls günstiger beurteilt
- *Primacy-Effekt:* die zuerst erhaltenen Informationen und Eindrücke werden bei der Gesamtbeurteilung stärker berücksichtigt
- *Recency-Effekt:* die zuletzt erhaltenen Informationen und Eindrücke werden bei der Gesamtbeurteilung stärker berücksichtigt
- *Selektionseffekt:* Beurteiler erkennt nur bestimmte Verhaltensweisen, die ihm relevant erscheinen
- *Vorurteile:* zum Beispiel »Wer schlampig aussieht, ist auch so«

Die beschreibenden Faktoren der Zielgruppe geben die »Sprache« vor (zur Ansprache), aber sie liefern nur ganz selten Ideen für gute Kreationen. Dies leistet unter anderem die Analyse der Bedürfnisse oder des Umfelds.

3 Leistung

Schon wieder ein Punkt, der trivial erscheint, doch die Frage nach der Leistung des Produktes ist einfacher als deren Beantwortung. Kernfrage: Welche Leistung erhält der Konsument? Drei Gründe machen die Antwort schwierig:

- Die Leistung ist nicht für alle Käufer gleich.
- Die Leistung ist mehr als die technisch-physikalische Leistung.
- Die Leistung ist nicht konstant.

Die Leistung ist nicht für alle Käufer gleich. Nimmt man zum Beispiel die Leistung eines VW Golf, so ist sie für den einen, dass er fährt und »unauffällig« ist, für einen anderen ist sie, dass er fährt und einiges transportieren kann, und für den Dritten, dass er fährt und zudem sicher für die gerade 18-jährige Tochter ist.

Die Leistung ist mehr als die technisch-physikalische Leistung. Faktoren wie das Image des Produktes, seine Verpackung mit all den kleinen Leistungen wie Wiederverschließbarkeit und Frühstückstischtauglichkeit (Optik), der Kundendienst und Garantien kommen als Leistungen hinzu. So geht es zum Beispiel bei Pralinen für das Vorzimmer des Geschäftspartners meist mehr um die Verpackung und die Marke als um den Geschmack der Pralinen. Die Geschmackspräferenzen sind ja in der Regel ohnehin nicht bekannt.

Die Leistung ist nicht konstant. Deutlich wird dieser Wandel bei Oldtimern, hier steigt die Leistung mit der Zeit. Anders bei Obst, Handys und Computern: Hier fällt die Leistung mit der Zeit. Die Frage muss also lauten: Was leistet das Produkt für den Konsumenten? Und nicht: Was leistet das Produkt? Ein Montblanc-Füller leistet Status und auch »ein wenig« die Möglichkeit zu schreiben. Nicht, dass er nicht gut schreiben würde, aber diese Leistung zählt oftmals weniger für den Konsumenten.

Was ist die Leistung eines Fruchtzwergs? Die Antwort »Joghurt« ist hier im doppelten Sinne falsch. Zum einen ist der Fruchtzwerg kein Joghurt (er basiert auf Frischkäse) und zum anderen ist Joghurt keine Leistung für uns. Es geht um Bedürfnisbefriedigung! Wir haben kein Bedürfnis nach Joghurt. Die Leistung eines Fruchtzwergs könnte sein:

- kleine schnelle Zwischenmahlzeit,
- etwas vermeintlich Gesundes für die Kleinen,
- etwas vermeintlich Gesundes naschen,
- Erinnerung an die eigene Kindheit,

- kleine Mahlzeit zum Mitnehmen,
- kleines Eis (wenn der Fruchtzwerg ins Tiefkühlfach gelegt wurde).

Wie man schnell erkennt, sind die Leistungen sehr vielfältig, selbst für ein so kleines, simples Produkt. Es ist daher sinnvoll, sich die einzelnen »Komponenten« des Produktes separat anzuschauen. Damit sind hier nicht die einzelnen Bestandteile gemeint, sondern die Einzelleistungen, die Nutzenelemente. Dies ist ein entscheidender Unterschied. Inhaltlich geht es also in diesem Kapitel um die Aufteilung der Gesamtleistung in Einzelleistungen und deren jeweilige Bewertung. Die Bewertung erfolgt logischerweise aus Kundensicht und separat für die einzelnen Zielgruppen. Inhaltlich ist immer die Frage zu beantworten: Wie wichtig ist dem Käufer jede einzelne Leistungskomponente beim Kauf und bei der Nutzung?

Die Leistungsbewertung erfolgt bei den Konsumenten natürlich im Vergleich zu möglichen Kaufalternativen. Infolgedessen nimmt hier die Konkurrenz eine Rolle ein, schließlich soll sich das beworbene Produkt gegen sie durchsetzen. Traurig ist es, wenn man für Produkte arbeiten muss, die so gut wie keine Leistung bieten beziehungsweise keine Vorteile gegenüber der Konkurrenz besitzen (siehe hierzu auch Kapitel 15, Consumer-Benefits). Im Folgenden wird die Gesamtleistung gedanklich zerlegt in:

- Produktleistung im engeren Sinne mit den Unterkapiteln Nutzen und Produktqualität, Marke und Image sowie Verpackung,
- Sortiment,
- Kundendienst und
- Garantien.

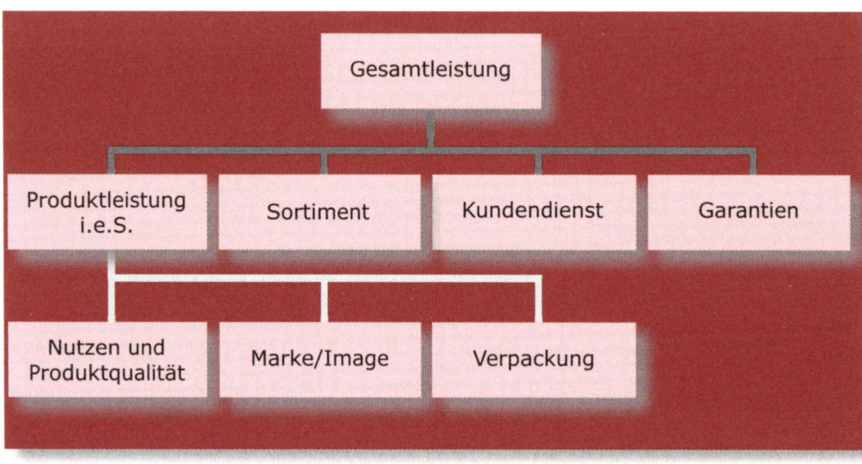

Abbildung 17: Elemente der Leistung

3.1 Produktleistung im engeren Sinne

Die Produktleistung im engeren Sinne wird häufig missverstanden als physikalisch-technische Leistung. Das ist jedoch nur eine Facette.[67] Die Produktleistung befasst sich mit dem Produkt als Grundlage der Bedürfnisbefriedigung beim Kunden. Folgende drei Elemente sind hierbei von Bedeutung:

- Nutzen und Produktqualität,
- Marke (und ihr Image),
- Verpackung.

Beginnen wir mit der Nutzenbetrachtung. Die Bedürfnisse bei bestehenden Produkten äußern sich als Nutzenerwartungen an sie.

Nutzen und Produktqualität

Ein Produkt wird im Marketing verstanden als eine Kombination von Nutzenelementen, die jeweils Nutzen versprechen:

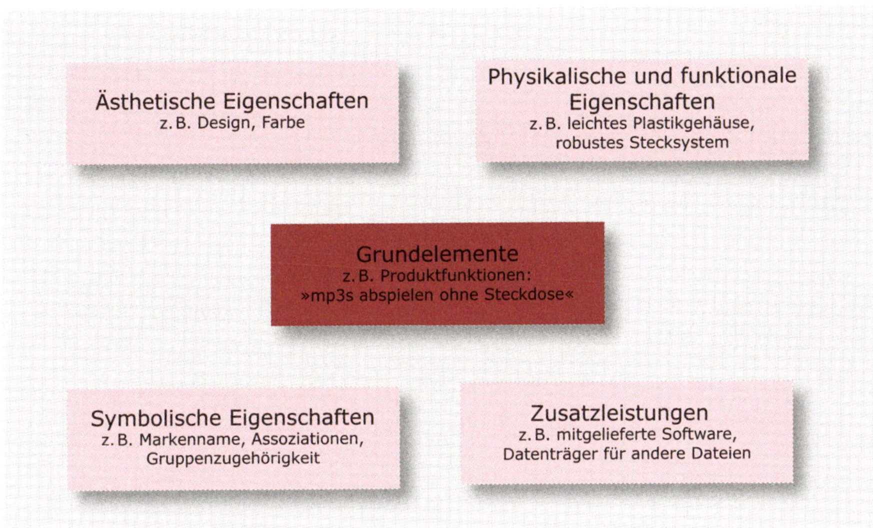

Abbildung 18: Nutzenelemente MP3-Player[68]

Bedeutend bei einem Produkt sind damit nicht (wie im ingenieurmäßigen Verständnis) nur technische Kriterien, sondern auch solche, die die Nutzung betreffen.

Nutzenelement	Beispiel Armbanduhr
physische/physikalische Eigenschaften	mechanisches Werk
funktionale Eigenschaften	Wasserdichte
symbolische Eigenschaften	Zugehörigkeit zu einer Gruppe
ästhetische Eigenschaften	Eleganz, Schönheit
Zusatzleistungen	Ratenzahlung

Der Nutzen eines Produkts lässt sich definieren als Grad der Befriedigung von Bedürfnissen durch die Verwendung des Produkts.

Die Beurteilung von Nutzen ist also in erster Linie vom Verwender des Produkts abhängig, das heißt von seinen Bedürfnissen und dem Grad ihrer Befriedigung. Entsprechend der Vielfalt von Bedürfnissen unterscheidet man in der Nutzenlehre unterschiedliche Nutzenarten.

Ein Nutzenmodell ist das folgende:

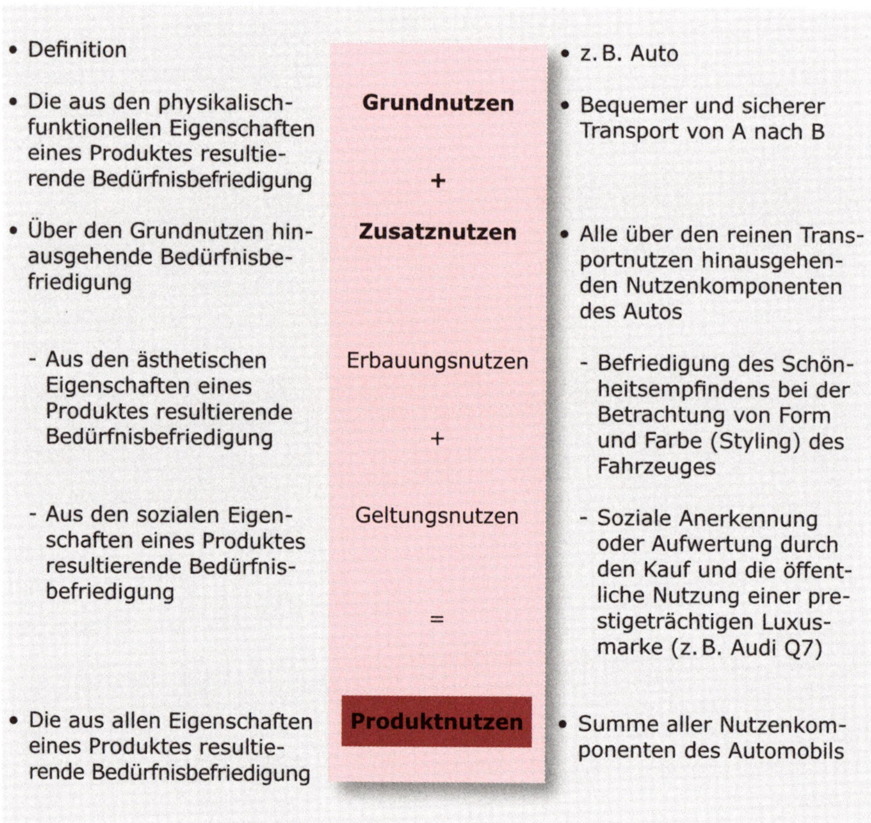

Abbildung 19: Produktnutzen[69]

Ein Produkt im marketingtechnischen Sinn kann also als Bündel von Nutzenerwartungen angesehen werden. Die Produktqualität ist dann hoch, wenn diese Erwartungen vom Produkt auch erfüllt werden. Damit ist die Zielrichtung vorgegeben: Durch das Produkt und die es begleitende Aura müssen möglichst viele Nutzenerwartungen beim potenziellen Käufer geweckt und durch die Produktnutzung auch erfüllt werden. Das Design – also die Produktgestaltung – dient hier beiden Seiten, sie ist sowohl Nutzenversprecher als auch (hoffentlich) Nutzenerfüller.

Qualität und Nutzen

Nutzen und Qualität eines Produktes hängen – aus der Perspektive der Konsumenten betrachtet – eng zusammen. Das DIN[70] sagt dazu: Qualität ist die »Gesamtheit von Eigenschaften und Merkmalen eines Produkts oder einer Tätigkeit, die sich auf deren Eignung zur Erfüllung gegebener Erfordernisse bezieht«.[71] Folglich wird Qualität zu einem subjektiven Begriff, was Ingenieuren sehr große Probleme bereitet, Marketingverantwortlichen und Werbern jedoch viele Ansatzpunkte zur Beeinflussung der Qualität beziehungsweise des Qualitätsempfindens gibt.

Qualität ist damit auch nicht statisch, denn Erfordernisse (Bedürfnisse) wandeln sich, und so verändert sich – trotz objektiv gleich bleibender technischer Beschaffenheit – die Qualität von Produkten. Ein Beispiel: ein originalverpackter PC von 1998 mit damals hoher Qualität hat heute mindere Qualität.

Qualität besteht demnach aus objektiven und subjektiven Komponenten:

- *Objektive* (oder technische) *Qualität* lässt sich messen über: Qualitätskontrollen, Übereinstimmung mit bestimmten technischen Spezifikationen, Ausschussquoten et cetera.
- *Subjektive* (abnehmerbezogene) *Qualität* ist das Ergebnis eines Wahrnehmungs- und Bewertungsvorgangs auf Kundenseite.

Demzufolge muss Qualität hier folgendermaßen verstanden werden:

Qualität ist der Erfüllungsgrad eines individuellen Konsumentenbedürfnisses.

Die Nähe zum Nutzen wird damit offensichtlich. Es handelt sich also um »relative Qualität«, da sie abhängt von:

- der Erwartungshaltung der Konsumenten,
- der tatsächlich erlebten Leistung,
- situativen Faktoren und
- dem Vergleich mit Konkurrenzprodukten.

Bei einigen Produkten ist der Nutzen nicht einfach zu identifizieren. Im Folgenden soll ein System vorgestellt werden, welches sehr detailliert Nutzendimensionen aufzeigt. Dies hilft Ihnen beim »Eigenstudium« des Nutzens und auch bei eigenen Befragungen der Konsumenten.

Ansprüche

Koppelmann hat ein System entwickelt, welches sehr detailliert auf die jeweiligen Nutzendimensionen der Verwender eingeht. Er spricht dabei von Ansprüchen. Leider kann im Rahmen dieses Buches lediglich überblicksartig darauf eingegangen werden. In jedem Fall ist es empfehlenswert, das zu bewerbende Produkt in Bezug auf die Ansprüche des Konsumenten hin zu untersuchen.

Koppelmanns System ist hierarchisch aufgebaut. Im Folgenden werden die Verwender-Produktansprüche betrachtet, das heißt die Ansprüche, die der Verwender (Konsument) an das Produkt stellt.[72] Diese unterteilen sich zum einen in Gegenstandsansprüche, die sich auf das Produkt als Gegenstand richten (zum Beispiel Material und Farbe), zum anderen in wirkungsbezogene Ansprüche, die eine bestimmte Wirkung, einen Zweck des Produktes fordern. Hinter den meisten Gegenstandsansprüchen liegen wirkungsbezogene Ansprüche, daher der Pfeil in Abbildung 20.

Ein Beispiel: Bei einem Ring verbirgt sich hinter dem geäußerten Gegenstandsanspruch »Platin« vermutlich der rationale Sachanspruch »Abriebsfestigkeit« oder der emotionale Anmutungsanspruch »Besonderheit«.[73]

Analog sollten die folgenden Abbildungen weitgehend selbsterklärend sein.

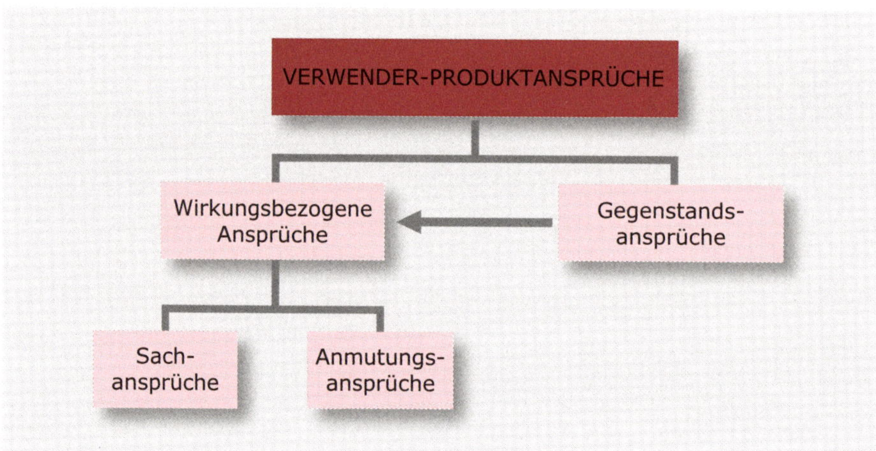

Abbildung 20: Ansprüche der Verwender an das Produkt[74]

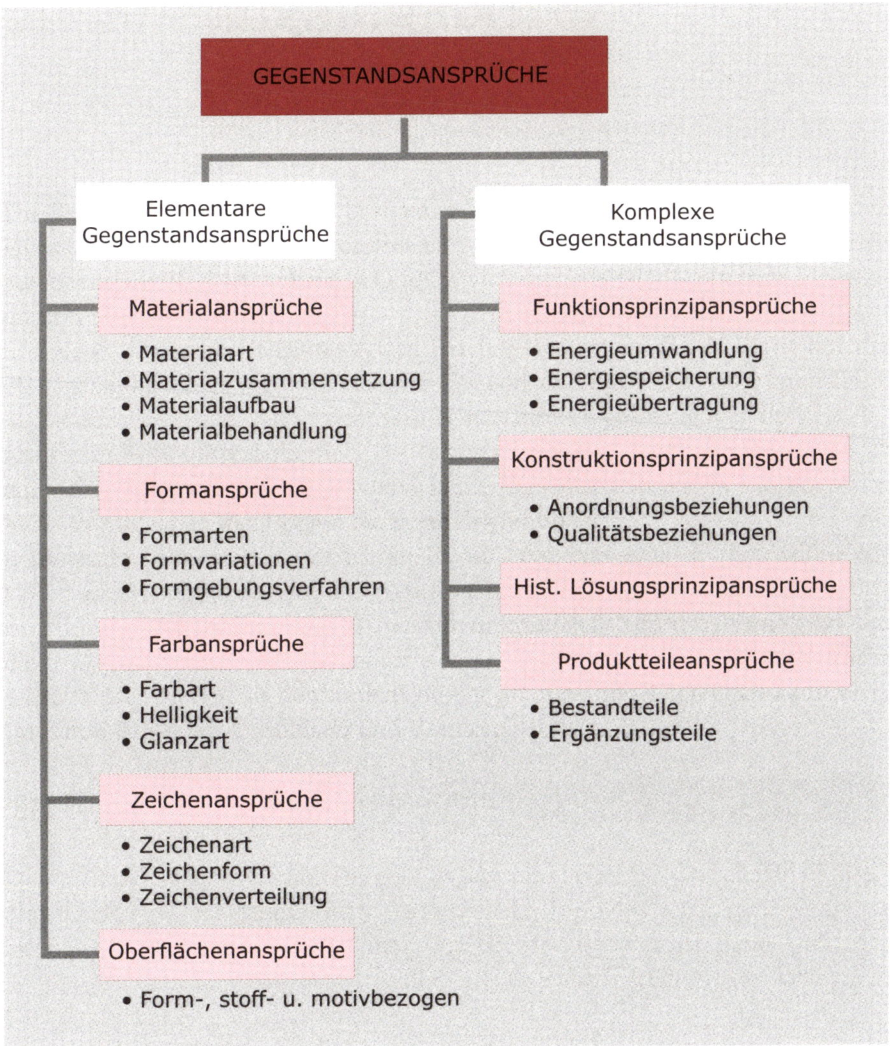

Abbildung 21: Ansprüche der Verwender an das Produkt als Gegenstand[75]

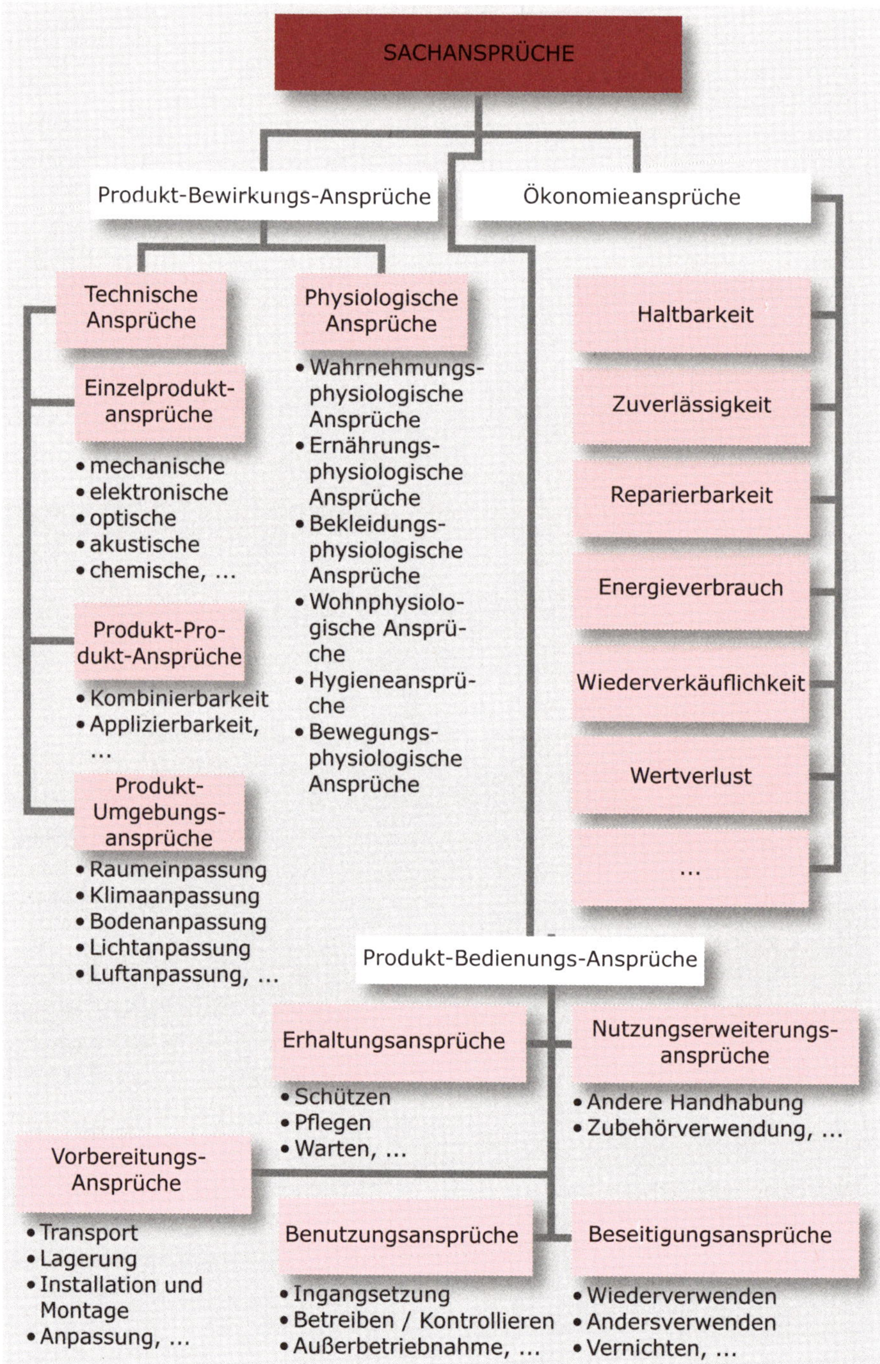

Abbildung 22: Ansprüche der Verwender an das Produkt als wirkungsbezogene Sache[76]

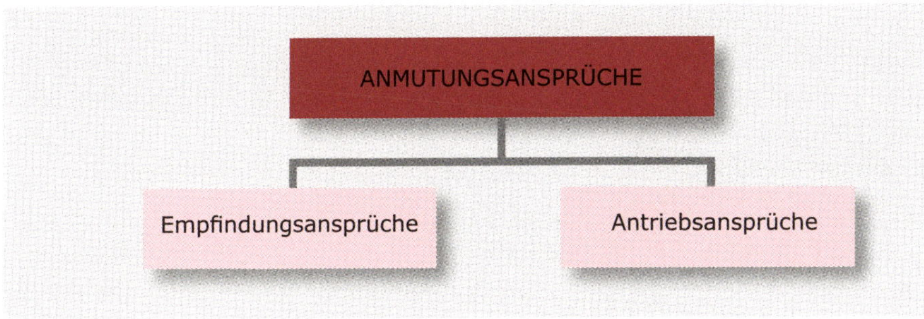

Abbildung 23: Ansprüche der Verwender an das Produkt als wirkungsbezogene Anmutung (Teil 1: Überblick)[77]

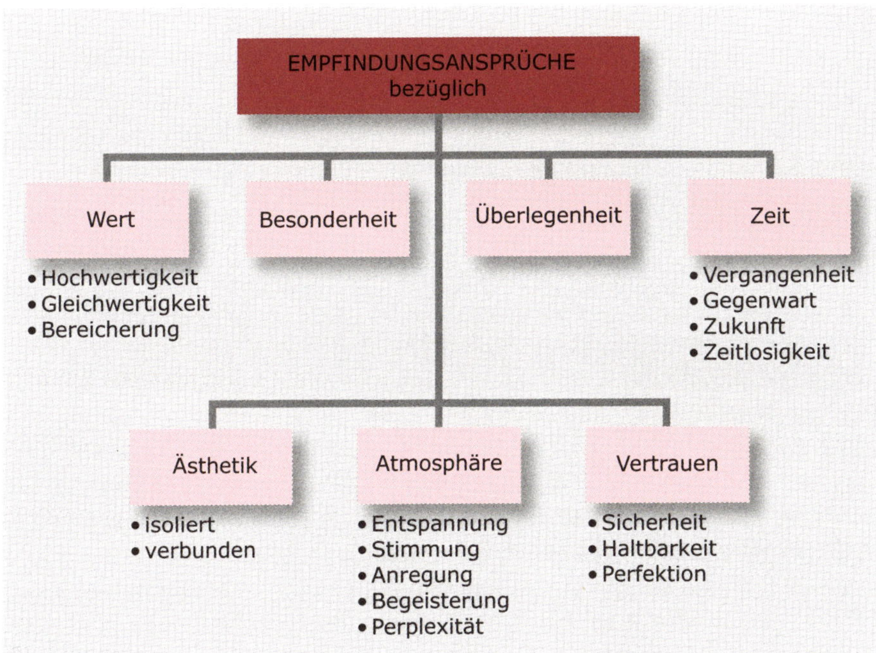

Abbildung 24: Ansprüche der Verwender an das Produkt als wirkungsbezogene Anmutung (Teil 2: Empfindungsansprüche)[78]

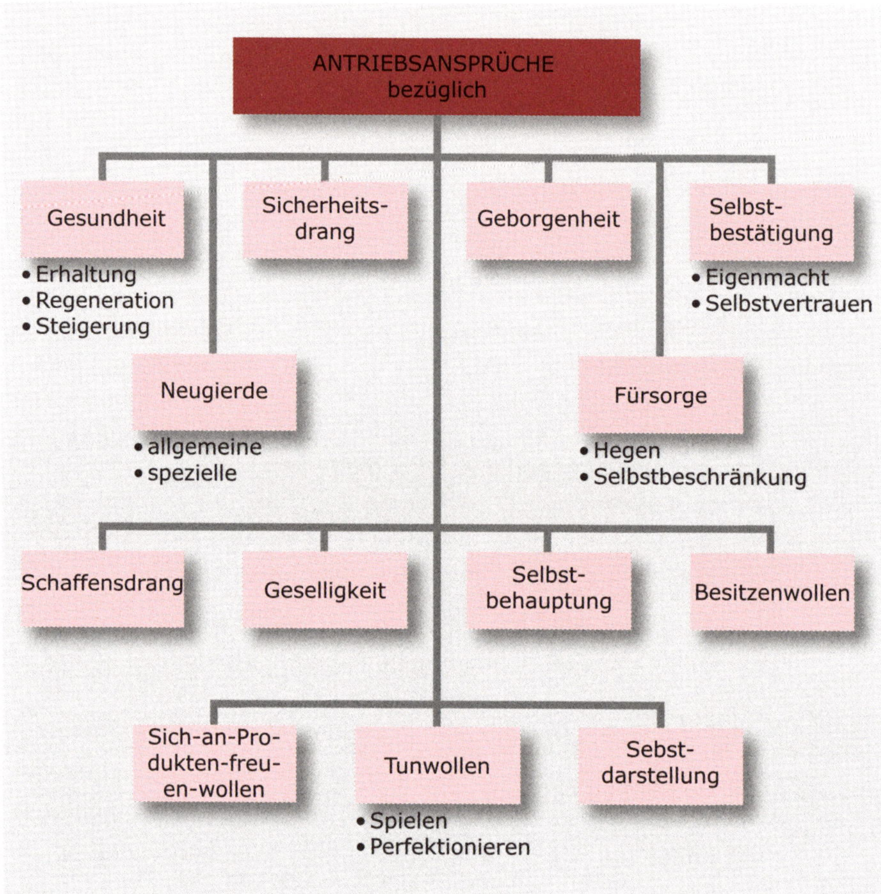

Abbildung 25: Ansprüche der Verwender an das Produkt als wirkungsbezogene Anmutung (Teil 3: Antriebsansprüche)[79]

Abschließend sei noch darauf hingewiesen, dass die vorgestellten Ansprüche eine erwartete Nutzendimension beinhalten. Wenn Sie anhand eines Beispiels die Übersichten einmal durchgehen, werden Sie sehen, wie schnell Sie eine Liste von wichtigen Ansprüchen beisammen haben.

Frage 12: Was leistet das Produkt? Wie wichtig ist dem Konsumenten jede einzelne Leistungskomponente bei Kauf und Nutzung?
Welchen Nutzen stiftet das Produkt an sich (alle Nutzenelemente sind gefordert)?

Das Produkt des Frauenbaumarktes ist die Leistung eines Händlers: die *Sortimentszusammenstellung* und das *Einkaufserlebnis*. Die Konsumenten müssen nicht alle Produkte einzeln kaufen, sondern sie bekommen sie zusammengestellt an einem Ort, häufig nach bestimmten Kriterien vorselektiert. Je nach Zusammenstellung nimmt die Atmosphäre, das Einkaufserlebnis eine größere Bedeutung ein. Es sind hier verschiedene Leistungskombinationen denkbar, die der FBM anbieten könnte: Ein allgemeiner Baumarkt für Frauen ist ebenso denkbar wie eine Variante nur für Nataschas oder Beates. Hier soll die Variante für alle weitergedacht werden.

Ansprüche: Bei unserem FBM haben die Antriebsansprüche eine exponierte Stellung, insbesondere sind dies: der Schaffensdrang, Fürsorge, Selbstbestätigung, Selbstbehauptung und der Sicherheitsdrang. Bei den einzelnen Produkten im Sortiment bekommen dann die Gegenstands- und Sachansprüche besondere Bedeutung. Die Anmutung erhält bei sozial sichtbaren Produkten beziehungsweise Materialien gesteigertes Augenmerk der Konsumenten.
Die Leistung sollte die Bedürfnisse der Zielgruppen widerspiegeln. Schließlich will der FBM bei den Kundinnen Bedürfnisbefriedigung erreichen. Also hier ein Auszug aus erfüllbaren Leistungen, analog zu den Bedürfnissen:

Leistung Angebot/Sortiment:

- Breite, zum Beispiel auch Hautpflegeprodukte
- Tiefe, zum Beispiel viele Farben
- Marken/Anteil von bekannten Marken
- Hausmarken/Handelsmarken
- Spezialitäten, zum Beispiel Farbmischung, Holzzuschnitt, Einzelschrauben, Teppichzuschnitt, Planung (Küche)
- Speziell für Frauen: Kleidung, Maschinenauswahl, Maschinengewicht, Griffgröße
- Große Dekorationsabteilung
- Selbsterklärende Produkte
- Schnäppchen
- Biologisch unbedenkliche Baumaterialien

Leistung Verkaufsraum und sonstige Leistungen:

- Standort (relative Entfernung, freie Parkplätze, ÖPNV-Anbindung, weitere Einkaufsmöglichkeiten in der Nähe: zum Beispiel Shopping-Center)
- Förderung von sozialen Kontakten/Gemeinschaftsgefühl/Austausch unter Gleichgesinnten
- Schnelle Problemlösung/Einfachheit im Ablauf (Anfahrt, Parkplatz, Service, Kasse, Beladen, Heimfahrt)
- Lieferservice/Montage vor Ort/Aufbau- und Anschlussservice
- Unterstützung bei Problemen (Service-Hotline)
- Trendberatung (Feng Shui, Wellness, Osterdekoration)
- Informationsstände/Personal: kompetent, hilfsbereit, kommunikativ und verfügbar

- Verladehilfe ab Kasse
- Navigation im Laden: Übersichtlichkeit, Orientierung, gute Kennzeichnung der Gänge, Übersichtsplan am Eingang
- Kinderspielbereich (Abenteuerspielplatz)
- Angenehme Atmosphäre/Gemütlichkeit/Wohlfühlbedürfnis (Licht, Musik, Hallenoptik, Abteilungen/Segmente, Geruch, Temperatur, Farben, teilweise auch Corporate Design)
- Präsentation, die zum Bummeln anregt und Inspiration bietet
- Anregungen, Ideen, Beispielaufbauten/Showcases (montierter Carport)
- Vorführgeräte
- Übungs-/Probe-/Testwände
- Aktionstage
- Workshops/Lehrgänge
- Öffnungszeiten
- Café
- Kundenkarten (Rabatte, Club)

Kernleistungen des Frauenbaumarktes könnten zusammenfassend sein:

- Baumarktsortiment
- Das Spezifische für Frauen
- Kein Macho-von-oben-herab-Service (Klischee: Frauen sind handwerkliche Nieten)
- Einkaufserlebnis im Baumarkt (Atmosphäre)
- Stressfreies Einkaufen
- Augenverwöhnung (kein »Augenkrebs« wie im klassischen Baumarkt)
- Services

Marken und ihr Image

Marken an sich sind schlicht Namen, Begriffe, Zeichen, Symbole et cetera zum Zweck der Kennzeichnung der Produkte oder Dienstleistungen eines Anbieters oder einer Anbietergruppe und der Differenzierung gegenüber Konkurrenzprodukten.[80] Die Marke an sich interessiert deshalb hier nur am Rande.

Das Markenimage ist das, was in der Kommunikation zählt: »the consumer's idea of a product« (David Ogilvy, 1951).[81]

Hierum soll es an dieser Stelle gehen. Die Marke gibt dem Produkt keine Leistung, es ist das Markenimage, das die wirkliche Leistung für den Konsumenten ausmacht. Die Marke ist lediglich die »Auszeichnung«, »Markierung«, das, woran man von außen das Image erkennt.

Die Bedeutung des Markenimages wird leicht verständlich, wenn man sich Käufe von geringpreisigen Artikeln der Unterhaltungselektronik vor Augen führt. Hierbei lohnt der Aufwand der intensiven Informationsrecherche nicht. Der Konsument steht vor dem Regal mit verschiedenen Alternativen zu unterschiedlichen Preisen. Und nun? Normalerweise bleiben nur drei Kriterien übrig: Preis, Aussehen/Design und Markenimage. Somit ist der Hersteller gezwungen – will er nicht über den Preis konkurrieren –, sich auf das Design und das Markenimage zu stürzen. Ein sehr schönes und erfolgreiches Exempel ist der iPod, aber auch Waschmittel passen in dieses Raster.

In diesem Abschnitt des Briefings ist also die Untersuchung des Markenimages der vorliegenden Marke und der Konkurrenzmarken von Bedeutung. Es gilt, den Konsumenten in den Kopf zu schauen, um die Bilder der Marken kennenzulernen. Wichtig: Es geht nicht um Ihr Bild, sondern um das der Zielgruppe. Selbst wenn Sie der Zielgruppe angehören, ist noch immer fraglich, ob Ihr Bild für die Zielgruppe repräsentativ ist. Die Beantwortung dieser Frage ist also wieder mit aufwendiger Recherche verbunden. Jedoch lohnt dies nicht nur in Bezug auf den Erkenntnisgewinn, sondern das Image ist der Leistungspunkt, der von der Kommunikation meist stark mitbestimmt wird, das heißt, die Erkenntnisse hier haben einen direkten Bezug zu den späteren eigenen Entwicklungen.

Die soeben beschriebene Bedeutung des Markenimages für den Konsumenten wird durch das sogenannte *Markenphänomen* noch potenziert: Viele Menschen schließen von einem Auto auf den Fahrer beziehungsweise seinen Charakter. Dies gilt ebenso für Kleidung, Getränke in der Gastronomie, Zigaretten, Sonnenbrillen, tragbare Unterhaltungselektronik, Handys et cetera.

Marken arbeiten als Schlüsselsignale. Wir nehmen uns in der heutigen Gesellschaft nicht mehr die Zeit, jeden Menschen kennenzulernen, dem wir begegnen. Die Schlüsselsignale helfen uns – vermeintlich –, die Welt schneller zu beurteilen. Eine ethisch-moralische Diskussion an dieser Stelle hilft nicht weiter. Aber weil jeder Einzelne es so macht, geht er davon aus, dass die anderen es auch so machen. Oder wie es von der Jugend formuliert wird: »Sieht mich jemand damit?«[82] Das heißt, wir machen uns Gedanken darüber, was andere Menschen von uns denken, wenn wir uns mit bestimmten Schlüsselsignalen – Marken – umgeben. Marken beziehungsweise Produkte sollen uns ein bestimmtes Image verleihen. Konsumenten kaufen sich Image über Marken. Das Image der Marke soll auf sie abfärben.

Es lassen sich unterschiedliche Dimensionen von Nutzen durch Marken unterscheiden: aus der Bekanntheit der Marke aus ihrem Image.

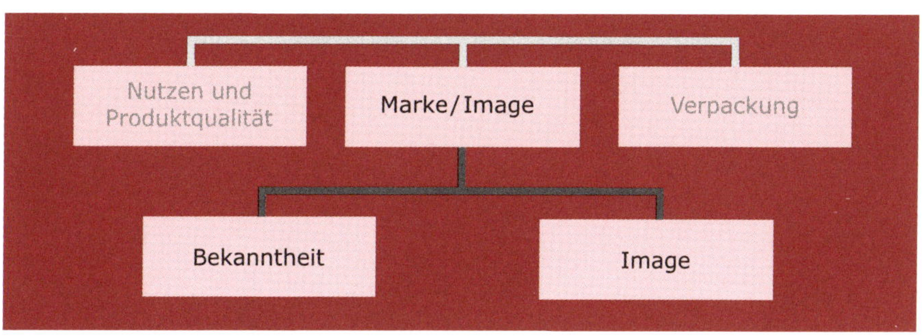

Abbildung 26: Nutzendimensionen der Marke

Markenbekanntheit

Die Bekanntheit der Marke hilft uns insbesondere bei der Entscheidungssituation: Sie nimmt uns die Unsicherheit und vereinfacht so den Entscheidungsprozess. In der konkreten Entscheidungs- beziehungsweise Einkaufssituation ist dem Käufer nur ein Bruchteil der tatsächlich existierenden Alternativen präsent. Die aktiv bekannten Marken, die mit in die Entscheidung einbezogen werden, ergeben den sogenannten »relevant set of brands«.[83] Ziel der Kommunikation muss es daher sein, in diesen Kreis relevanter Alternativen zu gelangen. Dies geschieht über die Bekanntheit, aber auch über das Image, denn kennen heißt ja bekanntlich nicht gleichzeitig mögen.

Der durchschnittliche Verbraucher kennt 34 der in »stern Markenprofile 11« erhobenen 43 Pkw-Dachmarken. Davon findet er neun sympathisch. Drei Marken gehören zu seinem »relevant set«, eine besitzt er im Haushalt.[84] Nun kümmern wir uns also um das Mögen: das Markenimage.

Markenimage

BBDO haben hier im Rahmen ihres Brand-Equity-Drivers-Modells verschiedene Nutzendimensionen von Marken, dort auch Marken-Values genannt, entwickelt. Drei sollen hier vorgestellt werden:[85]

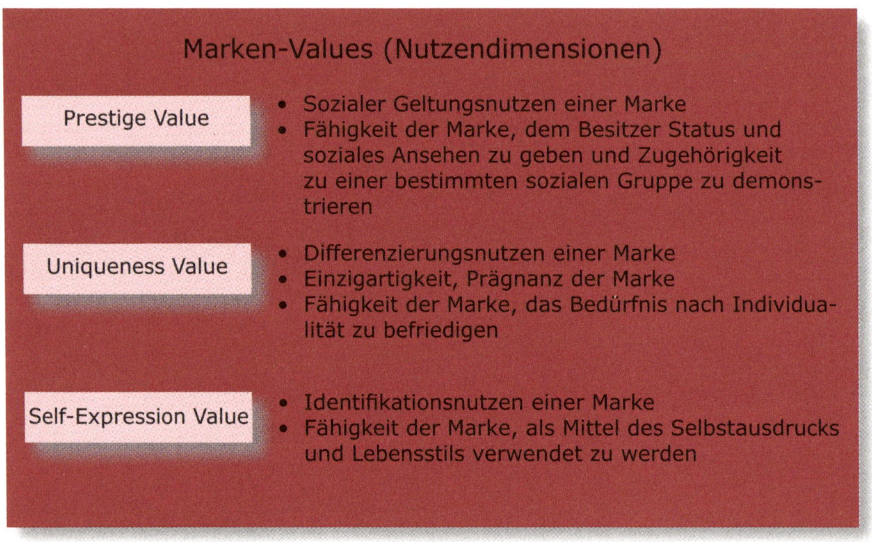

Abbildung 27: Nutzendimensionen des Markenimages[86]

Der mit *Prestigewert* (Prestige Value) beschriebene Nutzen besagt, dass das individuelle Verhalten – und damit auch das Markenwahlverhalten – durch Bezugsgruppen beeinflusst wird, an denen sich das Individuum orientiert. Im sozioökonomischen Kontext spricht man vom sogenannten »Mitläufereffekt«, der bewirkt, dass Konsumenten bestimmte Marken und Produkte nachfragen, um sich als Mitglied einer Gruppe darzustellen.[87] Dabei kann es sich um eine Gruppe handeln, der man tatsächlich angehört, oder aber um eine Gruppe, zu der man gerne gehören würde. Ein hoher Prestige Value drückt also die Fähigkeit einer Marke aus, dem Besitzer zu sozialem Ansehen und Anerkennung anderer zu verhelfen sowie Zugehörigkeit zu einer bestimmten Bezugsgruppe zu zeigen. Die Demonstration von Wohlstand und Status wird durch eine generell hohe Sichtbarkeit und Öffentlichkeit (zum Beispiel Kleidung, Schmuck, Autos) sowie einen hohen Preis, einen exklusiveren Vertrieb und damit die Einzigartigkeit einer Marke begünstigt.[88]

Eine weitere Nutzendimension, die ebenfalls das soziale Umfeld miteinbezieht, ist der *Einzigartigkeitswert* (Uniqueness Value), der sich mit dem Bedürfnis der Nachfrager nach Differenzierung und Abhebung von anderen und damit der Herausstellung der eigenen Individualität und Einzigartigkeit begründen lässt. Dieser Wert geht auf den sozioökonomischen Snob-Effekt zurück, der den Wunsch der Konsumenten nach Differenzierung und Exklusivität widerspiegelt und dessen Erfüllung nur dann gegeben ist, wenn der Konsum einer betreffenden Marke nur Wenigen vorbehalten ist.[89]

Der *Ausdruck-seiner-selbst-Wert* (Self-Expression Value) beschreibt, wie sehr sich eine Marke zum Selbstausdruck eignet. Dies kann die tatsächliche oder auch die Wunschpersönlichkeit des Konsumenten sein – mutmaßlich gibt es mehr Wunsch- als wirkliche Harry Potters.

Untersuchen Sie die Produkte des Herstellers in Bezug auf diese drei Imagenutzendimensionen. Achten Sie bitte immer auch auf die Bedürfnisse der Zielgruppe, denn ohne entsprechende Bedürfnisse sind die gestifteten Nutzen kommerziell wertlos und damit sinnlos.

Erkundung der Markenimages und der dahinterliegenden Bedürfnisse

Häufig ist es nicht so einfach, den Leuten in den Kopf zu schauen und das Markenimage abzulesen. Daher gibt es einige psychologische Tricks der Fragetechnik, die sogenannten projektiven Verfahren. Das sind indirekte Befragungen, die Hemmungen und Antwortschranken der Konsumenten überwinden und tiefer liegende und unbewusste Motive des Verbraucherverhaltens ermitteln. Man macht sich den tiefenpsychologischen Mechanismus der Projektion (Übertragung) zunutze, indem man der Gesprächsperson »Projektionshilfen« gibt. Die Befragten haben genügend Spielraum für eine eigene Interpretation. Die Verfahren umgehen damit die rationale Zensur der Antworten und liefern

Einblicke in die wirklichen und zentralen Wünsche, Bedürfnisse und Imagevorstellungen der Konsumenten.[90]

Technik 1: Produkt-Personifizierung. Dieses Verfahren beinhaltet die Beschreibung des Produktes oder der Marke als Person.[91]

- »Wenn Nokia ein Mensch wäre, wie wäre er dann? Welches Geschlecht hätte Nokia? Welches Alter? Welchen Beruf? Freizeitaktivitäten und Hobbys? Und so weiter.«

Die Produkt-Personifizierung dient der Ermittlung des Images, teilweise auch von Bedürfnissen und Kaufbarrieren.

Technik 2: Verwender-Personifizierung. Bei der Verwender-Personifizierung geht es um das Herausfinden des typischen Verwenders. Der Befragte wird gebeten, sich die Verwender vorzustellen und verbal zu beschreiben.[92]

- »Beschreiben Sie bitte den typischen Verwender von Lacoste-Polohemden. Wie sieht er aus, was macht er beruflich, was in seiner Freizeit, warum trägt er gerade Lacoste?«

Die Verwender-Personifizierung dient der Ermittlung des Bildes von den Verwendern des Produktes als Teil des Produktimages.

Technik 3: Produktfragebogen. Die Vergleichsbefragung kann auch über einen Fragebogen erfolgen. Die Marke kann dabei wieder personifiziert werden und soll dann einen Fragebogen ausfüllen, oder der typische Verwender füllt den Fragebogen aus. Legendär ist der Fragebogen aus der *Frankfurter Allgemeinen Zeitung*:[93]

- Ihr Beruf?
- Ihr Alter?
- Was ist für Sie das größte Unglück?
- Wo möchten Sie leben?
- Was ist für Sie das vollkommene irdische Glück?
- Welche Fehler entschuldigen Sie am ehesten?
- Ihre liebsten Romanhelden?
- Ihre Lieblingsgestalt in der Geschichte?
- Ihre Lieblingsheldinnen in der Wirklichkeit?
- Ihre Lieblingsheldinnen in der Dichtung?
- Ihre Lieblingsmaler?
- Ihr Lieblingskomponist?

- Welche Eigenschaften schätzen Sie bei einem Mann am meisten?
- Welche Eigenschaften schätzen Sie bei einer Frau am meisten?
- Ihre Lieblingstugend?
- Ihre Lieblingsbeschäftigung?
- Wer oder was hätten Sie sein mögen?
- Ihr Hauptcharakterzug?
- Was schätzen Sie bei Ihren Freunden am meisten?
- Ihr größter Fehler?
- Was möchten Sie sein?
- Ihre Lieblingsfarbe?
- Ihre Lieblingsblume?
- Ihr Lieblingsvogel?
- Ihr Lieblingsschriftsteller?
- Ihr Lieblingslyriker?
- Ihre Lieblingsnamen?
- Was verabscheuen Sie am meisten?
- Welche geschichtlichen Gestalten verachten Sie am meisten?
- Welche militärischen Leistungen bewundern Sie am meisten?
- Welche Reform bewundern Sie am meisten?
- Welche natürliche Gabe möchten Sie besitzen?
- Wie möchten Sie sterben?
- Ihre gegenwärtige Geistesverfassung?
- Ihr Motto?
- Ihr Abschlusskommentar?

Technik 4: Analogienbildung. Eine weitere Technik ist das Bilden von Analogien nach folgendem Muster:[94]

- Wenn Audi ein Tier wäre, was wäre es dann?
- Wenn Ernte 23 ein Getränk wäre, was wäre es dann?
- Wenn Bifi eine Maschine wäre, was wäre es dann?
- Wenn Apple eine Pflanze wäre, was wäre es dann?
- Wenn Domestos ein Filmstar wäre, wer wäre es dann?
- Wenn Coca-Cola ein Buch wäre, welches wäre es dann?
- Wenn Kellogg's eine Stadt/Gemeinde wäre, welche wäre es dann?
- Wenn Dove eine Musikband wäre, welche wäre es dann?

Hier zeigen sich dann intuitive Bewertungen und schwer verbalisierbare Gesamteindrücke der Konsumenten vom entsprechenden Produkt. Bei der Fragestellung sollten Sie Vergleichskategorien wählen, die möglichst weit weg sind von dem Produkt, denn so werden die Bilder klarer, und der Konsument kommt nicht in Versuchung, an Markenerweiterungen zu denken: BMW und Flugzeug liegen nicht allzu weit auseinander, eine Frage nach BMW und Tier oder Pflanze ist sicher ergiebiger.

Eine Variante der Analogiebildung ist die *Symbolzuordnung*. Hier sollen beispielsweise verschiedenen Autos (Marken) verschiedene Tiere zugeordnet werden.[95]

Technik 5: Satzergänzung (assoziatives Verfahren). Assoziative Verfahren sind Techniken, bei denen der Konsument seine Gedanken zu einem Reizwort geben soll. Es werden die spontanen Verknüpfungen einzelner Gedächtnis- und Gefühlsinhalte deutlich.[96] Der Konsument soll unvollständige Sätze oder eine Geschichte (häufig Dialoge) spontan ergänzen oder vollenden, wobei an den aussagekräftigsten Stellen Lücken gelassen sind.[97]

- Wenn ich den Namen Mon Chéri höre …
- In erster Linie ist Mon Chéri …
- Im Unterschied zu anderen Produkten ist Mon Chéri …
- Wenn ich Mon Chéri kaufe …
- Ich schenke am liebsten Mon Chéri, weil …
- Ich finde, Mon Chéri eignet sich besonders …

Markenbildung

Die Aufgabe der Marke ist es, im Unterbewusstsein des Kunden die Kaufentscheidung zugunsten des eigenen Produkts zu beeinflussen. Dies funktioniert über das Image des Produkts. Es gibt viele Menschen, die bestimmte Autos partout nicht fahren würden – dem Markenimage sei Dank.

Im Hinblick auf den Markenaufbau mittels Kommunikation stellte Domizlaff schon 1939 die 22 Regeln der Markenbildung auf .

22 Grundgesetze der natürlichen Markenbildung (Domizlaff, 1939)[98]

1. Die Voraussetzung der natürlichen Markenbildung ist die Warenqualität.
2. Nicht die Preisfrage entscheidet in erster Linie, sondern das Vertrauen in die Qualität.
3. Zukunftssichere Markenwaren müssen im Konkurrenzkampf sehr scharf kalkuliert werden.
4. In den Anfangszeiten einer natürlichen Markenbildung ist jede laute Reklame gefährlich. Dagegen sind sachliche Begründungen der Qualität wertvoll, die es der öffentlichen Meinung ermöglichen, eine günstige Stellungnahme sich selbst und anderen gegenüber zu vertreten.

5. Forcierter Verkauf an die Verbraucher wirkt bei der Einführung einer Markenware gefährlich.
6. Der Stil der Markentechnik ist der Stil einer unaufdringlichen Vornehmheit und einer selbstsicheren Würde nach dem Maßstab des zugehörigen Marktes.
7. Strengste Gleichmäßigkeit der Beschaffenheit ist die Vorbedingung für die Lebenssicherheit einer Markenware.
8. Die Gleichförmigkeit der Verpackung oder Aufmachung bedeutet eine augenscheinliche Sicherheit bezüglich der unbedingt verlangten Gleichförmigkeit der Warenbeschaffenheit.
9. Die Verkaufseinheit ist ein wesentliches Merkmal einer Ware, die ein blindes Qualitätsvertrauen voraussetzen will. Je kleiner die Zahl der Verkaufseinheiten, desto stärker die Unverkennbarkeit der Markenware.
10. Die Unveränderlichkeit einer sachlich und psychologisch gewonnenen Preiseinheit ist ein wichtiger Bestandteil des Markenbegriffes.
11. Das Vorrecht auf einen Markenartikel muss durch eine Bezeichnung geschützt werden, die nicht nachgeahmt werden kann. Bereits der Name eines Händlers wirkt sich als eine unverlierbare Qualitätsgarantie aus.
12. Eine Markenware ist das Erzeugnis einer Persönlichkeit und wird am stärksten durch den Stempel einer Persönlichkeit gestützt.
13. Die Verwendung eines Namens muss auf ein einziges Erzeugnis oder auf eine möglichst konzentrierte Idee beschränkt werden.
14. Markenwaren sind schöpferische Leistungen eines kaufmännischen Unternehmertums, das sich die technischen Voraussetzungen zu sichern weiß.
15. Das Ziel der Markentechnik ist die Sicherung einer Monopolstellung in der Psyche der Verbraucher. Der Ausgangspunkt ist die markentechnische Erfindung, die auch, wie jede technische Erfindung, nur auf einer Besonderheit beruhen kann. Es handelt sich dabei – mehr oder weniger ergänzt durch materielle Vervollkommnungen – um eine erhöhte psychologische Zweckerfüllung.
16. Ein geschriebener oder gedruckter Name bedarf einer optischen Ergänzung von besonderer Eindringlichkeit. Dies ist die Handelsmarke, die stets in Verbindung mit einem Namen gebracht werden muss. Ihre Formung soll – um dem Sinn der optischen Wirkung gerecht zu werden – würdig als Symbol, charakteristisch zur Vermeidung von Verwechslungen und leicht fasslich sein.
17. Der Markt beweist durch seine eigenen Wertprägungen eine Vorliebe für einfache, sachliche Bezeichnungen von Marken, die in einem sinnfälligen Zusammenhang mit der Ware stehen.
18. Eine Firma hat eine Marke. Zwei Marken sind zwei Firmen.
19. Markengesetze sind Naturgesetze.
20. Eine Marke hat ein Gesicht wie ein Mensch. Der Wert eines Markenartikels beruht auf dem Vertrautsein des Verbrauchers mit dem Gesicht des Markenartikels. Das Markengesicht ist ein Zusammenklang sämtlicher wesentlicher Besonderheiten und Eigenschaften des Markenartikels, die nach erfolgreicher Einführung nicht mehr getrennt werden dürfen.

21. Starke Einführungsreklame wird zu einem untrennbaren Bestandteil des Markengesichts und kann deshalb auch später niemals eingespart werden.
22. Die Einführungsarbeit einer Markenware ist Sache des Verkaufsapparates. Dabei ist jedoch zu beachten, dass ebenso wie eigenwillige Reklame auch alle sonstigen erborgten Machtmittel außer der suggestiven Kraft der reinen Verkaufskunst Abwehrinstinkte des Marktes wachrufen können.

Als zentraler Satz bleibt festzuhalten: »Das Ziel der Markentechnik ist die Sicherung einer Monopolstellung in der Psyche der Verbraucher.«[99]

Der Markenaufbau beziehungsweise das Markenimage werden selbstverständlich von allen vier Elementen des Marketingmix (4 P) geprägt.

Abbildung 28: Imagegründende Instrumente des Herstellers

Nichtsdestotrotz sei Ihnen nochmals Ihre Verantwortung für das Markenimage klar vor Augen geführt. Sie tragen Ihren Teil dazu bei. Seien Sie sich in Ihrem Handeln dessen bewusst, und versuchen Sie, auch den Hersteller vor sich selbst zu schützen. Viele brauchen das – leider.

Frage 12: Was leistet das Produkt? Wie wichtig ist dem Konsumenten jede einzelne Leistungskomponente bei Kauf und Nutzung?
Welchen Nutzen stiftet die Marke/das Image des Produktes?
Ein Image hat der neu zu gründende Frauenbaumarkt noch nicht. Wir wollen den Zielen (Kapitel 12) nicht vorgreifen, aber sicher stehen dort der Aufbau der Markenbekanntheit in der Zielgruppe/den Zielgruppen und des Images im Vordergrund. Das aufzubauende Image könnte wie folgt aussehen: Leistung Image: • Gemeinschaftsgefühl (Gruppe von Heimwerkerinnen) • Kreative Betätigung • Verschönerung/ästhetischer Anspruch/Veränderung im Wohnumfeld • Emanzipation (»Selbst ist die Frau«) • Geborgenheit/Nestbau • Etwas Einzigartiges schaffen/Individualität • »In« sein wollen • Sauberkeit

Verpackung

Die Verpackung umhüllt das Produkt (Packgut).[100] Die Leistungen, die Packungen für den Käufer erbringen, sind sehr vielfältig und jeweils abhängig vom Produkt:[101]

Leistung	**Beispiel**
Transporthilfe/-erleichterung	Milch nicht »auf die Hand« oder wie früher in der eigenen Milchkanne
Schutz des Produktes von außen	Goldfische in der Tüte
Schutz der Umwelt vor dem Produkt	Lebensmitteleinkauf auf der Rückbank
Portionierungs- und Verbrauchsfunktion	Wiederverschließbarkeit oder gefrorener Spinat in kleinen Würfeln oder Einpersonen- und Familienpackungen
Gebrauchs- und Funktionserleichterung	Salz mit Streufunktionalität
Informationsfunktion	Gebrauchsanleitung, Verfallsdatum, Inhaltsstoffe, Serviervorschlag
Kommunikationsfunktion: Marke als Erkennungszeichen, wirkt nach innen und außen	Irische Butter kommuniziert für Ex-Irland-Studenten nach innen, die Zigarettenpackung auf dem Kneipentisch nach außen
Ästhetik	Apple-Verpackungen bereiten vielfach schon Spaß beim Auspacken des Produktes
Verkaufsfunktion, die Packung als einsamer Verkäufer, Selbstpräsentation	Aufmerksamkeit am POS durch grelle Farben

Bei zunehmend gleicher werdenden Produkten liegt in der Packung häufig eine Chance der Differenzierung und damit zur Schaffung eines Wettbewerbsvorteils (siehe Kapitel 15). Ein Blick in den Supermarkt verrät uns, dass wir bereit sind, für die Packung auch zusätzlich Geld auszugeben:

- Frischkäse in der normalen Verpackung oder in mehreren Einzelpacks,
- Apfelschorle groß (1,5 Liter) oder klein (0,5 Liter),
- kakaohaltiges Getränkepulver im Beutel oder in der Dose.

Ein weiteres anschauliches Beispiel ist das Milchgetränk eines süddeutschen Konzerns, das früher im 500-Milliliter-Becher mit Aludeckel verkauft wurde und heute zusätzlich in der wiederverschließbaren 440-Milliliter-PET-Flasche angeboten wird: geringere Menge, meist gleicher Preis, besser verkauft.

Insbesondere in Bezug auf die Ästhetik sollte der Gestalter dem Hersteller im Bedarfsfall beratend zur Seite stehen. Produktverpackungen, die unsere Augen beleidigen, haben wir mehr als genug. Aufgabe dieses Briefingteils ist eine Auflistung der Leistungen, welche die Produktverpackung bietet.

Frage 12: Was leistet das Produkt? Wie wichtig ist dem Konsumenten jede einzelne Leistungskomponente bei Kauf und Nutzung?
Welchen Nutzen stiftet die Verpackung?
Der Baumarkt ist nicht verpackt, auch das Gebäude wird nicht als Packung angesehen, deshalb entfällt dieser Punkt hier. Jedoch sind im Sortiment sicherlich auch Eigen-/Handelsmarken des FBM zu finden, zum Beispiel Bohrmaschinen, die natürlich verpackt angeboten werden. Diese Verpackungen sollten sich dann zum einen am Image des FBM orientieren und zum anderen an der Positionierung der Eigenmarke im Sortiment (üblicherweise ist dies eher am unteren Ende des Preisniveaus).

3.2 Leistung: Sortiment

Das gesamte Angebot eines Herstellers im Sinne aller angebotenen Produkte wird Produktprogramm oder auch Sortiment genannt. Im Normalfall interessiert den Käufer nicht, ob der Hersteller noch andere Dinge produziert oder nicht, wichtig ist ihm nur ein einzelnes Produkt, um sein konkretes Bedürfnis zu befriedigen. In einigen Situationen hat es für den Konsumenten aber durchaus Bedeutung, welche anderen Produkte noch angeboten werden.

Zum Beispiel ist vielen Männern das Thema Körperpflege nicht so wichtig. Sie schätzen eine einfache Lösung dieser Notwendigkeit und wollen sich nicht bei jedem Einzelprodukt wie Deodorant, Seife, Duschgel oder Shampoo aufs Neue die Frage stellen, welches das Beste für sie ist. Diese Männer suchen eine Lösung für alle Produkte: ein Sortiment! Ihr Wunsch ist eine gute Marke, die alles anbietet, was sie benötigen. Das Produktprogramm ist hiermit eine Leistung des Herstellers.

Wie auch bei den vorherigen Punkten der Leistung geht es hier nicht nur um das Verständnis der Zielgruppe, sondern es ergeben sich zudem Ansatzpunkte für die Kommunikation. So ist sicherlich Werbung für Nivea for Men mit dem Sortimentsgedanken sehr gut vorstellbar.

Man unterscheidet im Sortiment nach Programmbreite und Programmtiefe:

- *Breite des Produktprogramms:* Anzahl der unterschiedlichen Produkte, beispielsweise Tafelschokolade, Pralinen, Schokoriegel et cetera.
- *Tiefe des Produktprogramms:* Anzahl der Varianten pro Produkt, beispielsweise Schokoladentafeln mit Vollmilch, Haselnüssen, Mandeln, Marzipan et cetera.

Frage 13: Was leistet das Sortiment (Nutzenstiftung)?

Da es sich beim FBM um einen Händler handelt, wurde die Sortimentsleistung schon unter der vorhergehenden Frage behandelt. Der Übersichtlichkeit halber werden die Punkte hier noch einmal aufgelistet:

Leistung Angebot/Sortiment:

- Breite, zum Beispiel auch Hautpflegeprodukte
- Tiefe, zum Beispiel viele Farben
- Marken/Anteil von bekannten Marken
- Hausmarken/Handelsmarken
- Spezialitäten, zum Beispiel Farbmischung, Holzzuschnitt, Einzelschrauben, Teppichzuschnitt, Planung (Küche)
- Speziell für Frauen: Kleidung, Maschinenauswahl, Maschinengewicht, Griffgröße
- Große Dekorationsabteilung
- Selbsterklärende Produkte
- Schnäppchen
- Biologisch unbedenkliche Baumaterialien

3.3 Leistung: Kundendienst

Der Kundendienst (Service) ist eine nicht extra bezahlte Dienstleistung. Es gibt natürlich auch Dienstleistungen, die zusätzlich bezahlt werden müssen, doch diese sind dann kein Kundendienst, obgleich sie teilweise so genannt werden. Ein Beispiel wäre die Werkstatt von Autohäusern. Der Kundendienst nimmt häufig dann eine zentrale Position ein, wenn eine Profilierung mit den Hauptleistungen nicht möglich ist, das heißt wenn kein produkt- oder preisbezogener Differenzierungsvorteil vorhanden ist. Je nach Produktart und Zielgruppe bekommt der Service eine mehr oder minder zentrale Bedeutung. Einige Beispiele sollen dies verdeutlichen:

- Vor-Ort-Service bei älteren Zielgruppen und PCs,
- Aufbauservice von Möbeln für handwerklich weniger begabte Menschen,
- Schulungen bei neuer Software, insbesondere Unternehmensapplikationen,
- Reparaturdienst bei lebenswichtigen Maschinen, zum Beispiel Medizintechnik,
- Mitgabe zur Ansicht/Auswahl nach Hause bei hochwertiger Kleidung/Wohnungsaccessoires,
- Rundum-sorglos-Service in einem 5-Sterne-Hotel.

Wie auch bei den vorherigen Punkten der Leistung geht es hier nicht nur um das Verständnis der Zielgruppe, sondern es ergeben sich zudem Ansatzpunkte für die Kommunikation. So werben augenscheinlich weniger attraktive Automobilhersteller verstärkt mit Inzahlungnahme.

Man unterscheidet gemeinhin zwei Arten des Kundendienstes:

- *technischer Kundendienst:* zum Beispiel Gewährleistung der Funktionserfüllung, technische Beratung, Installation/Montage, Anwendungsunterweisung/Schulung, Inspektion/Wartung, Reparaturdienst und Ersatzteilversorgung.
- *kaufmännischer Kundendienst:* zum Beispiel Beratungs- und Informationsdienste, Zustelldienste, Gefälligkeiten wie Mitgabe von Waren zur Auswahl, Extraleistungen wie Gestaltungs- und Designvorschläge, Inzahlungnahme alter Produkte und Kulanz.

Der Service hat die Aufgabe, dem einzelnen Kunden bei und nach dem Kauf ein »gutes Gefühl« zu vermitteln und ihm bei allen Problemen zu helfen. Einen bestehenden Kunden zu pflegen und zu einem Produktkauf anzuregen ist etwa 90 Prozent günstiger als neue Kunden zu gewinnen.

Frage 14: Was leistet der Kundendienst (Nutzenstiftung)?

Je nach Positionierung des FBM nimmt der Kundendienst eine wichtigere oder weniger wichtige Rolle ein. Gehen wir mal von einer höherpreisigen Positionierung aus. Der Kundendienst ist, wie gesagt, unentgeltlich. Folgende Services können gegebenenfalls auch gegen Geld angeboten werden:

- Lieferservice/Montage vor Ort/Aufbau- und Anschlussservice
- Unterstützung bei Problemen (Service-Hotline)
- Trendberatung (Feng Shui, Wellness, Osterdekoration)
- Informationsstände/Personal: kompetent, hilfsbereit, kommunikativ und verfügbar
- Verladehilfe ab Kasse
- Navigation im Laden: Übersichtlichkeit, Orientierung, gute Kennzeichnung der Gänge, Übersichtsplan am Eingang
- Kinderspielbereich (Abenteuerspielplatz)
- Workshops/Lehrgänge
- Café

3.4 Leistung: Garantie und Gewährleistung

Hier ist erst einmal zwischen Garantie und Gewährleistung zu unterscheiden:

- *Gewährleistung* ist eine gesetzliche Verpflichtung.
- *Garantie* ist eine zusätzliche, freiwillige Leistung des Händlers und/oder des Herstellers.

Der Umfang der *Gewährleistung* (juristisch: Sachmängelhaftung), die ein Verkäufer (der Händler gegenüber dem Konsumenten, aber auch der Hersteller gegenüber dem Händler) für das verkaufte Produkt leisten muss, ist gesetzlich vorgegeben. Der Verkäufer steht dafür ein, dass die gehandelte Ware frei von Sachmängeln ist und haftet daher für alle Mängel, die schon zum Zeitpunkt des Verkaufs bestanden haben. Der Zustand der Ware zum Zeitpunkt der Übergabe ist dabei entscheidend. Die gesetzliche Gewährleistung nach § 437 BGB beträgt 24 Monate. Die Reklamation des Konsumenten erfolgt beim Händler; Gewährleistungsansprüche bestehen gegenüber dem Verkäufer, nicht gegenüber dem Hersteller der Ware. Dieser nimmt dann seinen Verkäufer (meist den Hersteller) mit der Gewährleistung in Anspruch.

Die Gewährleistung stellt zwar eine Leistung dar, aber da sie für alle Hersteller identisch ist, eignet sie sich nicht zur Differenzierung und damit üblicherweise auch nicht zur Kommunikation.

Die *Garantiezusage* bezieht sich immer auf die Funktionsfähigkeit über einen bestimmten Zeitraum. Der Zustand der Ware zum Zeitpunkt der Übergabe ist nicht von Bedeutung, da die Funktionsfähigkeit für einen Zeitraum garantiert wird. Der Konsument nimmt hierbei denjenigen in Anspruch, der die Garantieaussage getroffen hat (Händler oder Hersteller). Eine Garantie kann zeitlich über und unter den gesetzlichen Verpflichtungen der Gewährleistung liegen. Häufig ist sie kürzer als 24 Monate. Die Garantie stellt ebenso eine Leistung dar, eignet sich gegebenenfalls zur Differenzierung von der Konkurrenz und kann damit auch in der Kommunikation genutzt werden.

Das Unternehmen Lands' End schreibt dazu auf seiner Website: »Die Lands'-End-Garantie war schon immer ohne Wenn und Aber. Falls Sie nicht zu 100 Prozent mit einem bei uns bestellten Artikel zufrieden sind, können Sie ihn jederzeit an uns zurücksenden, und wir erstatten Ihnen den vollen Kaufpreis. Wir meinen, was wir sagen. Ganz gleich, aus welchem Grund. Jederzeit. Und um es noch einfacher zu machen, fassen wir uns ganz kurz: Guaranteed. Period.«[102]

Frage 15: Was leisten die Garantien (Nutzenstiftung)?
Garantien haben im Frauenbaumarkt mindere Bedeutung, da es sich um ein Handelsunternehmen handelt. Die meisten Produkte haben Garantien über die Hersteller.

Die Leistungsdefinition ist ein zentraler Bestandteil des Marketings, weil sie stark zur dauerhaften Befriedigung von Kundenbedürfnissen beiträgt. Dem Kunden sollen die Leistungen (Produkte und Dienstleistungen) zur Verfügung gestellt werden, die seine Bedürfnisse optimal befriedigen.

Der soeben behandelte Aspekt der Leistung gehört zu den sogenannten 4 P. Dies ist eine Bezeichnung für das Marketinginstrumentarium oder den »Werkzeugkasten« eines Unternehmens. Die 4 P stehen also für vier Werkzeuge, die den Konsumenten davon überzeugen, die eigenen Produkte zu kaufen. Neben der Leistung zählen noch die Verkaufsstätte/Distribution (siehe Kapitel 5), der Preis (siehe Kapitel 6) und die Kommunikation (siehe Kapitel 7) zu den 4 P. Alle vier werden mit einem mit P beginnenden Wort bezeichnet: »product«, »place«, »price« und »promotion«, daher der Begriff 4 P. Hierfür werden synonym auch die Begriffe Marketingmix, Marketinginstrumentarium oder Marketingmaßnahmen verwendet.

4 Hersteller der Leistung

Dieses Kapitel widmet sich dem Hersteller der verkauften Produkte/Dienstleistungen, synonym auch Kunde (der Agentur), Anbieter oder Unternehmen genannt. Jedoch sind die letzten beiden Begriffe nicht frei von Verwechslungsgefahr mit (a) dem Händler (als Anbieter) und (b) allen anderen Unternehmen in diesem Kontext, wie zum Beispiel der Agentur, dem Händler oder (c) dem Konsumenten. Daher soll hier der Begriff Hersteller verwandt werden, auch wenn es sich de facto um einen Händler oder Dienstleister handelt.

Dieses Kapitel beinhaltet zwei Aspekte:

- *Image des Herstellers:* Der Hersteller der Leistung, im Sinne der Herstellermarke, als Mehrwert für das Produkt aus Kundensicht, wie Henkel für die Marken Persil oder Spee.
- *Fakten zum Hersteller:* Der Hersteller der Leistung als Rahmenbedingung für das zu kommunizierende Produkt. Das Hintergrundwissen bezüglich des Unternehmens kann zum einen als Ideenpool für die Kreation dienen, zum anderen zeigt es auch kritische Punkte auf, sogenannte »Minenfelder« in der Kommunikation (Krisen-PR).

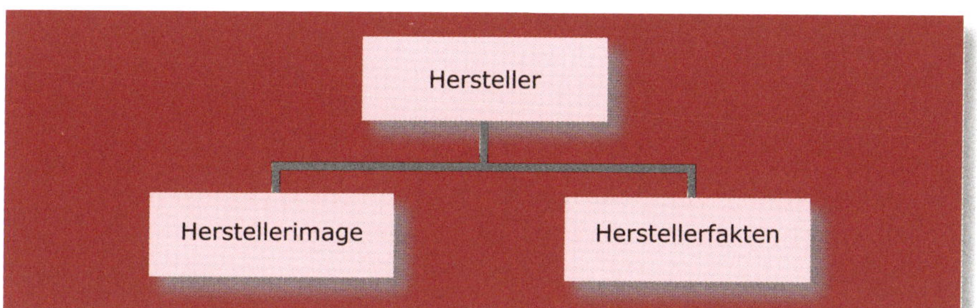

Abbildung 29: Aspekte zum Thema Hersteller

Es versteht sich von selbst, dass es in diesem Kapitel um die »Wahrheit« geht und nicht um ein Schönreden. Wissen sollten Sie alles, kommunizieren lediglich die positive Seite.

4.1 Herstellerimage als Mehrwert

Nun soll der Hersteller als Unternehmensmarke behandelt werden, der dem Produkt zusätzlich einen Mehrwert verleiht. Dies setzt zwei Dinge voraus:

- Der Hersteller muss seine Herstellermarke »offiziell« mit kommunizieren, und
- diese Marke muss ein Image haben, man muss mit ihr irgendetwas verbinden.

Es gilt, die Produktmarke und die Unternehmensmarke klar zu trennen:

Produktmarke	Dazugehörige Hersteller- beziehungsweise Unternehmensmarke
PS III	Sony
iPod	Apple
Ristorante	Dr. Oetker
Mini	BMW
Nivea	Beiersdorf BDF
Astra Bier	Holsten
Shell	Shell

Gedanklich geht man von positiven Effekten durch das Herstellerimage aus, jedoch kann die Mitgabe auch negativ sein. Sätze wie die folgenden kennen Sie sicher auch:

- »Toller Wagen, wenn es nur kein Opel wäre.«[103]
- »Toller Rechner, nur leider kein Mac.«

Aber nicht nur das grundsätzliche Image kann hier negativ wirken, auch Skandale oder Unternehmenskrisen haben ihren Einfluss.

Beispiele, bei denen das Herstellerimage dem Produkt einen Mehrwert gibt:

Produktmarke	Dazugehörige Hersteller- beziehungsweise Unternehmensmarke
Spee	Henkel
Babysanft Milk-Lotion	Hipp
Rigo	Bacardi
Junges Konto	Deutsche Bank
Hollister	Abercrombie & Fitch

Es gibt Unternehmen, die sich mit ihrer Unternehmensmarke eher im Hintergrund halten, zum Beispiel Unilever[104], Procter & Gamble (P&G)[105] und Beiersdorf (BDF)[106]. Solche, die ihre Unternehmensmarken mit in den Vordergrund rücken, sind die Autohersteller oder beispielsweise Henkel[107]. Die Entscheidung für oder gegen eine Kommunikation der Unternehmensmarke hängt mit der Unternehmensphilosophie zusammen und natürlich auch mit dem Nutzen durch die Nennung. So bekam das Waschmittel Spee als Ostmarke durch den Zusatz »Qualität von Henkel« Akzeptanz in den alten Bundesländern, wohingegen die Premium-Eiscreme Ben & Jerry's mit dem Absender Unilever oder Langnese eher eine Abwertung erfahren würde, da beide Marken nur bedingt zum Image von Ben & Jerry's passen.

Es stellt sich also die Frage nach dem Mehrwert – der Leistung – des Absenders für das Produkt. Die Beantwortung ist analog zu den Ausführungen im Kapitel 3.1 zum Thema »Marken« vorzunehmen: Die Herstellermarke wird als Persönlichkeit mit Charaktereigenschaften beschrieben.

Ein Beispiel: Was ist der Mehrwert der Herstellermarke Apple für ihre Produkte?

»Der Apple ist ein merkwürdiger Kauz, er war schon immer etwas anders als die anderen. Schon in der Schule war er ein Außenseiter, aber einer, der trotzdem von allen akzeptiert und auch geliebt wurde. Er ist ein Ästhet. Er ist immer korrekt gekleidet, legt darauf auch sehr viel Wert. Nicht zuletzt deshalb denken viele er sei ›andersherum‹. Auch seine Wohnung ist sehr geschmackvoll eingerichtet. Sehr minimalistisch, kein Schnickschnack. Wohnwände kennt er nicht mal dem Namen nach. Viele bezeichnen sein Heim als kühl, aber irgendwie finden es alle trotzdem schön. Apple hat einen hohen Anspruch, kauft lieber weniger, aber dafür Hochwertiges. Er ist ein eher ruhiger Typ, fast introvertiert. Apple ist intelligent. Fußball interessiert ihn nicht, dennoch empfindet er irgendwie Sympathie für Vereine wie den FC St. Pauli. Er geht gerne in Cocktailbars und Cafés. Apple fährt einen Audi und trägt noch immer seine alte Braun-Uhr. Apple ist Brillenträger und Nichtraucher, weiß aber: wenn er rauchen würde, wäre Nil seine Marke.«

Der Mehrwert, den Apple einem Produkt wie dem iPod oder dem iPhone mitgibt, ist der Designanspruch, der grundsätzlich hochwertige Anspruch, die mit der Marke versprochene Einfachheit und das »Think different« im Sinne von Anderssein.

Frage 16: Wird die Herstellermarke bisher mit kommuniziert? Hat die Herstellermarke ein Image in der Zielgruppe? Wie sieht das Image aus? Was ist der Mehrwert der Herstellermarke für das Produkt?
Nein, die Herstellermarke wird bislang nicht mit kommuniziert. Trotzdem vielleicht noch einmal ein kleiner begrifflicher Ausflug: Der Hersteller ist gemäß unserer Nomenklatur das Unternehmen, welches das Produkt herstellt, das kommuniziert werden soll. Hier wurde als Beispiel ein Handelsunternehmen gewählt. Also, das Produkt eines Händlers – sprich: seine Leistung – ist insbesondere sein Sortiment. Der Händler stellt somit das Sortiment – die Zusammenstellung der angebotenen Produkte anderer Hersteller – her. Weiterhin gehören noch die Atmosphäre und der Prozess im Geschäft zum Produkt des Händlers. Die Herstellermarke ist das Unternehmen hinter dem FBM. Es stellt sich aber grundlegend die Frage, ob der FBM das dahinterstehende Unternehmen kommunizieren sollte oder nicht. Vorteile wären natürlich die Bekanntheit und – hoffentlich – auch die positiven Attribute der Marke. Nachteil ist die Assoziation mit dem bisherigen, eher männerorientierten Baumarkt. Daher gehen wir im Folgenden davon aus, dass dies nicht öffentlich kommuniziert wird. Die neue FBM GmbH hat noch kein Image. Daher ist der Mehrwert hier gleich null (unbekannte Marke).

Gegenüber dem eher softeren Image kommen nun die harten Fakten des Unternehmens.

4.2 Herstellerfakten – Wissen zum Unternehmen

Im Gegensatz zum vorherigen Kapitel steht hier eine Betrachtung aus Ihrer Perspektive, also nicht mehr aus der des Konsumenten, im Zentrum.

Kriegsentscheidendes

Es gibt eine ganze Menge von Informationen, die bei der Recherche zu einem Unternehmen interessant sein könnten. Viele Unternehmen haben ganze Bücher allein zu ihrer bewegten Firmengeschichte veröffentlicht. Elementar ist aber hierbei das Herausarbeiten der »spielentscheidenden« oder, politisch unkorrekter, der »kriegsentscheidenden« Punkte. Im Mittelpunkt steht die Frage, was gegeben sein muss, damit die Unternehmung in zwei Jahren noch lebt, oder anders ausgedrückt: Was ist so wichtig, dass sein Fehlen das Überleben des Unternehmens wahrscheinlich gefährden würde?

Unternehmen	**Beispiel »kriegsentscheidender Faktor«**
Gartenschirmhersteller	Listung in den Baumärkten: Wer nicht im Sortiment ist, kann nicht gekauft werden
Unternehmensberater	Bekanntheit und Image in den Zielunternehmen beziehungsweise bei deren Entscheidern
Autohersteller	Image der Marke, langfristig auch die technische Qualität der Autos

Frage 17: Was ist »kriegsentscheidend« für den Hersteller – im Sinne von »lebensnotwendig«?

- Standorte
- Frauenspezifisches Sortiment, das eine klare Positionierung ermöglicht, zur Gewinnung vieler Konsumentinnen

Allgemeines zum Herstellerunternehmen

Grundsätzlich ist es für den Kreativen wichtig, das Unternehmen zu kennen und zu verstehen. Was machen die eigentlich? Wie machen die das? Wie funktioniert so etwas?

Hier geht es wie bei »Pfeiffer mit drei F« um die Dampfmaschine des Professor Bömmel: »Wat is a Dampfmaschin? Da stellte mer uns janz dumm. Und sagen en Dampfmaschin, dat is ene jroße, runde, schwarze Raum. Und der jroße, runde schwarze Raum, der hat zwei Löcher, dat eine Loch, da kömmt der Dampf rein, dat annere Loch … dat krieje mer später.«[108]

Allgemeine Fragen

- Was geht rein ins Unternehmen (Input)?
- Was kommt raus aus dem Unternehmen (Output)?
- Wie funktioniert das überhaupt?
- Was ist hierbei wichtig oder entscheidend?
- Womit verdient das Unternehmen sein Geld?
- Wer sind die wichtigsten Akteure im Unternehmen?
- Wer sind die Eigner des Unternehmens?
- Was kann das Unternehmen besser als andere (die Konkurrenz)?
- Was kann das Unternehmen schlechter als andere (die Konkurrenz)?
- Wie groß ist das Unternehmen eigentlich (gemessen in Umsatz [in Euro] oder Absatz [Stück, Liter …] oder in Anzahl der Mitarbeiter)?

Je nach Bedeutung des Etats und des Kunden für Sie/die Agentur muss man auch noch tiefer in diese Materie einsteigen:

Quantitative Kriterien	Beispiel
Produktionspotenzial	Kapazitäten, Modernisierungsgrad, Automatisierungsgrad
Einkaufsmacht	Bestellvolumen, Anzahl und Struktur der Zulieferer
Personalpotenzial	Anzahl, Altersstruktur der Mitarbeiter
Standort	A-, B- oder C-Lage, Erweiterungsmöglichkeit, Infrastruktur der Hauptverwaltung und der Niederlassungen
Kostensituation	Gemein-, Produktions- und Marketingkosten
Finanzielles Potenzial	EK (Eigenkapital) und FK (Fremdkapital), Liquidität, Kreditlinien, Investitionen, stille Reserven, Rentabilität
Produktivität	Input-Output-Relation
Marktkennziffern	Absatz, Umsatz, Bestellungen, Lagerbestand, Marktanteil

Qualitative Kriterien
• Qualität der Wertschöpfungskette • Qualität des Produktions- und Absatzprogramms • Infrastruktur: Anlagen, Ausstattung, Gebäude • Struktur: Planung und Organisation • F&E-Potenzial und spezielles Know-how • Führungskompetenz: Struktur und Stil, Hierarchieform • Qualitatives Personalpotenzial: Qualifikation, Motivation • Rechte: Patente

Die Liste soll als Ideengeber dienen. Es ist im Einzelfall zu entscheiden, welche Faktoren näher zu analysieren sind. Bitte verlieren Sie nicht aus den Augen, dass es für Sie zum einen um Hintergrundwissen geht und dass zum anderen diese Informationen auch ein Pool für Kommunikationsideen sein können. Suchen Sie danach. Seien Sie – im Eigeninteresse – ein »Trüffelschwein«.

Leider muss der hier betriebene Aufwand natürlich in Relation zu den Verdienstmöglichkeiten gesehen werden. Wenn es sich um eine einmalige kleine Aktion handelt, ist die tiefgreifende Analyse des Herstellerunternehmens sicher übertrieben, obwohl sie der Arbeit und vor allem dem Ergebnis sehr zuträglich wäre. Anderenfalls können Sie auch darüber hinaus aktiv werden, zum Beispiel durch:[109]

- Durchforsten der Unternehmensarchive,
- Befragung der Reklamationsabteilung,
- Analyse externer Archive, Büchereien, Buchläden,
- Interviews mit langjährigen Mitarbeitern et cetera.

An dieser Stelle sei auf ein konkretes Beispiel verzichtet, da die Vergleichsgefahr zu groß ist. Jeder Fall ist hier eigenständig zu betrachten; die Trüffel liegen leider immer woanders.

Sie müssen auch ein Gefühl für das Unternehmen bekommen. Setzen Sie sich einfach mal 15 bis 20 Minuten in die Lobby, beobachten Sie die Leute, die herauskommen, die hineingehen, was sie anhaben, wie glücklich sie bei der Arbeit sind, wie sie miteinander umgehen und so weiter. Alternativ können Sie sich auch morgens um 9 Uhr vor den Eingang stellen. Viel Spaß bei der Recherche.

Frage 18: Was gibt es Wissenswertes über den Hersteller?

Informationen als Hintergrundwissen sind nur bedingt notwendig, da die Herstellermarke der Muttergesellschaft ja nicht mit kommuniziert werden soll.
Man würde daher nur allgemeine Informationen betrachten:

- Umsatz insgesamt
- Umsatz pro Filiale
- Filialen insgesamt
- Umsatzverteilung nach Warengruppen
- Positionierung/Preisniveau/Sortiment (auch die Eigenmarken)
- Image bei der Bevölkerung (insbesondere unter Frauen)
- Bisherige Kommunikation/Corporate Design
- Besondere Ereignisse der Firmengeschichte et cetera

Frage 19: Welche Informationen über den Hersteller »riechen« nach Ideen für die Kommunikation?

Keine, da die Herstellermarke der Muttergesellschaft ja nicht mit kommuniziert werden soll.

5 Verkaufsstätten (Distribution)

Dieser Punkt umfasst die Analyse der Verkaufsstätten des Produktes. Wo wird das Produkt angeboten, wo kann man es kaufen? Aus Sicht des Herstellers wird das als Distribution bezeichnet. Distribution bedeutet Verteilung, das heißt, die Produkte »unters Volk bringen«, hier im Sinne von möglichst in die Nähe der Konsumenten bringen. In diesem Kontext spricht man von der Distributionskette, das ist der Weg, den das Produkt (beziehungsweise dessen Einzelteile vor der Zusammensetzung) nimmt, bis es zum Konsumenten gelangt.

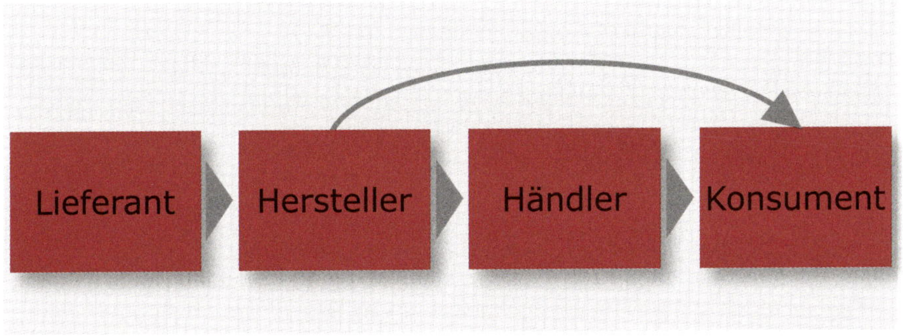

Abbildung 30: Die Distributionskette (der Weg vom Rohstoff zum Produkt zum Kunden)

Ein Beispiel für die Distributionskette: die Erdbeerbauern und Zuckerproduzenten als Lieferanten, die Marmeladenhersteller, die Lebensmitteleinzelhändler und letztendlich die Konsumenten.

Wie in Abbildung 30 zu sehen ist, gibt es zwei Wege vom Hersteller zum Konsumenten. Der eine verläuft direkt, das heißt, der Hersteller verkauft unmittelbar an den Konsumenten, zum Beispiel in eigenen Läden, auf Messen oder über das Internet. Der zweite Weg verläuft indirekt, das heißt, der Hersteller verkauft an Händler, die dann an den Konsumenten verkaufen.

Insbesondere wenn der Hersteller über Händler verkauft, stellen sich folgende Fragen:

- Wie wichtig ist den Händlern das Produkt? Manche Produkte liegen ihnen am Herzen, weil sie zum Beispiel einen großen Anteil am Umsatz oder am Gewinn des Händlers ausmachen oder weil sie Image verleihen (Porsche-Händler versus Skoda-Händler) – andere eben nicht.

- Wie wird das Produkt am POS präsentiert? Wo steht es? Wühltisch oder Regal? Wo im Regal? Findet zusätzliche Kommunikation am POS statt?
- Kommt es zu Lieferengpässen oder ist das Produkt quasi immer erhältlich?

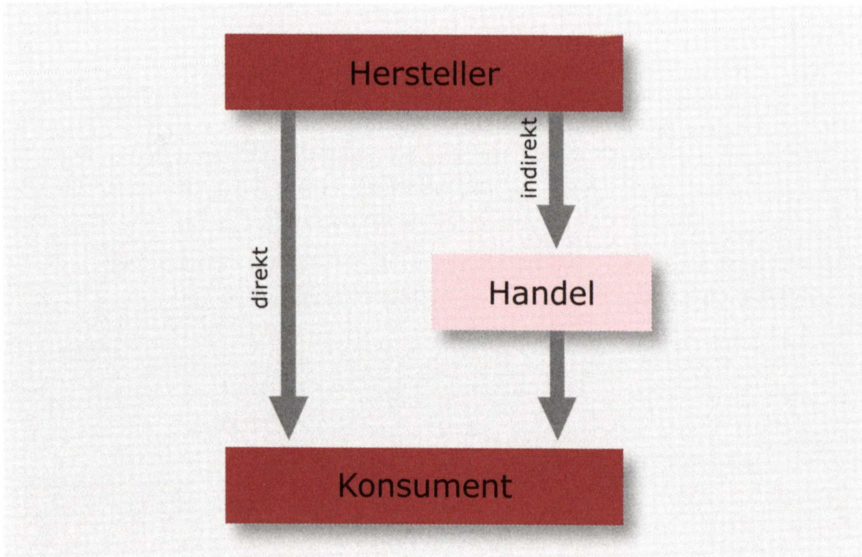

Abbildung 31: Unterscheidung zwischen direkter und indirekter Distribution

Frage 20: Wie sieht die Distributionskette (vom Rohstoff zum Konsumenten) aus?
Für den Frauenbaumarkt lässt sich das Thema relativ schnell abhandeln. Da er ein Handelsunternehmen ist, läuft der Vertrieb über eigene Kanäle: über die eigenen Häuser und Filialen, über die eigene Site (dort wird auch verkauft) und über den eigenen Katalog mit dem angeschlossenen Callcenter.

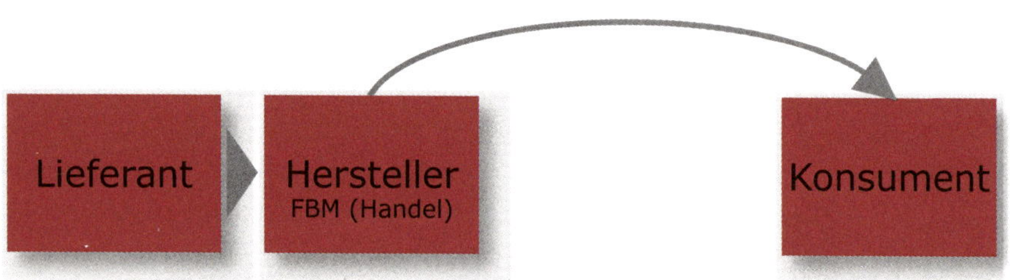

Frage 21: Verkauft der Hersteller direkt oder indirekt an den Konsumenten?
Der FBM verkauft direkt. 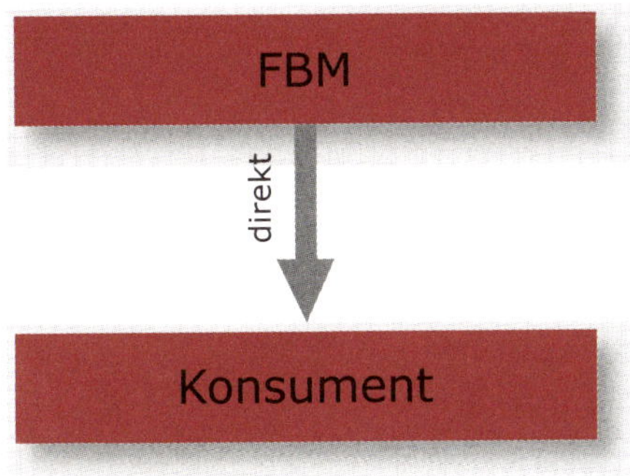

Unabhängig davon, ob eigene oder fremde Läden die Produkte des Herstellers vertreiben, sind die Wege zum Konsumenten näher zu betrachten. Sie werden auch Absatzkanäle oder Vertriebswege genannt.

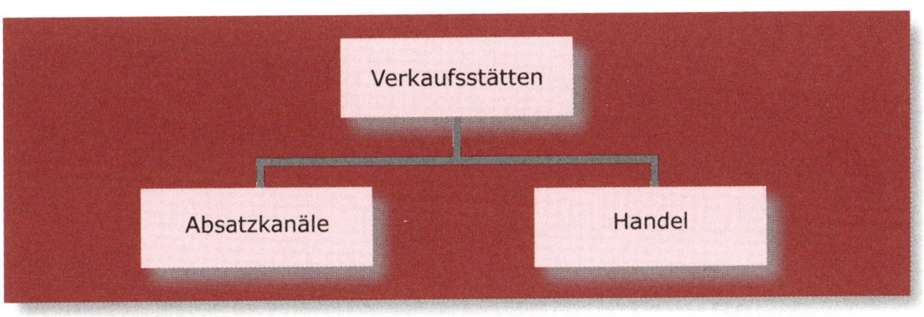

Abbildung 32: Die Verkaufsstätten

5.1 Absatzkanäle

Mögliche indirekte Vertriebswege sind die folgenden Betriebstypen des Einzelhandels:

- Fachgeschäfte/Spezialgeschäfte
- Warenhäuser/Kaufhäuser
- Versandhäuser
- Detailhändler/Supermärkte
- Discounter
- Fachmärkte
- Tankstellenshops

Das Herstellerunternehmen verhandelt hier mit den Händlern, ob und in welcher Form dem Produkt diese potenziellen Wege zum Konsumenten tatsächlich offen stehen. Sollten diese Verhandlungen nicht erfolgreich sein, so bleibt dem Hersteller nur der eigene Vertrieb (direkte Distribution). Da er sich aber nicht für alle Produkte eignet (zum Beispiel Marmelade), stehen diese Produkte dann nicht zum Verkauf, und damit existieren sie praktisch nicht. So liegen viele Produkte in den »Schubladen« der Hersteller und gelangen nie zum Konsumenten.

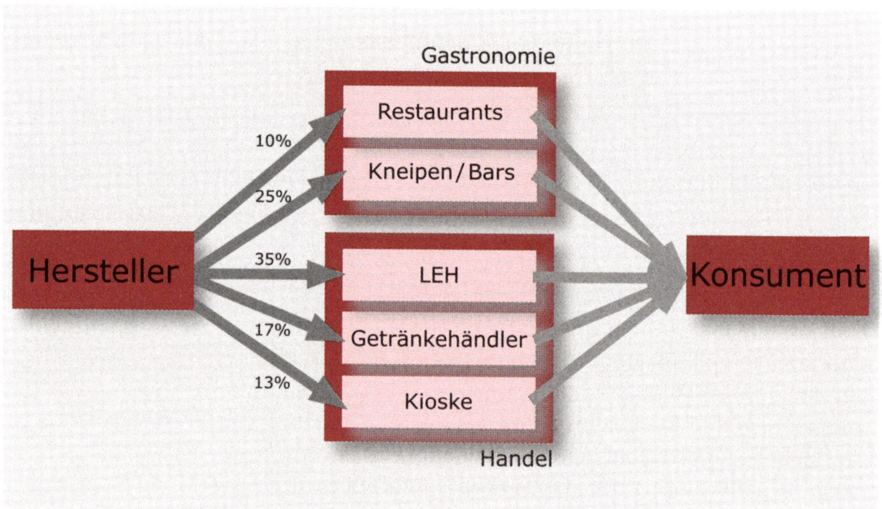

Abbildung 33: Absatzkanäle eines Bierherstellers

Nutzt ein Hersteller, wie der Bierhersteller in Abbildung 33, mehrere Absatzkanäle, so teilt sich logischerweise der Absatz – das verkaufte Bier – auf die verschiedenen Kanäle auf. Es lässt sich so die Kennzahl *Absatz pro Kanal* errechnen, beispielsweise fallen 10 Prozent des Absatzes auf die Restaurants. Eine andere Kennzahl ist der *Umsatz pro Kanal*, je nachdem, ob man in Euro oder in Stück (hier in Litern) misst. Was sinnvoller ist, hängt vom Markt ab. Beim Bier wäre sicher das Messen in Litern sinnvoller, da den Kanälen das Produkt wahrscheinlich zu unterschiedlichen Preisen angeboten wird, die das Bild der Verteilung verzerren würden. Es ließe sich zudem – als dritte Kennzahl – pro Kanal der eigene Marktanteil *(Marktanteil pro Kanal)* errechnen.[110] Diese Kennzahl verdeutlicht die Bedeutung des Herstellers in diesem Kanal – hier zum Beispiel die der Restaurants.

In diesem Zusammenhang werden Ihnen häufig auch die Begriffe *numerische* (quantitative) und *gewichtete* (qualitative) *Distribution* begegnen:

- *Numerische Distribution:* Von zehn existierenden Händlern wird von dem Hersteller einer beliefert, das heißt, die numerische Distribution beträgt 1 von 10 = 10 Prozent.
- *Gewichtete Distribution:* Der eine belieferte Händler hat einen Marktanteil im Produktsegment von 40 Prozent, das heißt, er verkauft 40 Prozent aller dieser Produkte. Somit beträgt die gewichtete Distribution 40 Prozent.

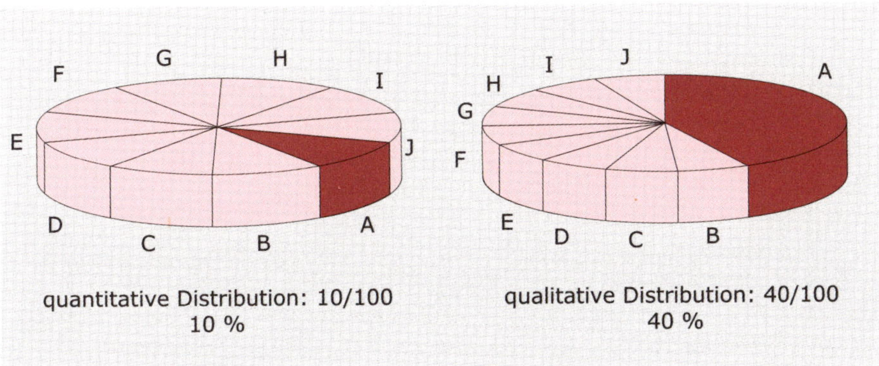

Abbildung 34: Quantitative und qualitative Distribution

Auch über die Verkaufsstätten kann eine Zusatzleistung für das Produkt entstehen. Der Laden kann dem Produkt etwas mitgeben. Beispiele:

- »Wenn der Pulli hier geführt wird, dann muss er ›in‹ sein!«
- »Wenn die Lotion in der Apotheke verkauft wird, dann muss sie doch gut sein.«
- »Wenn dieses Cola-Getränk in diesem Laden verkauft wird, dann kann es nur mindere Qualität haben.«

Oder auch umgekehrt:

- »Wenn diese Burger-Kette diese Cola verkauft, dann können die Burger auch nichts sein!«

Frage 22: Über welche Händler verkauft der Hersteller?
• Wie sieht die prozentuale Verteilung zwischen den Händlern aus? • Welche Bedeutung hat das zu kommunizierende Produkt für die jeweiligen Händler? • Wie präsentieren die jeweiligen Händler das Produkt? • Geben die Händler dem Produkt einen Imagemehrwert?
Eigenvertrieb, keine weiteren Händler (siehe Details in den folgenden Tabellen). Die anderen Fragen ergeben hier daher keinen Sinn.

Absatzkanal	**Untersuchungsgegenstand**
stationäre Märkte (Läden)	Anzahl der Märkte, Lage der Märkte, jeweilige Größe, Modernisierungsgrad, Ausstellungsmerkmale, Anzahl der angebotenen Artikel (Breite und Tiefe des Sortiments), Artikelvorrätigkeit, gebotener Service (zum Beispiel Beratung), Drive-in, Beladung, Café
Site	E-Commerce-Funktionalität, Anzahl der angebotenen Artikel, Service (zum Beispiel E-Mail-Benachrichtigung bei Vorrätigkeit)
Katalog	Kontaktmöglichkeiten (Telefon, Fax, E-Mail et cetera), Anzahl der angebotenen Artikel, Seitenstärke (Dicke des Katalogs), Verteilung des Katalogs (wie kommt der Katalog zum Konsumenten?)

In diesem spezifischen Beispiel ist es natürlich klar, dass die Kanäle speziell auf die weibliche Zielgruppe ausgerichtet werden müssen. Beispiele:

Märkte	**Site**	**Katalog**
Ästhetik/Anmutung des Marktes	Ästhetik/Anmutung der Site	Ästhetik/Anmutung des Katalogs
Farben/Design des Marktes	Farben/Design der Site	Farben/Design des Katalogs
Schaufenster	Zugang/Suchfunktionalität	Gewicht
Service: Beratung, Erläuterung	Begriffserklärung (Glossar)	Serviceteil mit Erläuterungen
Anwendungsbeispiele: zum Beispiel Bohrwand, Workshops	Erläuterungen	Anwendungsbeispiele
Zusatzdienste: Café	Service	Inhaltsverzeichnis/Suche
Schlepp- und Beladeservice	Anwendungsbeispiele	Darstellung und Erläuterung der Produkte
Verleih von speziellem Werkzeug	Online-Shop mit Lieferung	Werkzeugcheckliste: Was benötige ich wozu?
Schutzzubehör	Forum zum Austausch	Beschreibung der Basics
»After-Work«-Hautpflegeprodukte		
Kinderhort		

5.2 Exkurs: Handel

In vielen Märkten ist nicht mehr nur der Endverbraucher für den Erfolg eines Herstellers entscheidend, sondern auch der Handel. Ein Beispiel hierfür ist der deutsche Lebensmitteleinzelhandel, der in den letzten Jahren eine immer bedeutendere Rolle gewonnen hat. Vier Entwicklungstendenzen sind hierfür maßgeblich:[111]

Entwicklungstendenzen im Handel	**Auswirkungen**
Konzentrationsprozess im Handel	am »Verhandlungstisch« wenige (Handels-)Einkäufer und viele (Hersteller-) Verkäufer; daraus folgt Nachfragermacht/Emanzipation des Handels von den Herstellern: Handelsmarketing nimmt Einfluss auf Herstellermarketing
Ausdifferenzierung der Märkte und globale Märkte	viele neue Produkte bei stagnierender Verkaufsfläche des Handels
Veränderungen im Nachfrageverhalten	hybrides Einkaufsverhalten und sinkende Marken- und Einkaufsstättentreue
politisch-rechtlicher Rahmen	Brüssel und Berlin verändern teilweise die Struktur im Absatz (Autohandel) oder ökologische Auflagen (Duales System, Pfandsysteme)

Vierfache Filterfunktion des Handels:[112]

Filter	**Der Handel entscheidet, ...**
Distributionsfilter	... ob ein Produkt überhaupt kaufbar ist (distribuiert wird). Dies ist insbesondere wichtig für Produkte, die sich nicht anders verkaufen lassen, wie Marmelade
Imagefilter	... ob ein Produkt »imageadäquat« vertrieben wird
Platzierungsfilter	... welche quantitative und qualitative Regalplatzfläche bereitgestellt wird
Service- und Beratungsfilter	... welche verkaufs- und nachkaufsbezogenen Beratungs- und Serviceleistungen handelsseitig das Herstellerangebot komplettieren

Der soeben behandelte Aspekt der Verkaufsstätten, die Distribution, gehört zu den sogenannten 4 P (amerikanisch: »place«).

6 Gegenleistung

Die Gegenleistung, das heißt die Leistung des Konsumenten, ist das Gegenstück zu der zuvor in Kapitel 3 beschriebenen Leistung, die dem Konsumenten angeboten wird. Hier wird die Frage beantwortet: Was muss der Konsument für den Erwerb des Produktes leisten? Naheliegend ist zunächst der zu zahlende Preis. Jedoch ist dies in den meisten Fällen nicht das Einzige, was der Käufer leisten muss.

Die Gegenleistung beinhaltet außerdem die Mühen, die der Konsument zum Kauf aufwenden muss. Es beginnt mit der nötigen Recherche nach Anbietern, mit dem Aufspüren der wichtigen Kaufkriterien, dem Vergleich verschiedener Anbieter und endet mit dem Durchführen des Kaufes. Hinzu kommen noch vom Anbieter unabhängige Kosten: Beträge und Aufwände (Parkgebühren, Parkplatzsuche, Informationsrecherche, Opportunitätskosten, Porto, gebührenpflichtige Hotline-Anrufe et cetera).

Es liegt auf der Hand, dass die Gegenleistung ein zentraler Punkt für Erfolg oder Misserfolg des Produkts ist. Zum einen entscheidet der Kunde anhand der nötigen Gegenleistungen (insbesondere des Preises), ob ihm der Kauf der Leistung dies überhaupt wert ist, das heißt, ein zu hoher Preis führt zum Nicht-Verkauf der angebotenen Leistung. Zum anderen entscheidet der Preis auch direkt über den Erfolg des Herstellers, denn Umsatz = Preis × Menge. Und beide Teile hängen, wie eben beschrieben, von der Aufwand-Nutzen-Abwägung der Käufer ab. Grundsätzlich gilt, dass bei einem niedrigeren Preis mehr Leute kaufen und bei einem höheren weniger. So kann es unter Umständen sinnvoller sein, einen geringeren Preis zu wählen, um mehr zu verkaufen und so letztendlich mehr Umsatz und auch mehr Gewinn zu machen.

Von diesem Grundsatz »kleinerer Preis – mehr verkaufte Menge« gibt es natürlich auch Ausnahmen. Nicht selten nehmen die Konsumenten mangels geeigneter Alternativen den Preis als Qualitätsindikator. In diesen Fällen bringt natürlich der kleinere Preis nicht unbedingt mehr Menge. Insbesondere gilt dies beim sogenannten Snob-Effekt für Luxusprodukte. Hier kann es sein, dass ein Produkt bei Preiserhöhungen mehr gekauft wird, weil es dann exklusiver, luxuriöser scheint.

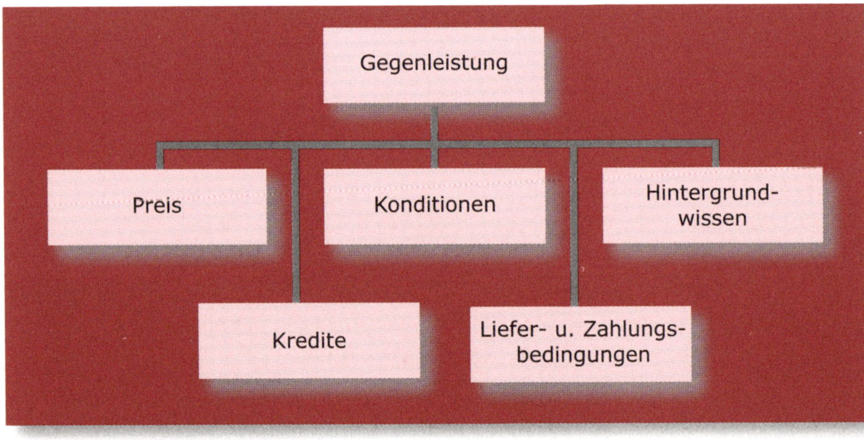

Abbildung 35: Die Gegenleistungen des Konsumenten

6.1 Preis

Kein Produkt hat einen vorgegebenen Preis. Preise werden (meist) frei festgesetzt. Natürlich ist man häufig nach unten durch die Kosten beschränkt, und die Konkurrenz begrenzt manchmal den Spielraum nach oben, aber dazwischen ist alles drin und machbar.

Wie hoch ist der Preis für eine Pizza Hawaii? Die Antwort wird wohl lauten: »Es kommt drauf an.« Richtig. So trivial die Frage klingt, der Preis »hängt davon ab«, wo man die Pizza kauft, wie groß sie ist und vor allem, wie ehrlich man ist, das heißt, was man alles noch zum Preis der Ware hinzuzählt: die Beschaffungskosten (Fahrten oder Lieferung oder Porto), der investierte Zeitaufwand für Alternativensuche, Entscheidungsfindung, den Kaufakt und die Informationsbeschaffungskosten (zum Beispiel Telefonkosten).

Das bedeutet im Klartext, der Preis der Pizza vom Lieferservice beträgt:

- Pizza Hawaii: 6,99 Euro.
- Trinkgeld Bote: 1,00 Euro.
- Telefonanruf inklusive Warteschleife: 0,10 Euro.
- Entscheidungsfindung, circa 6 Minuten: unerträglich.
- Erfolglose Suche der Karte vom anderen Lieferservice: unerträglich.
- Kleiner Familienstreit: unvermeidlich.

Und der Preis der Pizza beim Italiener um die Ecke beträgt:

- Pizza Parma : 8,90 Euro.
- Glas italienischer Landwein: 3,50 Euro.

- Trinkgeld Giovanni (anteilig): 1,30 Euro.
- Telefonanruf für die Reservierung: 0,10 Euro
- Ihr Lächeln bei der Botschaft: unbezahlbar.
- Kinder am Nebentisch: manchmal unerträglich.

Zudem ist der Preis – aus der Sicht des Herstellers – der besagten Pizza vollkommen frei gewählt.

Ein T-Shirt, das in der Produktion 3 Euro kostet und dessen Konkurrenz für 49 Euro angeboten wird, kann daher alle Preise zwischen 3 und – je nach Positionierung gegenüber der Konkurrenz – 45 oder 49 oder 69 Euro haben, quasi nach Lust und Laune. Aus Konsumentensicht scheint dies unglaublich, und deshalb wird hier kollektiv verdrängt und ignoriert.

Greifen wir noch einmal zur Pizza Hawaii, diesmal Tiefkühlware. Die gleiche Pizza wird von mehreren Absatzkanälen und dort von mehreren Händlern verkauft. Eher unwahrscheinlich, dass die es alle zum selben Preis tun, also:

- Supermarkt A: 2,99 Euro.
- Supermarkt B: 3,29 Euro.
- Supermarkt C: 3,49 Euro.
- Tankstelle: 3,99 Euro.

Und was ist nun der Preis für Tiefkühlpizza Hawaii? Die Angaben zum Preis erfolgen meist in einer Preisspanne: von 2,99 bis 3,99 Euro und mit einem Durchschnittspreis von 3,33 Euro (berechnet nach der Menge der jeweiligen Händler).

Frage 23: Wie hoch ist der Preis für das Produkt? Gegebenenfalls »von ... bis« und der Durchschnittspreis?
Das Preisniveau des Frauenbaumarktes liegt etwas über dem Durchschnitt der Baumärkte in der jeweiligen Region. Ein Durchschnittspreis macht bei den über 50.000 sehr unterschiedlichen Produkten eines Baumarktes keinen Sinn.[113] Man kann zum Vergleich mit anderen Märkten Referenzprodukte auswählen, zum Beispiel ein Bohrmaschinenmodell oder eine spezielle Dübelpackung et cetera, und diese kann man dann mit der Konkurrenz vergleichen. Hier kommen – wie immer – auch andere Händler als Konkurrenten hinzu, zum Beispiel auch Discounter, die gerade eine Bohrmaschine im Angebot haben.

Frage 24: Was kommt für den Konsumenten an zusätzlichen Ausgaben/Aufwänden hinzu?
Zeit des Katalogstöberns, Zeit des Freundeskreis- und Kollegenbefragens, durchgeführter Planungsaufwand, Suche nach Baumärkten in der näheren Umgebung, Anfahrt, Suchen im Markt, Geld (Kaufpreis), Rückfahrt, Montage et cetera.

6.2 Kredite

Kredite, genauer Kundenkredite, werden häufig dann gewährt, wenn der Kunde (zum Beispiel aufgrund der Preishöhe) nicht oder nur schwer in der Lage ist, das Produkt zu kaufen. So übernimmt der Verkäufer die (Teil-)Finanzierung des Kaufs durch den Kunden, beispielsweise bei Autos oder Waschmaschinen.

Die Aufgabe von Krediten ist die Stärkung der Kaufkraft der Nachfrager und dadurch eine Förderung des Absatzes. Das finanzielle Ausfallrisiko bleibt allerdings für den Hersteller bestehen.

Frage 25: Werden dem Konsumenten vom Hersteller Kredite gewährt?
Der Frauenbaumarkt bietet ab einem Einkaufswert von 500 Euro Ratenzahlung (Kredit) an.

6.3 Konditionen

Unter Konditionen werden hier die Zahlungskonditionen verstanden. Dies sind insbesondere Rabatte und Skonti. Rabatte sind Preisnachlässe (auf den offiziellen Verkaufspreis), die unter bestimmten Bedingungen gewährt werden. Folgende Konditionen sind dabei zu finden:

Arten von Rabatten	Beschreibung/Beispiel
Mengenrabatt	Preisnachlass oder unentgeltliche Warenabgabe
Funktionsrabatt	für die Übernahme von Aufgaben durch den Käufer (zum Beispiel Warenpräsentation durch den Handel, Lagerhaltung, Beratung)
Kundenrabatt	für Stammkunden
Treuerabatt	Treuemarken/10-Jahres-Kunde
Zeitrabatt	Subskriptionspreis, Saisonrabatt et cetera
Naturalrabatt	unentgeltliche Warenabgaben (Draufgabe und Dreingabe)
Sonderrabatt	zum Beispiel Jubiläumsrabatt und Messerabatt
Bonus	Rabatt im Nachhinein (Belohnung für hohen realisierten Umsatz oder Ähnliches)
Skonto	Barzahlungs-Preisnachlass (maximal 3 Prozent)

Typische Formen von Konditionen sind Angebote wie »ein Produkt für 5,90 Euro und zwei für 9,90 Euro« oder der Mittagstisch im Restaurant mit Vor- und Nachspeise, der günstiger ist als alle drei Einzelposten, aber auch die Scheibe Fleischwurst umsonst für das Kind oder die nicht aufgeschriebenen Biere in der Stammkneipe.

Frage 26: Gibt es besondere Konditionen (Rabatte) vom Hersteller?
Für einige spezielle Angebote gibt es Rabatte. Es gibt zudem eine FBM-Kundenkarte, die am Jahresende 3 Prozent der Kaufsumme in Form eines Warengutscheins zurückerstattet (Rabatt).

6.4 Liefer- und Zahlungsbedingungen

Die Liefer- und Zahlungsbedingungen bestimmen die Art und Weise der Lieferung und Zahlung (gegebenenfalls als allgemeine Geschäftsbedingungen AGB).

Die Lieferbedingungen regeln, bis wohin das Produkt geliefert wird oder ab wo der Konsument es abholen muss. Früher war es üblich, seinen Neuwagen beim Händler vor Ort abzuholen. Heute pilgern viele zum Hersteller und holen ihr Fahrzeug dort ab – zumindest bei den deutschen Fabrikaten.

Die Zahlungsbedingungen regeln, wann und wie der Preis zu zahlen ist. Sicher haben Sie auch schon mal etwas in einem bestimmten Laden gekauft, nur weil man dort mit der Kreditkarte bezahlen kann und somit das Konto etwas später belastet wird. Oder haben Sie sich mal im Internet für einen Anbieter entschieden, weil er Zahlung per Rechnung oder Nachnahme anbot und andere nicht?

Sowohl die Lieferbedingungen als auch die Zahlungsbedingungen können Leistungen im Sinne von Mehrwert für den Konsumenten darstellen und somit gegebenenfalls auch ein Produkt gegenüber Konkurrenzprodukten herausstellen.

Frage 27: Wie sehen die Liefer- und Zahlungsbedingungen des Herstellers aus?
Sofortige Zahlung (außer bei den Krediten) und Lieferung bei ausgewählten Großteilen inklusive, sonst Abholung in der Filiale oder Lieferung gegen Aufpreis.

6.5 Hintergrundwissen zum Thema Preis

Das Thema Preis ist nicht das beliebteste unter den Kreativen, aber Preise spielen nun mal in der Wirtschaft eine wichtige Rolle. Deshalb soll hier der Zusammenhang zwischen dem Preis und dem Gewinn eines Unternehmens erarbeitet werden.

Schritt 1

Beginnen wir mit der Preisabsatzfunktion. Dies ist eine Kurve, die angibt, bei welchen Preisen welche Mengen des Produktes verkauft werden. Zur besseren Einprägung sollten Sie an den ausgewiesenen Stellen selbstständig die Lösungen erarbeiten. Die Auflösung folgt selbstverständlich kurz danach. Bitte überlegen Sie sich, wie diese Preisabsatzfunktion, kurz PAF, normalerweise aussieht. Nehmen Sie das Koordinatensystem (Abbildung 36) zu Hilfe. Die Buchstaben links oben stehen für: U = Umsatz, G = Gewinn, K = Kosten, p = Preis und x = Menge.

Abbildung 36: Koordinatensystem für die Preisabsatzfunktion

Stellen Sie sich erst mal nur p und x an den Achsen vor. Wie verläuft die PAF normalerweise? Fangen Sie zum Beispiel links unten bei einem Preis von null an und überlegen Sie sich, wie hoch denn – tendenziell – die Menge ist. Was ist, wenn der Preis dann etwas steigt? Wandern Sie so immer weiter die Preisachse hoch. Wie wäre im Ergebnis der Verlauf der Funktion?

Lösung: Normalerweise sieht eine PAF so aus:

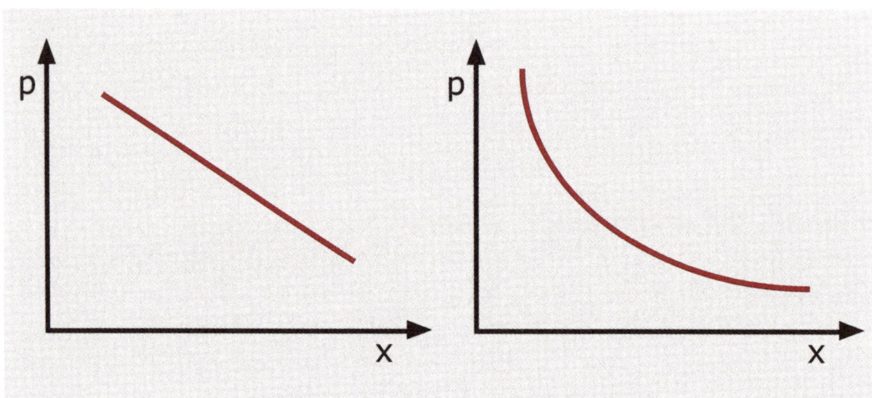

Abbildung 37: Normaler Verlauf der Preisabsatzfunktion

Der Verlauf der PAF ist von oben links nach unten rechts. Hintergrund: Je teurer ein Produkt ist, desto weniger Konsumenten sind bereit, diesen hohen Preis zu bezahlen. Bei sinkenden Preisen kaufen zunehmend mehr Konsumenten das Produkt. Zur Vereinfachung wollen wir mit folgender PAF weiterarbeiten:[114]

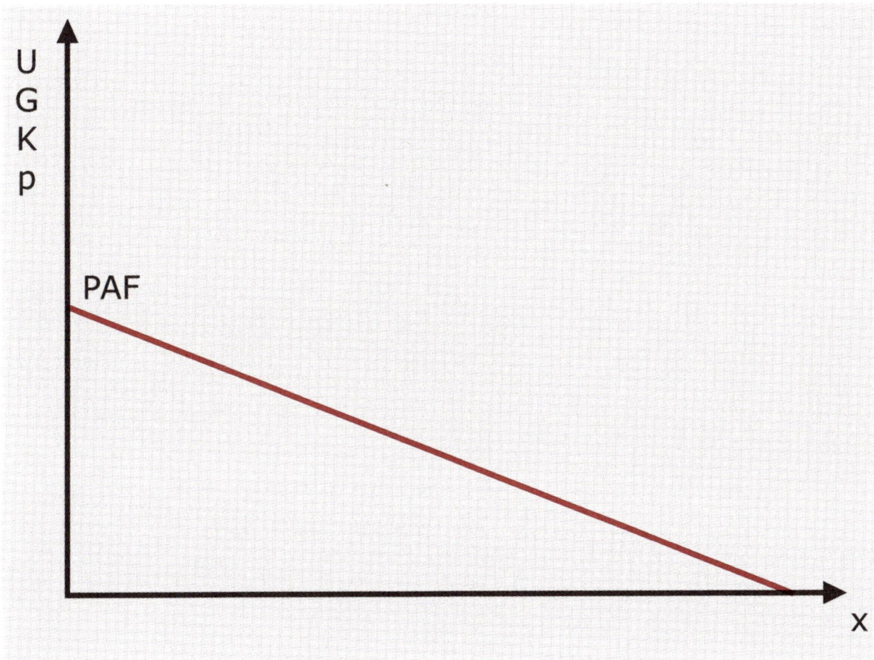

Abbildung 38: Vereinfachte Preisabsatzfunktion

Schritt 2

Der Umsatz des Herstellers ist gefragt. Bitte tragen Sie in die Funktion nun die Umsatzkurve ein. Lassen Sie sich dabei nicht durch irgendwo mal gesehene Verläufe verwirren. Überlegen Sie, wie der Umsatz sich berechnet.

Lösung: Die Umsatzkurve bei der vorgegebenen PAF sieht so aus:

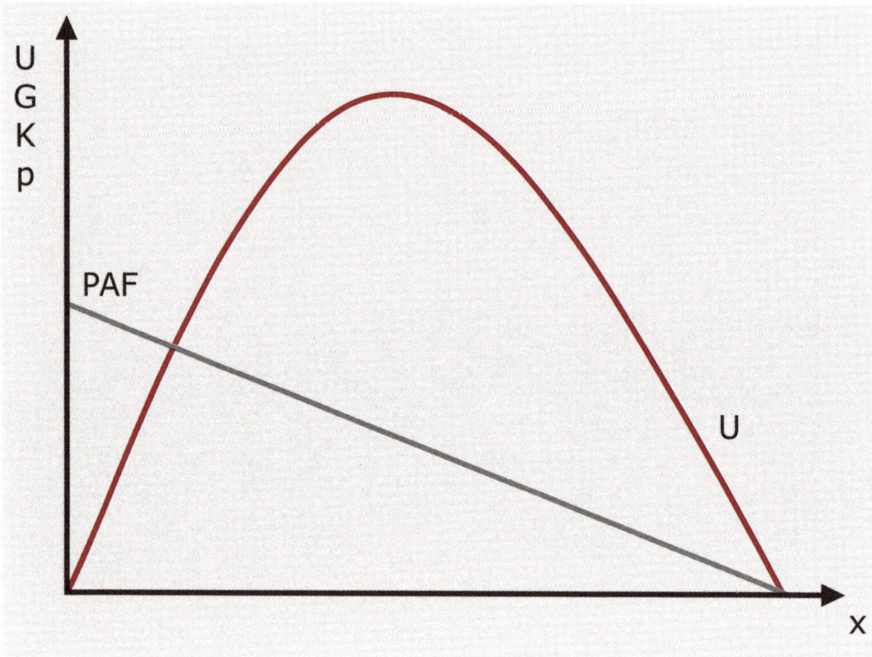

Abbildung 39: Preisabsatzfunktion mit Umsatzkurve

Lösungshinweis: Der Umsatz berechnet sich aus der Multiplikation von Preis und Menge. Beides gibt jeweils die PAF an, das heißt, von links beginnend ist der Preis hoch, aber die Menge gleich null, das heißt, die Multiplikation ist auch gleich null. Dann werden ganz kleine Mengen mit hohen Preisen multipliziert, und so steigt der Umsatz bis zu seinem Maximum an, bis er dann wieder abfällt und beim Preis gleich null und hohen Mengen wieder bei null endet.

Bitte merken Sie sich: U (Umsatz) = x (Menge) × p (Preis)

Schritt 3

Dieser Schritt widmet sich den Kosten: Bitte tragen Sie eine Kostenkurve ein. Es geht wie bisher eher um den generellen Verlauf, die genauen Zahlen sind unbekannt.

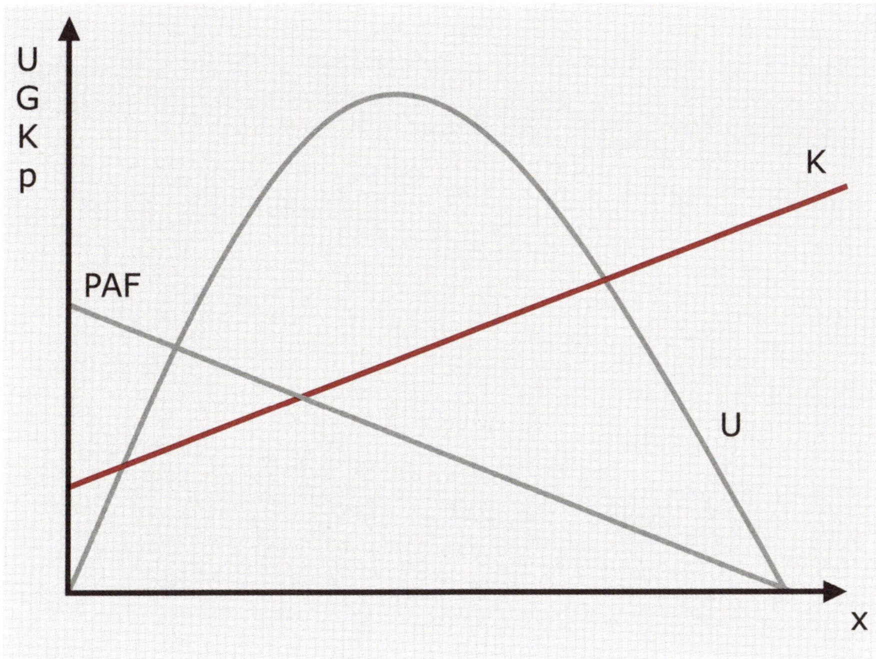

Abbildung 40: Preisabsatzfunktion mit Kostenkurve

Lösungshinweis: Die Kostenkurve ergibt sich aus zwei einzelnen Kurven. Die eine ist die Kurve der Fixkosten, welche unabhängig von der produzierten Menge bestehen, wie Miete, Zinsen und kurzfristig auch Gehälter. Diese Kurve ist unabhängig von der Menge und deshalb bei unterschiedlichen Mengen gleich, das heißt parallel zur waagerechten Achse. Die zweite Kurve ist die der variablen Kosten, die abhängig sind von der produzierten Menge, zum Beispiel die Rohstoffe: Wenn ein Marmeladenglas 300 Gramm Erdbeeren benötigt, so sind dies bei zwei Gläsern 600 Gramm und so weiter. Diese Kurve steigt von links unten nach rechts oben an. Die Summe beider Kurve ist eine nach oben versetzte Kurve, die ebenfalls von links unten nach rechts oben ansteigt.

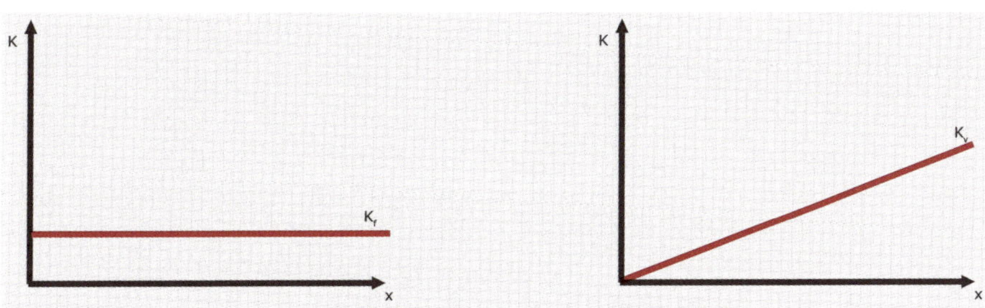

Abbildung 41: Fixkosten (links) und variable Kosten (rechts)

Bitte merken Sie sich: K (Kosten gesamt) = K_f (Kosten fix) + K_v (Kosten variabel)

Schritt 4

Jetzt geht es um den Gewinn. Bitte tragen Sie die Gewinnkurve in die Funktion ein.

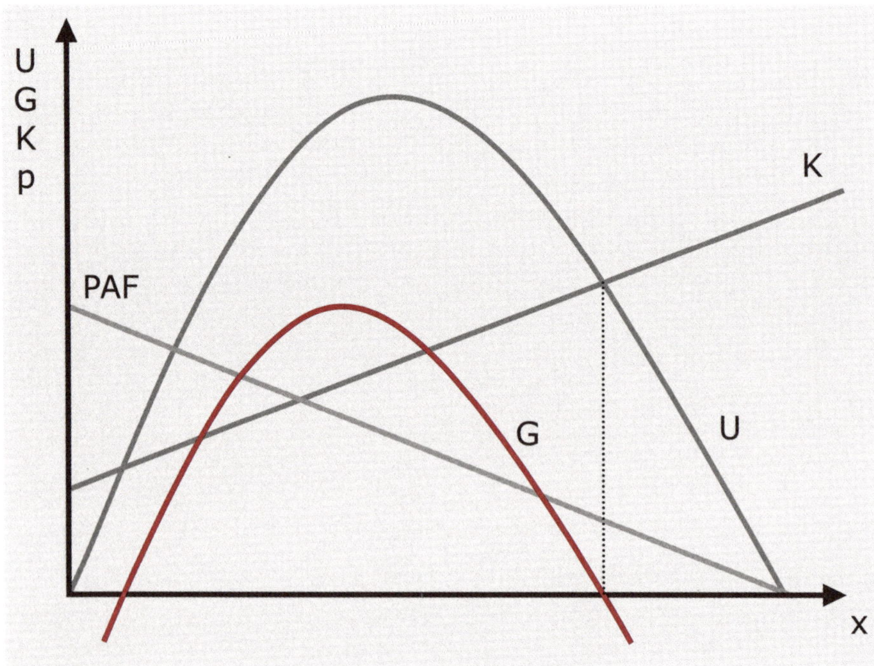

Abbildung 42: Preisabsatzfunktion mit Gewinnkurve

Lösungshinweis: Der Gewinn ergibt sich aus den Größen Umsatz und Kosten. Gewinn = Umsatz – Kosten, das heißt, er ist positiv, wenn der Umsatz größer ist als die Kosten und negativ (also Verlust), wenn die Kosten größer sind als der Umsatz. Beides sehen wir in Abbildung 43.

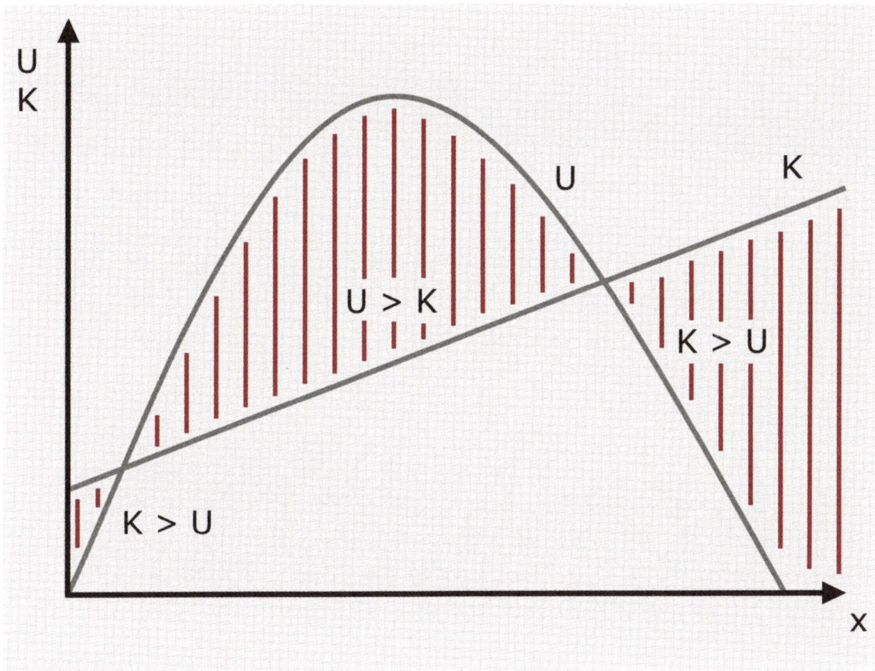

Abbildung 43: Gewinn und Verlust

Bitte merken Sie sich: G (Gewinn) = U (Umsatz) – K (Kosten)

Schritt 5

Tragen Sie jetzt den Preis ein, der den maximalen Gewinn verspricht. Wenn Sie mögen, können Sie auch zusätzlich den Preis eintragen, der den maximalen Umsatz verspricht.

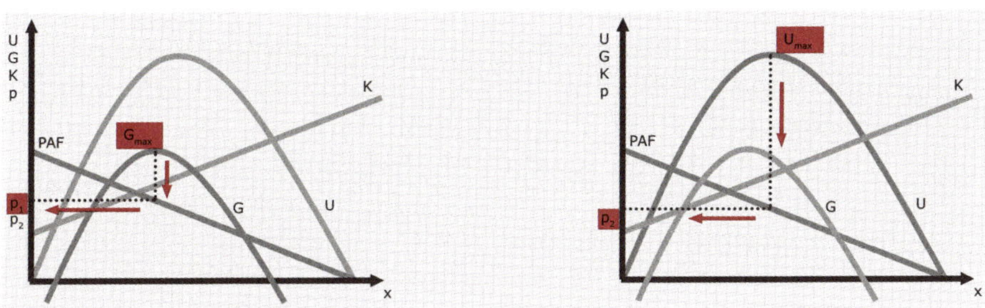

Abbildung 44: Preisableitungen

Lösungshinweis: Preise und Mengen finden sich auf der PAF, das heißt, Sie müssen von dem maximalen Gewinn (die Spitze der Gewinnkurve) im Lot (senkrecht) nach unten auf die PAF gehen und finden dort waagerecht nach links den Preis, der den maximalen Gewinn verspricht (p_1). Analog ergibt sich für den Preis, der dem maximalen Umsatz entspricht, von der Umsatzkurve kommend hier der niedrigere p_2.

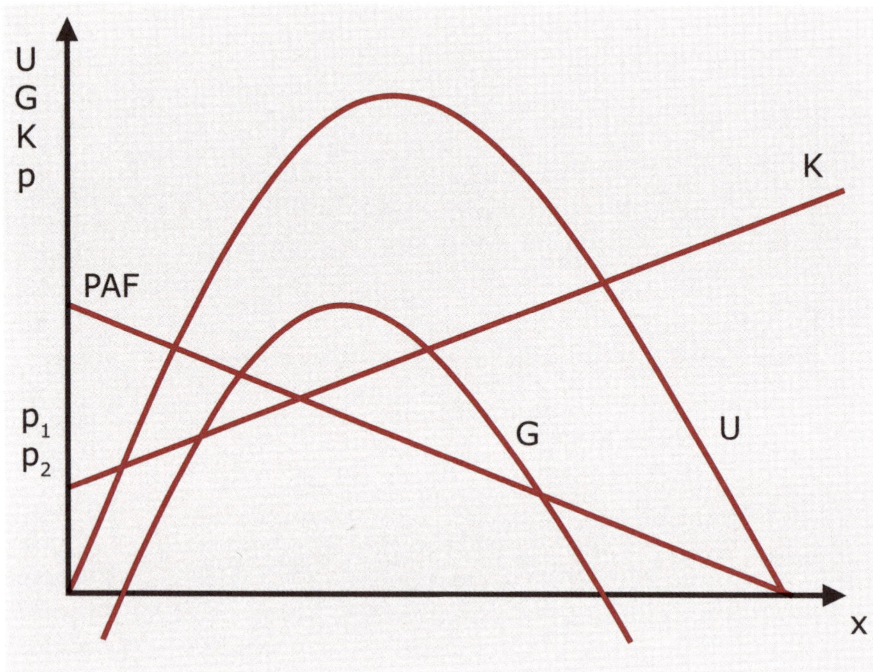

Abbildung 45: Übersicht Zusammenhang Preis und Gewinn

Jeder vom Hersteller festgesetzte Preis ergibt also eine dazugehörige Absatzmenge, und diese beiden zusammen ergeben den Umsatz des Herstellers. Die Absatzmenge ergibt zudem die Kosten. Zieht man vom Umsatz die Kosten ab, so erhält man den Gewinn für diesen Preis. Somit bestimmt der festgesetzte Preis den Gewinn.

Rahmenbedingung ist eine gegebene Kostenstruktur, die sich aber vom Hersteller beeinflussen lässt. Auch die PAF ist beeinflussbar, zum Beispiel über die Kommunikation und die anderen drei P.

Wenn Sie die obigen Ausführungen wirklich ohne Hilfe selbst gelöst haben, dann schlummert in Ihnen ein zweites Talent als Kundenberater. Aber keine Angst, Sie müssen es ja nicht unbedingt nutzen …

Der soeben behandelte Aspekt der Gegenleistung gehört zu den 4 P. Das »Gegenleistungs-P« kommt vom amerikanischen Wort »price«.

7 Bisherige Kommunikation

Da es Ihnen um die Entwicklung neuer Kommunikation für das Produkt geht, ergibt sich die Notwendigkeit, auf die bisherige Kommunikation – inklusive der Werbung – einzugehen. Denn wie jeder gute neue Koch erst einmal die alte Karte durchkostet, um dann zu sehen, was man unverändert lassen kann und was man verändern muss, muss auch in der Werbung auf dem Vorhandenen aufgebaut werden.

Es ist ja nicht notwendigerweise alles schlecht, was die Vorgänger gemacht haben, und außerdem sind die Konsumenten (also die Umworbenen) durch das Bisherige gewissermaßen geprägt worden. Man kann selbstverständlich mit allen Traditionen brechen, sollte aber an dieser Stelle genau wissen, was man tut. Ein zu drastischer Einschnitt kann für den Umworbenen unverständlich sein und so zu einem Misserfolg führen.

Hier einige authentische Beispiele:

- Die Umbenennung der Marke Fairy von Procter & Gamble in Dawn ohne kommunikative Unterstützung in Deutschland führte zu über 50 Prozent Marktanteilsverlust in zwei Jahren und schließlich zu einer Wiederbelebung der Marke Fairy.[115]
- Ähnlich katastrophal gestaltete sich 1991 der Wechsel vom harten Camel-Mann (»Ich laufe meilenweit für eine Camel Filter«) zu den soften Plüschkamelen.[116]

Auf der anderen Seite gibt es aber auch Erfolgsgeschichten:

- Die Umpositionierung von Marlboro 1954 von der Frauen- zur Männerzigarette mit der seither bekannten Cowboy-Optik,[117]
- die Axe-Werbung mit dem »Axe-Effekt«,
- die neue Positionierung der Biermarke Astra seit 1998,
- die neue Positionierung von Jägermeister.

In diesem Kapitel soll deshalb die Untersuchung sämtlicher Kommunikationsmittel des Unternehmens vorgenommen werden, insbesondere derjenigen, die in Bezug zum umworbenen Produkt stehen.

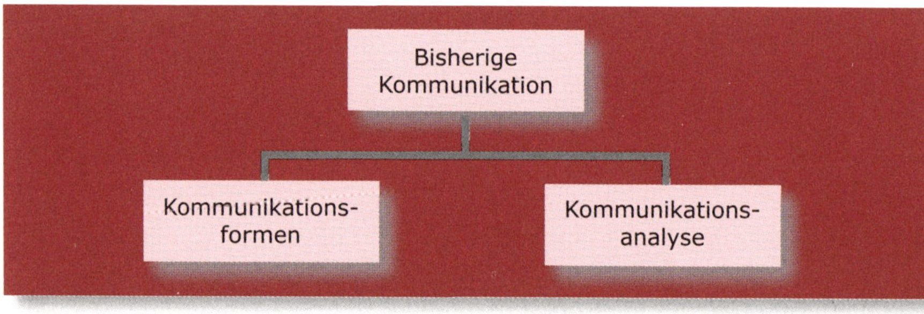

Abbildung 46: Untersuchung der bisherigen Kommunikation

7.1 Kommunikationsformen

Den Herstellern stehen verschiedenste Instrumente zur Kommunikation mit der Zielgruppe zur Verfügung.

Medium/Werbeträger	**Werbeformen (Beispiele)**
TV-Werbung	TV-Spots und Sonderwerbeformen:[118] Best Minute, Best Second, Billboard (Closer, Opener, Preminder, Reminder), Crawl, Cross-Promotion, Dauerwerbesendung, Direct-Response-Werbung, Exklusiv-Werbeblock, Gameshows, Gewinnspiele, Infomercials, Logomorphing, News Rotation, News Watch, Promotiontrailer, Sonderplatzierungen, Splitscreens, Programm-Sponsorings, Spotpremiere, Telepromotion, Titelpatronat, Themenabend, Werbung im Teletext
Printwerbung	• Anzeigen in Tageszeitungen, Publikums- und Fachzeitschriften • Sonderwerbeformen: Banderole, Beihefter, Beikleber, Beilagen, Durchhefter, Lenticularkarten, Lesezeichen, Mega-Inserts, Post-its, Warenproben
Funkwerbung	Funkspots, Patronat, Sponsorings, Programming
Außenwerbung	• stationäre Außenwerbung: zum Beispiel 18/1, CLP, Superposter (teilweise zu Print gezählt) • mobile Außenwerbung: Straßen-, U-, S-Bahn- und Bus-Werbung
Filmtheater (Kino)	Werbefilm, Kinospot, Diawerbung

Medium/Werbeträger	Werbeformen (Beispiele)
Verkaufsförderung Vkf (Sales-Promotion)	• handelsgerichtet: Sonderkonditionen wie Rabatte, Boni, Werbezuschüsse, Schulungen oder Einsatz von Hostessen • verbrauchergerichtet: Preisaktionen in Verbindung mit Probenverteilung, Gutscheinen, Gewinnspielen, Displays im Laden
PR (Public Relations)	• Pressearbeit: Interviews, Pressegespräche, Pressemappen, Pressekonferenzen, Presseveröffentlichungen, redaktionelle Anzeigen, Pressearchive im Internet • PR-Veranstaltungen: Preisverleihungen, Tagungen (Übergang zu Events) • Druckschriften: Geschäftsberichte, PR-Broschüren, Festschriften • Gesprächsmedienarbeit: Podiumsdiskussionen, Vorträge, Präsentationen • interne PR: Kommunikation an eigene Mitarbeiter und Angehörige (zum Beispiel Mitarbeiterzeitung, Kindergarten, goldene Uhr
Messen/Ausstellungen	Messen, Ausstellungen, Märkte, Veranstaltungen (Übergang zu Events) und Leistungsschauen
Branded Entertainment (früher: Product Placement)	Produkte oder die Marke des Herstellers (zum Beispiel auch eigene Musik) integriert in TV-Serien, Filme, Spiele, Erlebnisparks, Musikaufnahmen und -veranstaltungen
Sponsoring	Kultur-, Sport-, Sozial- und Umweltsponsorings
Events	eigene Sportveranstaltungen, Partys, Kongresse, Galas, Road Shows, Konzerte, Tage der offenen Tür und Brand-Parks (zum Beispiel Legoland, Autostadt)
Internet, Online-Marketing	Websites, Banner, Pop-ups, Skyscraper, Interstitials, Affiliate Marketing, Suchmaschinenmarketing, Viral Spots, Performance-Marketing
Persönlicher Verkauf	Verkauf auf Messen, Besuchsverkauf (B2B), Automatenverkauf
Merchandising	• Vermarktung einer Figur auf Textilien, Spielzeug, Büchern, Videos, Geschenkartikeln, Aufklebern • Vermarktung einer Figur in der klassischen Werbung
Ambient Media	Werbung auf Zapfpistolen, Floorgraphics zum Beispiel am POS oder Gastronomie, Gratispostkarten, Pizzakarton-Werbung, Samplings (Produktproben)

Guerilla-Marketing	Aktionen und virale Maßnahmen, die sich tendenziell durch geringen finanziellen Aufwand und große Breitenwirkung (inklusive Presse) auszeichnen
Corporate Design und Communication	Geschäftsausstattung (Visitenkarten, Briefpapier, Logo et cetera), Unternehmensgebäude (Art, Alter, Schilder, Inneneinrichtung, Lage), Telefonkommunikation (Hotline, Telefonzentrale, Soundlogo, Wartemusik), Corporate Clothing (inklusive der sonstigen Ausstattung mit Computern, Handys et cetera), Firmenwagen (Marke, Farbe, Aufkleber, Nummernschilder), Tragetaschen, Werbegeschenke
Dialog-/Direktmarketing	adressierte Werbesendungen, Telefonmarketing, E-Mails, Handzettel, Hauswurfsendungen, Kataloge per Post

Sehr uneinheitlich sind die Begriffsabgrenzungen zwischen Above-the-line- (ATL) und Below-the-line-Kommunikation (BTL).

Die Bezeichnung kommt von den verschiedenen Abrechnungsformen der Werbeagenturen und der Hersteller. Die Agenturen werden/wurden bei einigen Aufgaben nicht direkt von den Herstellern (ihren Kunden/Auftraggebern) bezahlt, sondern bekamen eine Provision von den Medien, die sogenannte AE-Vergütung[119], damals in Höhe von 15 Prozent des Auftragsvolumens. Dies bedeutet, dass Werbeformen, die gedanklich über der Linie standen (ATL), nicht mit dem Kunden abgerechnet wurden, sondern lediglich die unter der Linie (BTL). Letztere sind alle Werbeformen, die nicht über die Medien abzurechnen sind, zum Beispiel Verkaufsförderung, Events, Geschäftsberichte und Websites.

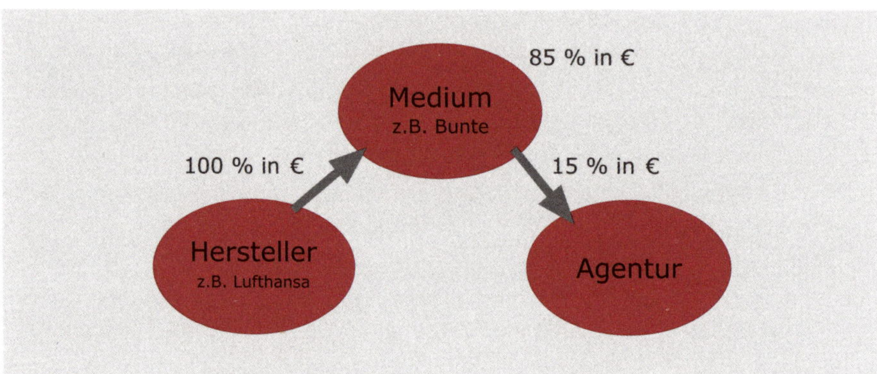

Abbildung 47: ATL-Abrechnung

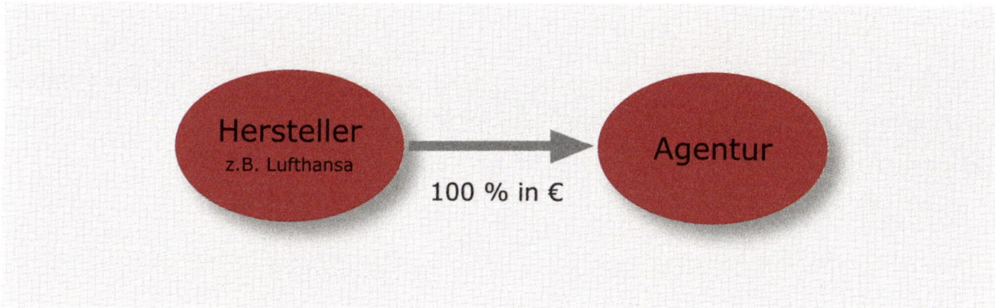

Abbildung 48: BTL-Abrechnung

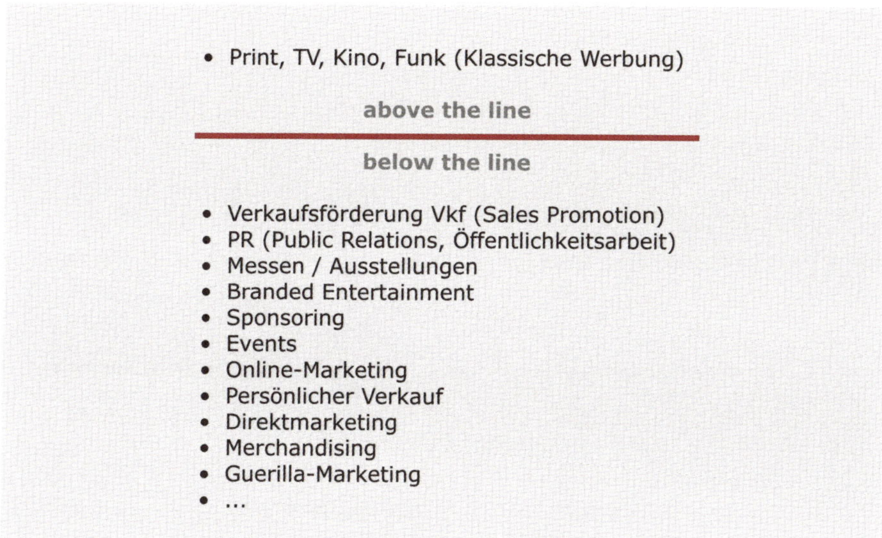

Abbildung 49: Above-the-line- und Below-the-line-Unterteilung

Frage 28: Welche Kommunikationsmittel wurden bisher genutzt (insbesondere in den letzten Jahren)?

Gehen wir davon aus, dass die Marke sich neu am Markt etabliert, so bestehen keine bisherigen Kommunikations- beziehungsweise Werbeaktivitäten. Die Muttergesellschaft, der »Mixed-Baumarkt«, hat sicherlich schon geworben, jedoch soll diese Verbindung bekanntlich nicht kommuniziert werden. Ein Vorgehen zur Analyse der bisherigen Kommunikation sähe folgendermaßen aus:

- Auflisten der bisherigen Kampagnen inklusive aller Motive/Sujets sowie sämtlicher weiterer Formen der Kommunikation, so auch Firmenwagen, Gebäude, Website, Packungen et cetera
- Identifikation des »Bilds« bei der Zielgruppe – dass kommuniziert wurde, sagt schließlich noch nichts darüber aus, was angekommen beziehungsweise »hängengeblieben« ist

7.2 Analyse der Kommunikationsformen

Es gibt eine Reihe von Kriterien, die zur Analyse der in der Vergangenheit benutzten Kommunikationsformen verwendet werden können. Sie hängen sehr stark von den gewählten Medien und Formen ab.

Folgende Untersuchungskriterien sind allgemein sinnvoll:

- Farbwelt/Bildästhetik,
- Bild-Text-Verhältnis/Rasteraufbau,
- Markenbeitrag (frei nach einem der Lieblingssätze der Hersteller: »Was zahlt die Kommunikation in die Marke ein?«),
- Copy-Strategie (kommunizierter Consumer-Benefit, kommunizierter Reason why, Tonality),
- Umgang mit Logo und Corporate Design,
- Stringenz in der Gestaltung/Kommunikation,
- Media: Schaltverhalten, Häufigkeit und Menge,
- Kampagnenmechanik,
- Integriertheit, das heißt Zusammenspiel der verschiedenen benutzten Medien.

Beim Punkt Media wird deutlich, dass auch die Mediapläne der einzelnen Kampagnen zu untersuchen sind.

Frage 29: Wie interpretieren/kategorisieren Sie die bisher genutzten Kommunikationsmittel?
Die Beantwortung ergibt hier leider keinen Sinn.

Hintergrund: Der soeben behandelte Aspekt der bisherigen Kommunikation gehört zu den sogenannten 4 P. Das »Kommunikations-P« kommt vom amerikanischen Wort »promotion«.

8 Konkurrenzanalyse

Prinzipiell interessieren uns der Hersteller und die Konsumenten, nicht die Konkurrenz des Herstellers. Da aber die Konkurrenten mit ihren Leistungen ebenso versuchen, die Konsumenten zum Kauf zu verleiten, muss der Hersteller seine Leistung an ihnen messen. Er muss sogenannte Wettbewerbsvorteile haben, also bei einem Leistungselement, das den Konsumenten wichtig ist (zum Beispiel Design, Image, Waschkraft, Geruch) mehr bieten. Man spricht von einem relevanten Leistungsvorsprung. Nun lassen sich zwei Fälle unterscheiden:

- Fall A: Der Hersteller hat einen (oder mehrere) klare(n) Wettbewerbsvorteil(e) gegenüber der Konkurrenz.
- Fall B: Der Hersteller hat keinen Wettbewerbsvorteil gegenüber der Konkurrenz.

Aufgabe der Agentur im Fall A ist es, den Wettbewerbsvorteil zu kommunizieren, das heißt zu den Konsumenten zu transportieren, denn es reicht nicht, besser zu sein, wenn dies keiner weiß.

Im Fall B muss die Agentur einen Wettbewerbsvorteil kreieren. Der Hersteller ist nicht in der Lage, eine Leistung anzubieten, die in den Augen der Konsumenten besser ist, also soll die Agentur das nun schaffen – »Wir sind nicht besser, machen Sie uns besser!«

Tatsächlich kann Kommunikation eigentlich austauschbare Produkte in den Augen der Konsumenten besser machen. Früher nannte man so etwas Alchemie – eine schöne, aber keine leichte Aufgabe. Diesem Thema widmet sich ausführlich Kapitel 15 unter dem Stichwort Consumer-Benefits. An dieser Stelle seien lediglich die Zigarettenmarken Marlboro und Nil genannt, die sich über einen von der Kommunikation geschaffenen Wettbewerbsvorteil von der Konkurrenz abheben.

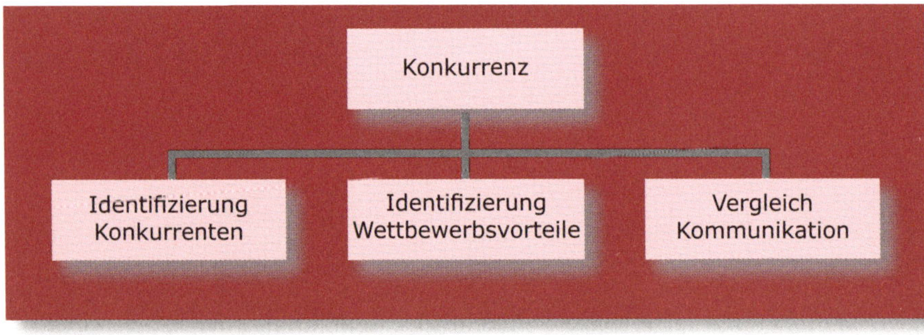

Abbildung 50: Konkurrenzanalyse

8.1 Identifizierung der Konkurrenz

Wer ist Konkurrent? Es geht – wie schon gesagt – nicht um die, die ähnliche Produkte herstellen, sondern um die, die ähnliche Bedürfnisse befriedigen. Demzufolge befassen wir uns mit dem Bedrohungspotenzial durch andere Unternehmen, zum Beispiel mit der Konkurrenz von Faxgeräten (und damit der Faxgerätehersteller) durch die zunehmende Nutzung von E-Mails. Wir haben schon bei der Betrachtung der Bedürfnisse gesehen, dass nicht nur gleichartige Produkte als Konkurrenten in Frage kommen. Noch einmal dezidiert:[120]

Konkurrenz	**Beispiel**
Unternehmen mit **gleichen oder ähnlichen Produkten,** sofern sie ähnliche Bedürfnisse befriedigen	Butter und Margarine, nicht aber Opel und Lamborghini
Unternehmen mit **Ersatzprodukten** (sogenannten Substitutionsprodukten), also mit Produkten und Dienstleistungen, die alternative Leistungen in Bezug auf die Bedürfnisbefriedigung bieten	die Zeitschrift *Bunte* und das TV-Format *RTL Exklusiv*
Unternehmen, die die gleiche Zielgruppe umwerben und miteinander in **Budgetkonkurrenz** stehen	Reisebüro und Möbel- oder Unterhaltungselektronikhersteller, da das Buchen eines Sommerurlaubs mit dem Kauf eines Esstisches oder eines neuen Fernsehers konkurriert

Dabei werden alle Konkurrenzprodukte aufgezählt. Übersteigt die Anzahl eine problemlos bearbeitbare Dimension, so gruppieren Sie die Produkte, selbstverständlich gemäß der von den Produkten geleisteten Bedürfnisbefriedigung: Gleiches zu Gleichem.

Die *Wettbewerbsintensität* bezeichnet das Verhältnis der Konkurrenten untereinander. Man kann sich nett und fair verhalten wie die Mineralölkonzerne, oder man bekämpft einander, wie die Fluglinien es zurzeit tun.

Frage 30: Wer sind die Konkurrenten des Herstellers (im Sinne von: Welche Produkte befriedigen die gleichen Bedürfnisse? Nicht: Wer stellt ähnliche Produkte her?)
Hier gilt es, die Märkte differenziert zu betrachten. Auf dem **Natascha-Markt** konkurrieren die anderen Baumärkte, der spezifische Fachhandel, teilweise Möbelhäuser und Werkzeugverleih, auf dem **Beate-Markt** sind es die Möbelhäuser (große und kleine), Dekorations-, Handarbeits- und Bastelläden und der Künstlerbedarf. Interessant ist zudem die jeweilige Konstellation auf den Märkten. Insbesondere die Baumärkte liefern sich seit Jahren einen Preiskampf und Verdrängungswettbewerb.[121] Vielleicht macht es in diesem Kontext Sinn, sich eher auf den Beate-Markt zu spezialisieren.

8.2 Identifizierung der Wettbewerbsvorteile

Die Identifizierung der Wettbewerbsvorteile kommt einer Analyse der Konkurrenzprodukte gleich. Es lassen sich folgende Schritte der Analyse ableiten:[112]

1. Festlegung eines Kriterienkatalogs für den Vergleich.
2. Beschaffung der nötigen Informationen.
3. Darstellung der Ergebnisse.

Festlegung eines Kriterienkatalogs für den Wettbewerbsvergleich

Elementar ist die Aufstellung der Vergleichskriterien aus der Perspektive der Kunden. Somit sind wieder die Kaufentscheidungskriterien gefragt.

Es gibt kaum »gesetzte« Kriterien. Ein Beispiel: Die Marke ist bei einigen Produkten von Bedeutung (wie bei Zigaretten) und bei anderen kaum (wie bei Mehl). Deshalb ist dieser Katalog jeweils neu zu erstellen. Zudem ergeben sich auch mit der Zeit Veränderungen: Was uns heute an Kriterien beim Handykauf wichtig ist, kannten wir vor fünf Jahren nicht einmal. Zur Veranschaulichung des Unterschieds der Sichtweise (Hersteller oder Kunde) seien hier zwei Varianten vorgestellt. Ein beispielhafter Kriterienkatalog aus Herstellersicht:[123]

Bereiche	**Kriterien (Hersteller)**
Produktleistung	einzigartige Produktmerkmale, Verarbeitungsqualität, technologische Qualität, Preisniveau, Garantien, Modernität
Marketing	Sortimentsbreite (wie viele verschiedene Produktkategorien, zum Beispiel Shampoo und Deo und Rasierschaum von Nivea), Sortimentstiefe (wie viele verschiedene Shampoos von Nivea), bearbeitete Zielgruppen, Anzahl der Referenzkunden, Internationalisierung, Vertriebsstärke (zum Beispiel Anzahl der Vertriebsmitarbeiter), Service
Forschung und Entwicklung (F & E)	Mitarbeiterzahl, Anzahl der Neuentwicklungen pro Jahr, Forschungskompetenz, Patente
Leistungserstellung	Mitarbeiterzahl, Fertigungstiefe, Produktionskapazität, vertikaler Integrationsgrad, Produktivität, Abhängigkeit von Lieferanten
Organisationsstruktur	Anzahl der Geschäftsbereiche, Aufbauorganisation, Abteilungsgröße und -entwicklung der Mitarbeiterzahlen, Beteiligungen
Finanzen und Kostenstruktur	Umsatz nach Bereichen und/oder Produkten im Zeitablauf, Kostenstrukturen (fixe zu variablen Kosten), Anteil Personalkosten
Standorte	Anzahl und Qualität

Diese Aufstellung der Kriterien aus Herstellersicht ist natürlich kaum nützlich für unsere Betrachtung, also ignorieren Sie solche Ausführungen, beziehungsweise ziehen Sie hieraus die relevanten Informationen (aus der Sicht der Kunden) und ergänzen Sie sie gegebenenfalls. Häufig ist man geneigt, den leeren Katalog mit den technischen Eigenschaften zu füllen, da diese so schön vergleichbar und ablesbar sind. Bitte versuchen Sie, dieser Versuchung zu widerstehen! Wissen Sie, wie viele Zylinder Ihr Wagen hat? Ich weiß es nicht. Es interessiert mich auch nicht.

Bei vielen Geräten der Unterhaltungselektronik sieht der Katalog sehr einfach aus: Design, Farbe, Größe, Marke und Preis. Ende. Wer hat schon Zeit und Lust, seine Freizeit mit dem Einkauf von »so etwas« zu verschwenden?

Ein weiteres Beispiel: Ist die Unternehmensgröße für den Kunden wichtig? Wahrscheinlich nicht generell, sie kann es aber sein, wenn es um langfristiges Vertrauen geht. Beim Zigarettenkauf dürfte sie dagegen kein Kriterium sein.

Bitte bedenken Sie auch, dass einige Kriterien wichtiger als andere sind. Beim Autokauf ist dem Augenmenschen die Optik sicher wichtiger als einzelne technische Merkmale. Gleiches gilt häufig auch für das Image. Daher: Gewichten Sie die Kriterien.

Ein beispielhafter Kriterienkatalog aus Kundensicht:

Bereiche	**Kriterien (Kunde)**	**Bedeutung (Beispiel)**
Leistung (Produkt im engeren Sinne)	Bedürfnisbefriedigung in Bezug auf zum Beispiel einzigartige Produktmerkmale, »sichtbare« Verarbeitungsqualität, Garantien, Modernität, Design	+
Leistung (Marke)	Marke beziehungsweise Markenimage, Markenbekanntheit und Reputation/Image bei dem Kunden wichtigen Personen	++
Leistung (Sortiment/Angebot)	Sortimentsbreite (wie viele verschiedene Produktkategorien, zum Beispiel Shampoo und Deo und Rasierschaum von Nivea), Sortimentstiefe (wie viele verschiedene Shampoos von Nivea)	o
Leistung (Unternehmen)	Referenzen, Internationalisierung, Vertriebsstärke (zum Beispiel Anzahl der Vertriebsmitarbeiter), Service, Marktanteile (im Sinne von Verbreitung des Produktes)	–
Verkaufsstätten	Anzahl und Qualität der Verkaufsstätten	o
Kommunikation	gegebenenfalls Sympathie beziehungsweise Identifikation mit der Werbung	o
Preis	absolute Höhe und im Vergleich zu Alternativen (Konkurrenz)	+
Leistung (Kredit)	Kreditgewährung bei einem effektiven Jahreszins von 0,0 Prozent	+

Bewertung der Kriterienausprägungen aus Kundensicht

Nachdem Sie die Kriterien aufgelistet haben, müssen Sie nun deren Erfüllung durch die einzelnen Produkte bewerten, und zwar wieder aus Kundensicht. Folglich ist die Unternehmensgröße nach dem Eindruck der Konsumenten und nicht an den Tatsachen zu bewerten. So ist die Baumarktkette Hornbach in der Vorstellung der Konsumenten größer als in der Realität. Der Grund dürfte in der auffälligen, aggressiven Werbung liegen. Das Ergebnis sieht dann beispielsweise folgendermaßen aus:

	Kriterien	Bedeutung	A	B	C	D	E	F	H
1	Bedürfnisbefriedigung in Bezug auf das Produktmerkmal x	+	5	4	4	3	1	1	2
2	Bedürfnisbefriedigung in Bezug auf das Produktmerkmal y	++	6	5	5	5	3	5	5
3	»sichtbare« Verarbeitungsqualität	+	4	2	2	2	3	3	3
4	Garantien	-	1	1	1	1	1	2	1
5	Modernität	--	2	2	3	3	2	4	3
6	Design	++	5	5	5	5	3	2	1
...	...	...	...	...	...	...	...	...	...
17	Preis	+	2	2	4	4	1	1	1

In der Tabelle sind A bis F die Konkurrenzprodukte und H der Hersteller mit seinem Produkt. Sollte der Hersteller zwei Produkte auf einem Markt haben, so treten sie beide hier auf, da sie sich aus der Sicht der Konsumenten Konkurrenz machen.

Darstellung der Ergebnisse

Nun ist die Tabelle oben mit Zahlen gefüllt, und Zahlen sind alles andere als die Lieblinge des Gestalters. Die Tabelle lässt sich grafisch übersetzen:

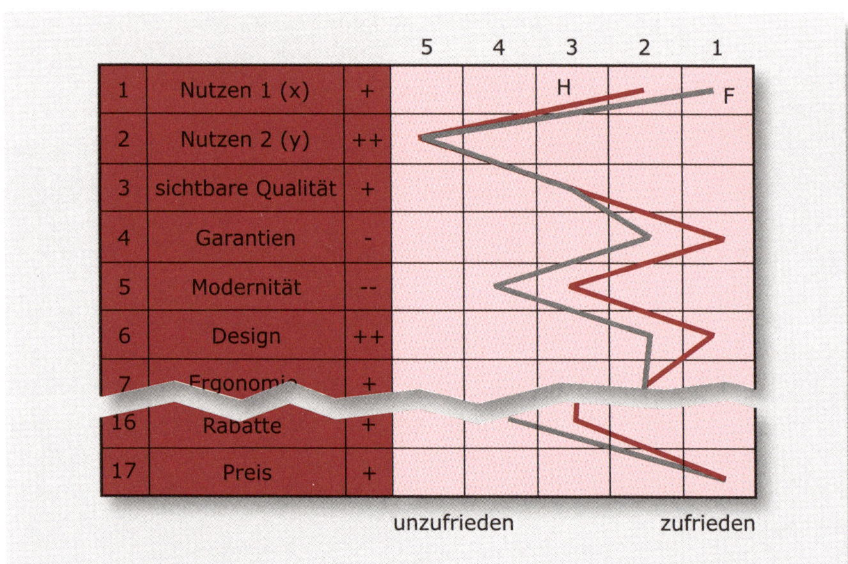

Abbildung 51: Stärken-Schwächen-Profil

Das entstehende Werk nennt man dann Stärken-Schwächen-Profil, da es die Stärken und die Schwächen des Herstellerproduktes im Vergleich zu den Konkurrenten aufzeigt. Alles, was in dieser Darstellung weiter rechts liegt, ist besser, das heißt eine Stärke. Schön zu sehen ist hier auch, dass eine gute Note allein noch keine Stärke ausmacht: die anderen müssen zudem noch schlechter sein, wie der erste und der sechste Punkt in der Grafik verdeutlichen.

Die Schwierigkeit dieser Untersuchung liegt in mehreren Dimensionen:

Schwierigkeit	Erläuterung/Beispiel
Kriterienfindungsproblem	Nach welchen Kriterien bewertet der Konsument die Bedürfnisbefriedigung? Wonach entscheidet er?
Bewertungsproblem	Was ist dem Konsumenten denn lieber? Manchmal weiß man es selbst nicht (siehe Entscheidungsdauer bei umfangreichen Speisekarten im Restaurant)
Gewichtungsproblem	Wie wichtig sind dem Konsumenten die einzelnen Kriterien zueinander? Beispiel: Für wie viel Euro mehr Gehalt verzichten Sie auf die Nettigkeit der Kollegen?
K. O.-Kriterien	Was muss unbedingt erfüllt sein? Selbst der iPod muss trotzdem noch MP3-Dateien abspielen
Schwellenwerte	Wo liegen Schmerzgrenzen, Toleranzschwellen?

Trotz der Schwierigkeiten sollte man versuchen, die Konkurrenzprodukte genauestens einzuordnen, denn das sind unsere »Gegner«, und diese nicht zu kennen, ist nun mal in fast jedem Kampf leichtsinnig.

Frage 31: Hat der Hersteller Wettbewerbsvorteile? Wenn ja, welche?
Ja. Das »Speziell-für-die-Frau«, bedingt durch das speziell ausgewählte Sortiment, die Aufmachung des Marktes, die Services, das Markenimage – mitgeprägt durch das Corporate Design und die Kommunikation.

8.3 Vergleich der Kommunikationsaktivitäten

Wie schon in Kapitel 7.2 ausgeführt, gibt es eine Reihe von Untersuchungskriterien, die sich zur Analyse der Kommunikationsaktivitäten eignen. Die dort erstellte Liste ist hier ebenfalls auf die Konkurrenzprodukte anzuwenden. Die Beobachtung der Konkurrenz des Herstellers ist wichtig für die Einordnung der eigenen kommunikativen Aktivitäten, darf jedoch nicht dazu verleiten, diese Aktivitäten mehr an der Konkurrenz als am Kunden auszurichten.

Frage: 32: Wie beurteilen Sie die bisherige Kommunikation der Wettbewerber?
Wenn man die Wettbewerber herausgreift, die auch Baumärkte sind, kann man vier Gruppen identifizieren: • Die Preiskommunizierer (»20 Prozent auf alles«/Schweinebauch) • Die Stillen (machen so gut wie nichts) • Die Lauten (konsequent »anders« kommunizieren) • Die Mixer (mal laut – mal Preis) Die Exekution (Umsetzung) ist bei den Lauten meist gut bis sehr gut, die Preiskommunizierer zeichnen sich eher durch handwerkliches Können aus.

9 Werbeeinschränkungen

Die Werbeeinschränkungen beziehen sich zum einen auf den rechtlichen Rahmen der Kommunikation und zum anderen auf interne Einschränkungen des Herstellers.

9.1 Rechtliche Einschränkungen

Welche werberechtlichen und wettbewerbspolitischen Einschränkungen gibt es in Bezug auf die zu kommunizierenden Produkte beziehungsweise die anzusprechenden Zielgruppen (zum Beispiel Kinder)? Dieses Kapitel ist eines der unbeliebtesten bei Kreativen. Das Thema Recht ist per se kaum positiv belegt, und in diesem Falle schränkt es auch noch die Möglichkeiten und Freiräume ein. Nichtsdestotrotz muss man sich an die Vorschriften und Regelungen halten. Da diese aber von Warengruppe zu Warengruppe sehr unterschiedlich und auch häufigen Änderungen unterworfen sind, sei hier auf das aktuellere Medium Internet verwiesen. Sie können auch jemanden fragen, der sich damit auskennt, zum Beispiel hierauf spezialisierte Anwälte. Zum Glück ist dies üblicherweise dem Hersteller bekannt, so dass eigentlich bereits entsprechende Informationen vorliegen sollten.

9.2 Interne Einschränkungen

Neben den gesetzlichen Verboten, Vorschriften und Reglementierungen kommen meist noch weitere des Herstellers und teilweise auch der Branche hinzu. Die Auskunftsfreudigkeit beim Hersteller zu diesem Punkt ist normalerweise relativ hoch, so dass weitere Ausführungen an dieser Stelle nicht nötig scheinen.

Frage 33: Was sind die rechtlichen Einschränkungen für die Werbung/Kommunikation bei diesem Produkt?
Nichts Spezielles.

Frage 34: Gibt es zudem Einschränkungen vom Hersteller?
Naheliegende Einschränkungen sind sicherlich im Zusammenhang mit der Muttergesellschaft zu suchen. Denkbar wäre ein Verbot einer Kampagne »gegen die männerdominierten Baumärkte«, weil man Angst um das Image der Muttergesellschaft haben könnte. So würde man die klare Positionierung der Töchter verhindern. Hier gehen wir von einer entspannten Situation aus: keine Einschränkungen durch den Mutterkonzern.

10 Budget oder Etat

Dieses Kapitel behandelt die Höhe des Budgets. Selbstverständlich interessiert das Thema auch die Kreativen, obwohl es mit Zahlen zu tun hat. Denn auch in der Kommunikation stehen die Möglichkeiten in gewisser Relation zum finanziellen Hintergrund. Das Budget gibt die Rahmendaten vor, innerhalb derer sich Werbung bewegen kann. Daher muss diese Frage klar beantwortet werden: Wie viel Euro stehen zur Verfügung? Eine weitere interessante Frage lautet: Wann sollte der Kreative diese Information erhalten?

Häufig erwies es sich als sinnvoll, erst einmal loszulaufen und »wild« Ideen zu generieren, um dann zu schauen, ob und wie sich die besten davon mit dem gegebenen Budget realisieren lassen. Gute Ideen, die zu teuer sind, lassen sich häufig in abgespeckter Form umsetzen.

Wenn die Agenturchefs und deren Auftraggeber (die Hersteller) es nicht für nötig halten, die zeitlichen Freiräume für die Kreation zu schaffen, ist es zwar nett von dem Kreativen, auf die optimale Lösung zu verzichten und ein schnelles Ergebnis anzustreben, aber schade für die Zunft und auch um das verbrannte Geld des Herstellers.

Das Gesamtbudget oder der Gesamtetat setzt sich zusammen aus dem Media- und dem Produktionsbudget.

Gesamtbudget	
Mediabudget	Produktionsbudget
Der Anteil des Geldes, der für die Verbreitung aufgewandt wird, zum Beispiel für die Anzeige in der Zeitschrift, aber auch für die Website, auf der ein Banner geschaltet wird. Bei Werbemitteln wie dem Geschäftsbericht macht dieser Budgetteil wenig Sinn, da die Verbreitung meist über den Hersteller (Auftraggeber) selbst erfolgt.	Der Anteil des Geldes, der für die Herstellung der Werbemittel verwandt wird, normalerweise für die Produktion des Werbespots. In den Abrechnungsmodellen für klassische Werbung ist das Honorar der Agentur nicht im Produktionsbudget enthalten, sondern wird über die Provision der Medien vergütet.

Je nach Abrechnungsmodell zwischen der Agentur und dem Hersteller (dem Kunden der Agentur) befindet sich das Agenturhonorar in einem der zwei Töpfe. Wie gesagt: Die Höhe des Budgets gibt die Möglichkeiten vor. Auch wenn an diesem Punkt noch keine Mediaentscheidungen getroffen sein sollten, so bieten kleine Budgets zum Beispiel kaum Möglichkeiten für Werbung im TV.

Folgende Tabelle soll eine Vorstellung von Budgethöhen vermitteln:[124]

Produkt	**Millionen Euro im 1. Halbjahr 2007**	**Veränderung zum Vorjahr**
Media Markt	129,2	4,5 %
Aldi	124,4	-8,9 %
Lidl	107,8	-41,5 %
Saturn	78,7	-2,9 %
C&A	63,3	-16,2 %
McDonald's	56,9	16,8 %
Schlecker	53,0	0,0 %
Edeka	43,2	214,9 %
Toyota Auris	41,9	k. A.
Aktiv Markt, E-Center, Neukauf	41,2	360,4 %

Frage 35: Wie hoch ist das Budget?
8,7 Millionen Euro

Hintergrund Media: Um einen generellen Überblick über die Verteilung der Budgets in Deutschland zu bekommen, dient die folgende Tabelle:[115]

Nettowerbeeinnahmen 2006	**Millionen Euro**	**Anteil**
Tageszeitungen	4.533	22,3 %
Fernsehen	4.114	20,2 %
Werbung per Post	3.319	16,3 %
Anzeigenblätter	1.943	9,6 %
Publikumszeitschriften	1.856	9,1 %
Verzeichnismedien	1.199	5,9 %
Fachzeitschriften	956	4,7 %
Außenwerbung	787	3,9 %
Hörfunk	680	3,3 %
Online-Angebote	495	2,4 %
Wochen-/Sonntagszeitungen	260	1,3 %
Filmtheater	117	0,6 %
Zeitungssupplements	90	0,4 %
Summe	**20.350**	**100,0%**

Die obige Tabelle beinhaltet die Nettowerbeeinnahmen erfassbarer Werbeträger in Deutschland in 2006.

11 Briefingaufgabe

Die Briefingaufgabe soll beschreiben, was die Agentur/der Kreative für den Hersteller leisten soll: Was konkret ist zu tun? Sie kann manchmal auch so aussehen: »Entwickelt mal was!« Oder: »Wir brauchen da mal ein paar Ideen zu unserem Produkt X!«

Solche »Zwischen-Tür-und-Angel-Briefings« machen die Antwort auf die oben gestellte Frage nicht einfach. Im Grunde sind diese Briefings fantastisch: Sie lassen alles zu, der Kreativität sind keine Grenzen gesetzt. Doch das, was der Kunde im Kopf hatte, aber nicht sagte, holt die Kreativität dann schnell wieder auf den Boden zurück: »Nein, doch keine Viral-Aktion, ich wollte doch ...« Meist ist einfaches Nachfragen die beste Prävention.

Bisweilen äußert sich der Hersteller zu dem, was er eigentlich will: »Wir wollen eine Kampagne, eine POS-Aktion, etwas Guerilla et cetera.« Dennoch ist ein Überdenken dieser Wünsche sinnvoll, vielleicht gibt es Alternativen, die die Ziele (siehe Kapitel 12) hinter der geäußerten Aufgabenstellung besser erfüllen. Der Hersteller denkt nicht immer an alles, und schließlich kauft er ja Ihr Know-how als Dienstleister und Berater.

Begreifen Sie das Briefing niemals als Schutz.

Denn (a) ist es das nicht, und (b) geht es hier um die Sache, also die Ergebnisse, und nicht um Herausreden oder nachträgliche Schuldzuweisungen. Wenn bei zwei potenziell Verdächtigen einer der Richter ist, wer ist dann wohl der Schuldige? Hier kann die Agentur/der Gestalter nur verlieren, also versuchen Sie es gar nicht erst auf diesem Weg.

Frage 36: Wie lautet konkret die Aufgabe des Briefings – was ist zu tun?
Entwicklung eines Corporate Design und einer Werbekampagne.

12 Ziel der Werbung (Kommunikationsziel)

Kommunikation und Werbung dienen nicht einem Selbstzweck, sondern einem dahinterliegenden Ziel: der gewünschten Reaktion des Konsumenten.

Ziele sind allgemein Wunschzustände. Ziele von Unternehmen sind angestrebte zukünftige Zustände, die sie als Erfolgskriterien ihres Handels definieren.[126]

Diese Ziele sollten Sie kennen, um erfolgreicher kommunizieren zu können. Fragen Sie: »Warum?« Und gegebenenfalls immer weiter: »Warum?«

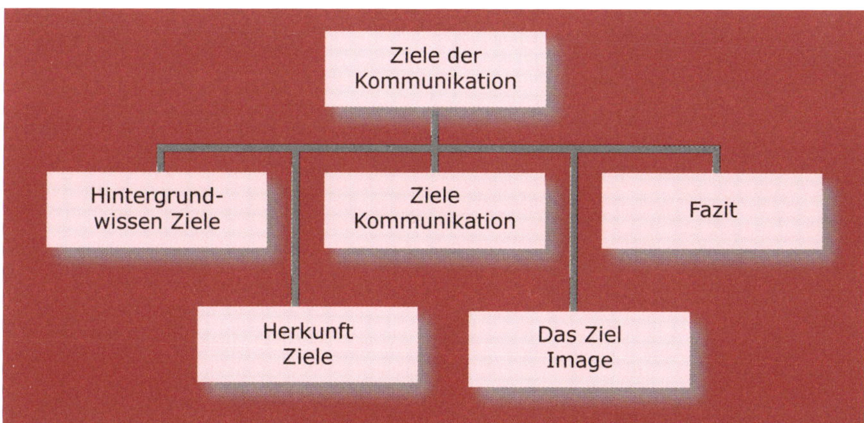

Abbildung 52: Ziele der Kommunikation

12.1 Hintergrundwissen Ziele

Schnell denkt man bei Unternehmenszielen an den Gewinn, vielleicht sogar an die Gewinnmaximierung. In der Praxis hat diese aber häufig nur eine relative Bedeutung. Oft ist das Ziel eher ein Mindest- beziehungsweise ein angemessener Gewinn, denn: »Teile und du gewinnst mehr.« Apropos: Gewinn ist übrigens nichts Schlechtes, sondern etwas Gutes! Keiner möchte in einem Unternehmen arbeiten, das keinen Gewinn macht, denn dieses existiert einfach bald nicht mehr.

Man unterscheidet sieben verschiedene Kategorien von Zielen:[127]

1. Marktstellungsziele	
Marktanteil	Anteil des Herstellers am Gesamtmarkt, gemessen in Euro oder Stück
Umsatz	Einnahmen des Unternehmens, die sich zusammensetzen aus der Multiplikation der Menge mit dem jeweiligen Preis
Marktgeltung	Ansehen, das ein Unternehmen in einem Markt (das heißt beim Wettbewerb, bei den Kunden und den Lieferanten) genießt
Erschließung neuer Märkte	Erfolge (zum Beispiel gemessen in verkauften Stück) auf neuen Märkten, zum Beispiel in neuen Regionen oder in neuen Produktkategorien (andere Bedürfnisse als Voraussetzung hierfür)
2. Rentabilitätsziele	
Gewinn	Profit des Unternehmens, definiert als Umsatz minus Kosten
Umsatzrentabilität	erzielter Gewinn im Verhältnis zum erzielten Umsatz in Prozent, definiert als Gewinn geteilt durch Umsatz
Eigenkapitalrentabilität	erzielter Gewinn im Verhältnis zum eingesetzten Eigenkapital in Prozent, definiert als Gewinn geteilt durch Eigenkapital
ROI = Return on Investment	erzielter Gewinn im Verhältnis zum eingesetzten Kapital in Prozent, definiert als Gewinn geteilt durch eingesetztes Kapital
3. Finanzielle Ziele	
Liquidität	Fähigkeit, zukünftige Ausgaben tätigen zu können, also das Geld, das man schnell zur Verfügung hat
Kreditwürdigkeit	Beurteilung der Sicherheit für die Rückzahlung eines Kredits, allgemein gilt: Reiche bekommen Kredite, Arme nicht
Selbstfinanzierungsgrad	Grad der Selbstfinanzierung eines Unternehmens durch das Einbehalten von Gewinnen
Kapitalstruktur	Zusammensetzung des Kapitals im Unternehmen (Verhältnis von Eigenkapital und Fremdkapital)
4. Soziale Ziele – meist in Bezug auf die Mitarbeiter	
Arbeitszufriedenheit	Bauchgefühl, mit dem die Mitarbeiter täglich zur Arbeit gehen
Einkommen	soziale Sicherheit der Arbeitnehmer

5. Macht- und Prestigeziele	
Unabhängigkeit	Entscheidungsfreiheit der Chefetage, denn wenn das Unternehmen abhängig ist, zum Beispiel durch weitere Eigner, Kreditgeber oder auch Kunden, schränkt dies die Handlungsfreiheit und Autonomie der Führung des Unternehmens ein
Image	Ansehen des Unternehmens
politischer Einfluss	Möglichkeit, Einfluss auf die politischen Entscheidungen zu nehmen (zum Beispiel Lokalpolitik)
6. Marktleistungsziele	
Produktqualität	Leistung, die zur Bedürfnisbefriedigung beiträgt
Produktinnovation	Neuartigkeit von Produkten, die zum Ausprobieren verleitet oder das Image des Unternehmens als innovativ stützt
Kundenservice	zusätzliche Dienstleistungen
Sortiment	Angebotsvielfalt
7. Gesellschaftliche Ziele	
Umweltschutz	Versuch, die Umwelt möglichst gering beziehungsweise nicht mehr als nötig durch die Unternehmenstätigkeit zu belasten
Beiträge zur volkswirtschaftlichen Infrastruktur	gesellschaftliche Verantwortung, zum Beispiel bei der Ausbildung (mehr junge Menschen ausbilden, als man selbst benötigt)
Sponsoring/ Mäzenatentum	finanzielle Unterstützung von Künstlern, Kunst, Kultur, Sport, Medien et cetera
Vermeidung sozialer Kosten der Unternehmenstätigkeit	Versuch, die Gesellschaft nicht mehr als nötig gesellschaftlich zu belasten, zum Beispiel durch Werkskindergärten

12.2 Hintergrund: Wo kommen Ziele eigentlich her?

Ziele fallen natürlich nicht vom Himmel, sondern werden von der Unternehmensführung festgesetzt. Elementarer Bestimmungsfaktor ist die Situation, in der sich der Hersteller gerade befindet. Sie wird – hoffentlich – im Rahmen einer Situationsanalyse innerhalb der Marketingkonzeption intensiv untersucht. Auf dieser Basis kann dann ein Soll, die Ziele, festgelegt werden. Sie werden durch folgende Bestimmungsgrößen beeinflusst: Unternehmenszweck, Visionen, Unternehmenskultur und Unternehmensphilosophie.[128]

Hintergrund Ziele – Einflussfaktoren	
Ist-Situation	Situation, in der sich der Hersteller gerade befindet (Marktanalyse, Zielgruppenanalyse, Unternehmensanalyse, Instrumentalanalyse, Konkurrenzanalyse, Händleranalyse, Umfeldanalyse und Lieferantenanalyse)
Unternehmenszweck	Art der Leistungen, die das Unternehmen erbringt beziehungsweise erbringen will
Visionen	sehr langfristige Ziele, die verwirklicht werden sollen
Unternehmenskultur	historisch gewachsene Denk- und Verhaltensmuster des Unternehmens
Unternehmensphilosophie	Wert- und Normbasis der Unternehmenskultur

12.3 Ziele der Kommunikation

Die Kommunikationsziele selbst lassen sich in ökonomische und psychografische Ziele unterteilen.

Psychografische oder vorökonomische oder qualitative Ziele[129]	
Steigerung des Bekanntheitsgrades	Kennen der Marke, normalerweise auf die Zielgruppe bezogen.[130] Man unterscheidet zwischen gestützter Bekanntheit und ungestützter Bekanntheit
Wissen über Produkte	Antwort auf die Frage: »Was fällt Ihnen zu dem Produkt XYZ ein?«
Positive Veränderung von Einstellungen und Images	• Einstellungen als gelernte oder relativ dauerhafte Bereitschaft, auf bestimmte Reizkonstellationen der Umwelt konsistent positiv (oder negativ) zu reagieren: zum Beispiel Einstellungen zu Produkten (Marken/Unternehmen) bezüglich einzelner kaufrelevanter Kriterien (Preis, Lieferfähigkeit, Qualität et cetera) • Images als mehrdimensionale Einstellungskonstrukte: Summe von Einstellungen oder Eindruckswerten von einem Objekt (Produkt, Person, Unternehmen)
Aufbau von Präferenzen	Bevorzugung von bestimmten Produkten oder Marken
Aufbau von Vertrauen	Glaube an die Marke, zum Beispiel in Bezug auf Sauberkeit, Verantwortung, Verarbeitung, Qualität der Zutaten
Erzielung von Kaufabsichten	Wunsch, das Produkt zu besitzen und Absicht, den Kauf demnächst zu tätigen
Verbesserung/Erhöhung der Kundenzufriedenheit	Gefühl des Kunden, »das richtige Produkt gekauft zu haben«. Die Bedürfnisbefriedigung ist die Grundlage der Zufriedenheit

Verbesserung/Erhöhung der Kundenbindung	Bindung des Kunden an das Produkt, das heißt Aufbau eines loyalen, treuen Verhältnisses (Kaufverhalten). Durch diese Bindung fällt es dem Kunden schwer »fremdzugehen« beziehungsweise er kommt gar nicht erst auf die Idee. Beispiel: die »Apple-Jünger«. Voraussetzung für die Kundenbindung ist die Kundenzufriedenheit[131]
Begehrlichkeit erzeugen	Verlangen, haben wollen, zum Beispiel auch über die Darstellung als einmalige Chance

Ökonomische oder quantitative Ziele[132]	
Erhöhung des Umsatzes	verkaufte Menge multipliziert mit dem jeweiligen Preis
Steigerung des absoluten Marktanteils	Quotient des Absatzes eines Unternehmens und des Absatzes aller Konkurrenten, auch mengenmäßiger Marktanteil genannt
Erhöhung des relativen Marktanteils	Quotient des Absatzes eines Unternehmens und des Absatzes des stärksten Konkurrenten
Erhöhung des wertmäßigen Marktanteils	Umsatzanteil des Unternehmens am Umsatz aller Konkurrenten
Erhöhung des Deckungsbeitrags	Beitrag zur Deckung der Kosten, kann zum Beispiel als Kundendeckungsbeitrag oder Produktdeckungsbeitrag oder Projektdeckungsbeitrag errechnet werden.[132] Jedes Produkt trägt mit einem Teil zur Deckung der Kosten bei, sofern es nicht verschenkt wird
Erhöhung des Distributionsgrads	Messgröße für die »Kaufbarkeit« des Produktes. Wird auch als Marktdurchdringung des Produktes in den Absatzkanälen oder als die Dichte der Marktpräsenz bezeichnet
Erhöhung des Gewinns	Umsatz minus Kosten
Wachstum	Steigerung von Umsatz (in Euro) oder Absatz (in Stück)
Erreichen oder Halten der Marktführerschaft	Unternehmen (im Vergleich zur Konkurrenz) mit dem höchsten Marktanteil, Umsatz oder Absatz. Der relative Marktanteil ist hier größer als 1
Neue Märkte erschließen	Eroberung eines bestimmten Marktanteils in einem vom Unternehmen noch nicht bearbeiteten Markt
Verbesserung der Cross-Selling-Rate	Anteil des Verkaufs von anderen Produkten des Unternehmens an bereits bestehende Kunden, zum Beispiel Anteil derjenigen, die einen Mercedes fahren und auch als Zweitwagen Mercedes fahren

Akquisition von Neukunden	Gewinnung einer bestimmten Anzahl neuer Kunden
Erschließung neuer Zielgruppen	Gewinnung einer Gruppe von bisher Nichtkäufern, gemessen in Anzahl der Personen
Halten bestehender Kunden	Senkung der Abwanderungsrate um x Prozent
Erhöhung der Profitabilität der Kunden	durchschnittlicher Gewinn pro Kunde
Erhöhung des Absatzpotenzials	theoretische Aufnahmefähigkeit des Marktes (was theoretisch verkaufbar gewesen wäre) für das Produkt des Unternehmens
Marktsättigung	Relation aus Marktvolumen (gesamte gekaufte Menge) und Marktpotenzial (was theoretisch verkaufbar gewesen wäre); sie zeigt auf, inwieweit das Marktvolumen ausgeschöpft ist, das heißt, »was noch drin ist im Markt«[134]

Diese Liste von möglichen Zielen ist beeindruckend lang. Trotzdem sei an dieser Stelle die Frage aufgeworfen, was Kommunikation eigentlich leisten kann. Dies kommt einem Versuch gleich, die wirtschaftlichen Zusammenhänge kurz darzustellen.

Kommunikation kann direkt:

	Ziele	**Begründung**
1.	die verkaufte Menge erhöhen	durch Promotion-Aktionen, erzeugte Begehrlichkeit und Imageaufbau wird ein Ausprobieren angeregt (Erstkauf) oder der Wiederkauf erreicht.
2.	den Bekanntheitsgrad erhöhen/neue Zielgruppen erreichen	durch Aufmerksamkeit bei einer neuen Zielgruppe wird mehr Verkauf erreicht (zum Beispiel Bionade)
3.	das Image verändern und damit Leistung erhöhen (zusätzliche Bedürfnisse befriedigen)	durch verjüngtes Image oder ein kultiges Image (zum Beispiel Jägermeister)
4.	Produkte/Marken positionieren	durch Kommunikation der Vorteile des Produktes, und dadurch Verankerung der Marke im sogenannten »relevant set«, das heißt in dem Pool von Marken, die man bei der Entscheidungsfindung mit in Betracht zieht
5.	die Möglichkeit eröffnen, den Preis zu erhöhen	durch das veränderte Image und damit die erhöhte Leistung oder auch durch die Kommunikation der Vorteile des Produktes

Somit kann Kommunikation indirekt

	Ziele	**Begründung**
6.	den Umsatz erhöhen	Der Umsatz ist der jeweilige Preis multipliziert mit der verkauften Menge ($U = p \times x$). Das heißt, bei einer Erhöhung der Menge steigt auch der Umsatz (vorausgesetzt der Preis fällt nicht), beziehungsweise bei einer Erhöhung des Preises steigt ebenso der Umsatz (vorausgesetzt die Menge sinkt nicht). Kommunikation kann theoretisch die Menge und den Preis erhöhen, dann garantierte Umsatzerhöhung.
7.	den Deckungsbeitrag steigern	Durch die größere Menge können die Kosten pro Stück sinken[135], zum Beispiel durch sinkende Einkaufspreise bei Mengenrabatten der Lieferanten, dadurch steigt der Deckungsbeitrag pro Stück, da dies der Preis minus der Kosten pro Stück ist.
8.	den Gewinn steigern	Gewinn ist gleich der Umsatz minus der Kosten. Der Umsatz steigt, die Kosten (insgesamt) steigen normalerweise mit, aber die Kosten pro Stück sinken, das heißt, dass die Kosten (insgesamt) weniger steigen als der Umsatz. Der Gewinn als Umsatz minus Kosten wird dann größer.[136]
9.	die Marktführerschaft halten/erreichen	Die erhöhte Menge bedeutet, bei konstantem Gesamtmarkt eine Erhöhung des Marktanteils des Herstellers. Dies kann – je nach Situation – dazu führen, das die Marktführerschaft erreicht beziehungsweise ausgebaut wird.
10.	den Distributionsgrad erhöhen	Durch ein verändertes Image und zusätzliche Bedürfnisbefriedigung und einen höheren Bekanntheitsgrad und eine so erhöhte Menge wird gegebenenfalls die Möglichkeit eröffnet bei weiteren Händlern gelistet zu werden. Dies würde dann den Distributionsgrad erhöhen.

Sie müssen die Frage beantworten, ob die Kommunikation die gestellte Aufgabe überhaupt erfüllen kann.

12.4 Ziel: Image

Image ist das Gesamtbild, das sich eine Person von einem bestimmten Objekt macht, wobei es sich hier um eine eher gefühlsmäßige Auseinandersetzung mit der Marke handelt.[126]

Für das Marketing kommt dem Image eine zunehmende Bedeutung zu, denn der Kunde konzentriert sich durch die zunehmende Homogenisierung der Produkte auf den Preis als Entscheidungskriterium. Um ihn weg vom Preis als einzigem Kriterium zu bringen, müssen die Unternehmen zur Rechtfertigung ihrer (hohen) Preise Images aufbauen. Ein wunderschönes Beispiel ist hier sicherlich der iPod, aber auch Marlboro (mit Freiheit und Abenteuer) oder Volvo (mit dem Thema Sicherheit).

Was ein Image bedeutet, lässt sich am Beispiel des Mercedes von Dodi Al Fayed und Lady Di zeigen. Sicher haben alle Leser das Bild des verunglückten Wagens in dem Pariser Tunnel noch vor Augen.

Abbildung 53: Autounfall von Lady Di (Illustration von Carolin Reich)

Image ist, wenn wir alle denken: »Mann, muss der schnell gewesen sein.« Bei KIA oder Skoda hätte sicher der eine oder andere gedacht: »Mit einem Mercedes wäre das nicht passiert.« Der Sicherheitsaspekt ist aber nur eine Facette des Images der Marke Mercedes. Sie vereint sicher auch noch so etwas wie »deutsche Werte«, Tradition, Konservativismus, Spießigkeit und auch »es geschafft zu haben« in sich.

12.5 Fazit: Ziele

Den Zielen kommt grundsätzlich eine besondere Stellung zu, da sie die Grundlage des Handelns darstellen (Entscheidungsfunktion). Sie sind letztendlich der Grund für Werbung, ihre Vorgaben müssen erfüllt werden. Somit haben die Ziele zudem eine Kontrollfunktion, denn ohne Zielerfüllung gibt es keine zufriedenen Hersteller. Ganz wichtig ist hier die Verdichtung des Ziels (oder des Problems/der Herausforderung): Ein Satz muss genügen.

Frage 37: Was ist das Ziel dieser Kommunikation? Warum wird sie benötigt? Kann die Kommunikation dieses Ziel erfüllen?

- Ziel 1: Bekanntheit. Es soll ein Bekanntheitsgrad von 15 Prozent innerhalb der Zielgruppen erreicht werden. Hier definiert sich Zielgruppe als Frau zwischen 20 und 40, im Umkreis von 10 Kilometern um eine Filiale lebend.
- Ziel 2: Markenimage. Die Marke FBM soll mit folgenden Attributen verbunden werden: Dekoration und Baumarkt, weiblich, aber nicht weich.

Die Kommunikation kann beide Ziele erfüllen.

13 Auslöser der Werbung

Werbung dient der Erreichung der gesteckten Ziele (Kapitel 12). Jedoch gibt es trotzdem häufig konkrete Anlässe für ein bestimmtes Briefing. Diese können sein:

- neue Kommunikation der Konkurrenz (der Hersteller will »nachlegen«),
- neue Produkte der Konkurrenz,
- positiver Gewinn des Unternehmens im vergangenen Jahr, daher steht Geld zur Verfügung,
- Saisonales (zum Beispiel Ostern/Weihnachten steht vor der Tür),
- noch nicht ausgegebene Budgetfreigaben (Geld muss schnell raus),
- eigene neue Produkte in der »Pipeline«,
- Umsatzrückgang in der jüngsten Vergangenheit.

Es kann entscheidend sein, dass der Kreative diesen Zusammenhang kennt. Insbesondere die internen – von außen nicht einsehbaren – Faktoren werden beim Briefing gerne vergessen. Dabei können sie die Richtung einer Kampagne entscheidend prägen. So verleitet ein »Kräftemessen mit der Konkurrenz« das eine oder andere sonst eher zurückhaltende Unternehmen, die Konfrontation zu suchen, oder ein Umsatzrückgang zwingt den Hersteller zu preisbezogener Kommunikation. Sollten Sie diese Umstände nicht kennen, werden Sie wahrscheinlich die erste Runde für den Papierkorb produzieren. Fragen Sie dementsprechend nach, ob es irgendeine Form von Auslöser für diese Briefings gibt: »Warum?« und gegebenenfalls »Warum gerade jetzt?« Manche Kunden zieren sich mit der Antwortfreudigkeit. Dies könnte daran liegen, dass sie beide schon lange kein Bier miteinander getrunken haben …

Frage 38: Gibt es einen konkreten Auslöser für dieses Briefing? Wenn ja, welchen?
Ja: Start der ersten Filialen Mitte 2008.

14 Bedeutung im Marketingmix

Die Werbung/Kommunikation ist für den Hersteller ein Instrument, ein Werkzeug, um etwas zu erreichen – namentlich die gesteckten Ziele. Diese Ziele können meist gemäß dem Sprichwort »Viele Wege führen nach Rom« auch über andere Instrumente erreicht werden. Die Summe aller Instrumente zum besseren Verkauf der Leistungen eines Unternehmens wird Marketingmix (die 4 P) genannt.[138] Zunächst sollen diese Instrumente kurz überblickartig vorgestellt werden, dann klären wir die Bedeutung der Kommunikation innerhalb dieser Instrumente.

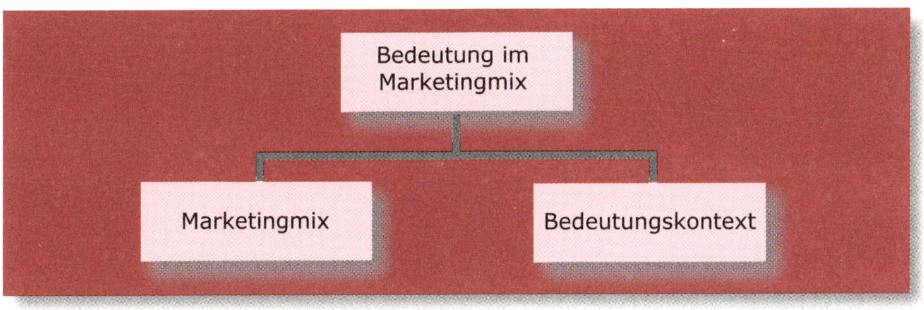

Abbildung 54: Der Marketingmix

14.1 Marketingmix

Der Marketingmix bezeichnet die Festlegung der Instrumente (»Werkzeuge«) zur Erreichung der gesetzten Ziele. Er ist der Werkzeugkasten zur Zielerreichung.

Die Vielzahl an Instrumenten wird üblicherweise in vier Klassen (Schubladen im Werkzeugkasten) eingeteilt:

- *leistungspolitische Instrumente:* diese Maßnahmen drehen sich um das Produkt (oder die Dienstleistung), das Sortiment (als Produktprogramm oder -palette), Neben- und Zusatzleistungen sowie die Marke und die Verpackung (siehe Kapitel 3),
- *kontrahierungspolitische Instrumente:* die Kontrahierungsmaßnahmen (von Kontrakt = Vertrag) beinhalten die Vertragsgestaltungselemente wie den Preis (im Sinne des Listenpreises = Katalog- oder Preisschildpreis), Preis-

nachlässe (zum Beispiel Rabatte) und die Liefer- und Zahlungsbedingungen (siehe Kapitel 6),

- *distributionspolitische Instrumente:* hier geht es um die Gestaltung des Vertriebsweges, den das Produkt von der Produktionsstätte zum Kunden nimmt. Dies reicht von der Eröffnung eigener Läden über den Einsatz von Händlern bis zur Organisation der nötigen Logistik (siehe Kapitel 5),
- *kommunikationspolitische Instrumente:* die Gestaltung des Informations- beziehungsweise Kommunikationsflusses zwischen dem Hersteller und den tatsächlichen (oder potenziellen) Kunden ist Gegenstand der Kommunikationspolitik. Hierzu gehören zum Beispiel die klassische Werbung, Public Relations (PR, Öffentlichkeitsarbeit), persönlicher Verkauf, Verkaufsförderung, Sponsoring, Eventmarketing, Messen und Ausstellungen sowie das Internet (siehe Kapitel 7).

Es ist natürlich kein Zufall, dass alle vier Bereiche schon in vorherigen Kapiteln behandelt wurden. Durch die Interdependenzen der vier Werkzeugpakete bedarf es der Abstimmung beziehungsweise Koordination des Marketingmixes. Dabei muss darauf geachtet werden, dass die eingesetzten Instrumente zueinander passen, also kein Chaos im Kopf des Konsumenten erzeugen. Alle Instrumente zusammen müssen ein konsistentes Bild des Produktes/der Marke vermitteln, deshalb auch die Betrachtung aller vier Bereiche im Rahmen des Briefings.

14.2 Bedeutung dieser Kommunikation im Marketingmix

Je nach Situation des Herstellers und den daraus abgeleiteten Zielen haben die 4 P eine unterschiedliche Bedeutung und Gewichtung – mal überwiegt der eine Bereich, mal der andere. Hier geht es also darum, die Bedeutung der Kommunikation im Allgemeinen und dieser gebrieften Kampagne im Besonderen gegenüber den anderen Instrumenten darzulegen. Wenn zum Beispiel die Leistung die höchste Bedeutung genießt, dann darf die Kommunikation ihr diese Position nicht streitig machen wollen, sondern soll die Leistung bestmöglich unterstützen, also zum Beispiel einzelne Leistungen des Produktes kommunikativ optimal herausstellen. Konkret sind die einzelnen Instrumente zu bewerten, damit die Kommunikation die »richtige« Rolle einnimmt.

So hat beispielsweise das Getränk Bionade in der Vergangenheit fast vollständig auf Werbung verzichtet und sich erst mal auf die selektive Distribution gestützt. Natürlich wurde auch für eine Produktleistung und einen Preis gesorgt. Die Frage ist nun, wie es weitergeht. Eine Option war, über Werbung eine breitere Zielgruppe zu erschließen. Ob dies erfolgreich sein wird, wird man sehen.

Auch japanische Automobilhersteller scheinen der Werbung in Deutschland eine untergeordnete Rolle zuzuweisen. Die Auris-Kampagne Anfang 2007 ist mit ihrem Media-Volumen von 33,05 Millionen Euro (März 2007) eine Ausnahme.[139] Inhaltlich kann man über diese Kampagne sicherlich verschiedener Meinung sein.

Media-Markt und seine Schwester Saturn dagegen messen der Werbung offensichtlich eine zentrale Rolle im Marketingmix bei. Wer mag schon wirklich beurteilen, ob die großen Elektromärkte sich vom Sortiment, den einzelnen Produkten und Preisen unterscheiden? Aber »Geiz ist geil« und »Ich bin doch nicht blöd« suggerieren uns den Weg zum (vermeintlich) richtigen Händler.

Frage 39: Welche Bedeutung hat zurzeit die Kommunikation generell im Marketingmix des Herstellers?

Die Kommunikation ist entscheidend, da die Baumärkte noch unbekannt sind. Erst wenn die Konsumentinnen in die Filialen kommen, kann der FBM sie von seinen Leistungen überzeugen.

Frage 40: Welche Bedeutung hat dieses Briefing im Marketingmix des Herstellers?

Aus der vorhergehenden Frage abgeleitet: sehr hoch.

Der Einsatz der einzelnen Marketinginstrumente erfordert viel Fingerspitzengefühl. Die zahlreichen Maßnahmen sind aufeinander abzustimmen und zu einem harmonischen Ganzen zu bündeln. Da der Hersteller nicht bei allen Instrumenten Profi sein kann, beauftragt er Agenturen mit der Durchführung. Auch die externen Kräfte sind jedoch zu koordinieren, und das eine oder andere schwarze Schaf darunter bewirkt, dass der Kunde nicht zu 100 Prozent richtig beraten wird. Also obliegt es dem Hersteller auch noch, seine Dienstleister inhaltlich zu kontrollieren, obwohl er sie doch zur Überbrückung seiner Wissens- und Fähigkeitslücken eingestellt hat. Dies soll nicht Mitleid, sondern Verständnis erwecken. Sie sollen die nicht immer nachvollziehbaren langen Wege und die Dauer von Entscheidungen ein bisschen verstehen, dann können Sie gegebenenfalls auch auf eine Beschleunigung hinwirken.

15 Consumer-Benefit (Nutzenversprechen)

Synonym sind hier die Begriffe Consumer-Benefit und Nutzenversprechen, Kundennutzen, Produktversprechen, Werbeversprechen, Lösungsaussicht sowie Erlebnishoffnung zu verstehen. Diese Inhalte sollten selbstverständlich die Botschaft oder Kernbotschaft der Kommunikation darstellen. Die letzten beiden Begriffe geben also eher die Kategorie an. Wettbewerbsvorteil, USP/SMP und Discriminator sind dagegen deutlich davon abzugrenzen – dazu später mehr.

Oft wird die Frage gestellt: »Was wollen Sie über das Produkt/die Marke sagen?«[140] Diese Formulierung trägt aber zu sehr die Handschrift des Herstellers, wo es doch um die Konsumentensicht gehen muss.

Immer wieder sieht man auch Werbung, welche die ganze Gattung (Gruppe der Produkte, zum Beispiel alle Duschgels) bewirbt. Für das werbende Unternehmen ist dies nur bedingt sinnvoll.

Beispiele:

- Bier, das erfrischt,
- Kaugummis als Blind-Date-Erkennungszeichen,
- Riegel, die »natürlich genascht werden«,
- Musikplattformen, von denen man herunterladen kann,
- Schaumwein, der es manchmal »sein muss«,
- Espresso, aus Liebe zum Aroma,
- Minisalami, die »mit muss«,
- das Geldinstitut, wenn es um Geld geht.

Besser ist es natürlich, Werbung für das Herstellerprodukt beziehungsweise die Herstellermarke zu machen. Um den Konsumenten vom Kauf dieses Produktes zu überzeugen, braucht es einen markenspezifischen Nutzen und nicht nur einen Gattungsnutzen.

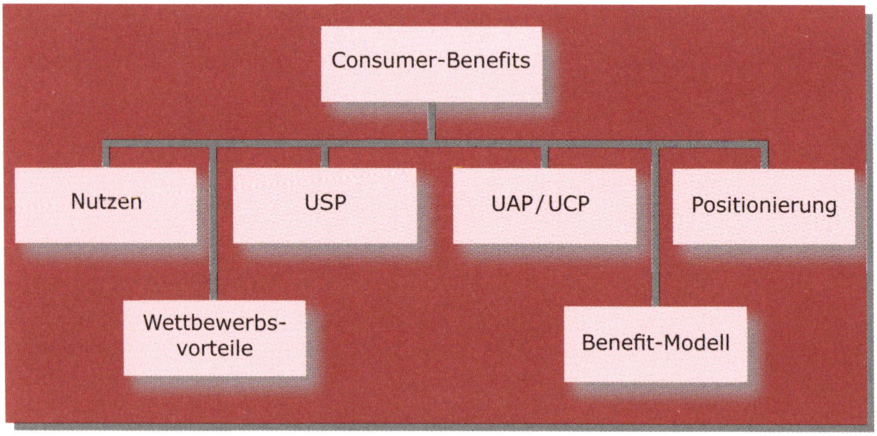

Abbildung 55: Themen rund um Consumer-Benefits

15.1 Nutzen des Produkts

Also: Ein Nutzen muss her. Dies ist häufig schon die erste Herausforderung.

Der Consumer-Benefit gibt an, welchen Nutzen der Konsument aus dem Produkt/der Marke ziehen kann.

Gedanklich ist man hier wieder bei den Bedürfnissen und deren Befriedigung: das Produkt als Problemlöser oder Wunscherfüller.

Die Kernfrage aus Konsumentensicht lautet: »Was ist für mich drin?« Infolgedessen noch einmal ein kurzer Ausflug zum Thema Nutzen: Generell unterscheidet man zwischen Grund- und Zusatznutzen. Unter Grundnutzen fallen die funktionalen Eigenschaften eines Produktes, zum Beispiel das Anzeigen der Uhrzeit einer Uhr. Dieser ist mehr oder minder für alle Produkte der Gattung Uhren gleich. Ausnahmen sind technische Innovationen, zum Beispiel die erste Digitalarmbanduhr.

Infolgedessen wird für die Kommunikation häufig ein Zusatznutzen benötigt. Diesen kann man in Geltungs- und Erbauungsnutzen unterteilen (siehe Kapitel 3.1). Eine detailliertere Unterteilung stellt die in objektive und verschiedene subjektive Zusatznutzen dar.[141] Vershofen unterteilt weiter:[142]

	Beschreibung	**Beispiel**
Grundnutzen	funktionale Eigenschaften eines Produktes	Anzeigen der Uhrzeit
Zusatznutzen	weitere Eigenschaften eines Produktes	Datumsanzeige, Alarm
objektiver	beweisbare Vorteile für den Konsumenten	wasserdicht bis 50 Meter Wassertiefe

subjektiver	persönliche, individuelle Vorteile	Farbe der Uhr passt zum Outfit
emotionaler, sensorischer	persönliches Empfinden, Sinneswahrnehmung	Schönfinden der Uhr, angenehmes Ticken
sozialer	Anerkennung durch Andere, Geltung, Stellung in Gesellschaft, Familie oder Beruf	Prestige der Uhr
egoistischer	Ich-Bestätigung: »Ich bin gut so, wie ich bin«	Besitzenwollen, »Tollfühl-Effekt«

Frage 41: Stiftet das zu kommunizierende Produkt grundsätzlich Nutzen? Welche Nutzenelemente (Consumer-Benefits) lassen sich identifizieren? Welcher Art (objektiv oder subjektiv) ist dieser Nutzen?

Ja, mehrere:

- »Uns-unseren-Baumarkt«-Gefühl für Frauen
- Speziell auf die Frau ausgelegtes Sortiment
- Spezielle Services für die Frau
- Einkaufsatmosphäre
- Ästhetik
- Café

Davon sind

- objektiv: Sortiment, Services, Café
- subjektiv: »Uns-unseren-Baumarkt«-Gefühl, Einkaufsatmosphäre, Ästhetik

15.2 Wettbewerbsvorteile

Wir gehen mal davon aus, das zu bewerbende Produkt stiftet Nutzen. Nun gilt es zu klären, ob dieser Nutzen höher ist als jener der Konkurrenzprodukte.

Etwas zu bieten, wenn alle anderen mehr bieten, nützt nichts. Wettbewerbsvorteile sind jene Nutzenelemente des Produktes, bei denen das Produkt besser ist als die Konkurrenzprodukte, also höhere Nutzenstiftung bietet.

Suchen Sie nach Wettbewerbsvorteilen des Produkts. Bei dem Uhrenbeispiel könnten Wettbewerbsvorteile das Prestige und der »Tollfühl-Effekt« sein, folglich zwei Mal subjektiver Zusatznutzen. Jedoch muss der Unterschied für den Konsumenten wirklich spürbar sein: zwischen 95 und 100 PS ist wahrscheinlich kein merklicher Unterschied.

Stellen Sie jetzt die Frage, ob der Wettbewerbsvorteil absolut oder relativ ist.

Ein absoluter Vorteil ist einer, den nur unser Hersteller besitzt, kein anderes Produkt hat den selben Nutzen.

Erinnern Sie sich an die Regeln von Stadt-Land-Fluss? Dort gibt es auch Extrapunkte, wenn man etwas ausfüllt, was sonst niemand gefunden hat. Ein absoluter Wettbewerbsvorteil![143]

Seien Sie hierbei aber nicht päpstlicher als der Papst: Zwischen 10 und 100 PS ist ein so merklicher Unterschied, dass man ihn schon für »absolut« erklären kann.

Ein relativer Vorteil ist einer, bei dem der Hersteller besser ist als die anderen.

Die Konkurrenten haben den Vorteil (das Nutzenelement) zwar auch, nur schwächer ausgeprägt (100 und 60 PS, um im Bild zu bleiben).[144]

Frage 42: Bei welchen Nutzenelementen ist das zu kommunizierende Produkt besser als die Konkurrenzprodukte (»Wettbewerbsvorteile«)?
In Bezug auf die Zielgruppe Frau: bei allen.

15.3 USP

Ist der Wettbewerbsvorteil absolut und zudem objektiv (ein objektiver Grundnutzen oder ein objektiver Zusatznutzen) und beruht er insofern auf funktionalen Eigenschaften oder beweisbaren Vorteilen, nennt man ihn USP. Synonym findet man auch die Begriffe SMP (»single minded proposition«) oder Discriminator.

USP steht für »unique selling proposition«, das heißt ein einzigartiges, auf den Produktcharakteristika beruhendes Verkaufsversprechen, auch als Alleinstellungsmerkmal bezeichnet.

Allerdings wird hier noch keine Besser-schlechter-Entscheidung zwischen Produkten getroffen. Es geht lediglich um Vorteile in Bezug auf einen Teilnutzen. So kann es fünf konkurrierende Produkte mit jeweils einer USP geben, die entscheidende Frage ist jedoch, wer die beste USP hat. Dies ist der absolute Vorteil bei dem Teilnutzen, der den Konsumenten am wichtigsten ist. Viele Produkte haben auch gar keine USP. Existiert eine USP bei einem wichtigen Vorteil, liegt das Hauptaugenmerk der Kommunikation auf der Übermittlung der Informationen über diese USP. Es gilt, eher rationale Argumente zu transportieren. Kroeber-Riel spricht hier von der »zentralen Route durch das Gehirn«.[145]

Frage 43: Sind diese Wettbewerbsvorteile absolut, das heißt, hat niemand sonst dieses Nutzenelement? Oder sind sie relativ?
In Bezug auf die Zielgruppe Frau: • absolut: »Uns-unseren-Baumarkt«-Gefühl, Einkaufsatmosphäre • relativ: Sortiment, Services, Café, Ästhetik

Frage 44: Basiert der absolute Wettbewerbsvorteil auf objektivem Nutzen (funktionale Eigenschaften/beweisbare Vorteile)? Existiert also eine USP?
Nein.

15.4 UAP und UCP

Ist der Wettbewerbsvorteil absolut und zudem nicht objektiv, sondern emotional, das heißt auf subjektivem Zusatznutzen beruhend, dann spricht man von einer *UAP* (»unique advertising proposition«) oder auch *UCP* (»unique communication proposition«).[146] Die Bezeichnungen beruhen auf der Tatsache, dass diese absoluten Wettbewerbsvorteile häufig erst durch die Werbung/Kommunikation entstanden sind. Paradebeispiele sind hier Zigarettenmarken und wohl auch der iPod.

Eine UAP/UCP ist ein Nutzen, der erst durch Werbung/Kommunikation geschaffen wird. Die Differenzierung erfolgt über Erlebniswerte. Es handelt sich um eine emotionale Alleinstellung.[147]

Die Bedeutung der UAP/UCP beruht auf zwei Entwicklungen:

- *Konsumenten:* Für den Erfolg einer Marke ist nicht mehr nur die reale Alleinstellung (USP) verantwortlich, vermehrt entscheidet die emotionale, subjektive Alleinstellung (UAP/UCP) in den Köpfen der Verbraucher.[148]
- *Hersteller:* Eine Alleinstellung der Marke allein aus dem Produkt abzuleiten ist heute nur noch selten möglich. Daher widmet man sich den subjektiven Zusatzleistungen. Sie werden häufig durch eine einzigartige werbliche Darstellung unterstrichen oder auch erst erreicht. Das Image einer Armbanduhr ergibt sich aus der Gestaltung der Uhr, dem Verkaufsort, dem Preis und der Kommunikation.

Audi hat mit dem Skischanzen-Spot den Nutzen eines Vierradantriebs so plakativ kommuniziert und damit eine UAP/UCP geschaffen, dass Vierrad und Winter erst mal nicht von anderen Autoherstellern zu besetzen war.

Frage 45: Basiert der absolute Wettbewerbsvorteil auf subjektivem, emotionalem Nutzen? Existiert also eine UAP/UCP?
Ja, absolut und subjektiv: das »Uns-unseren-Baumarkt«-Gefühl und die Einkaufsatmosphäre eignen sich für eine UAP/UCP.

15.5 Benefit-Modell

Der beschriebene Fahrplan ist hier in einem Schaubild zusammengefasst:

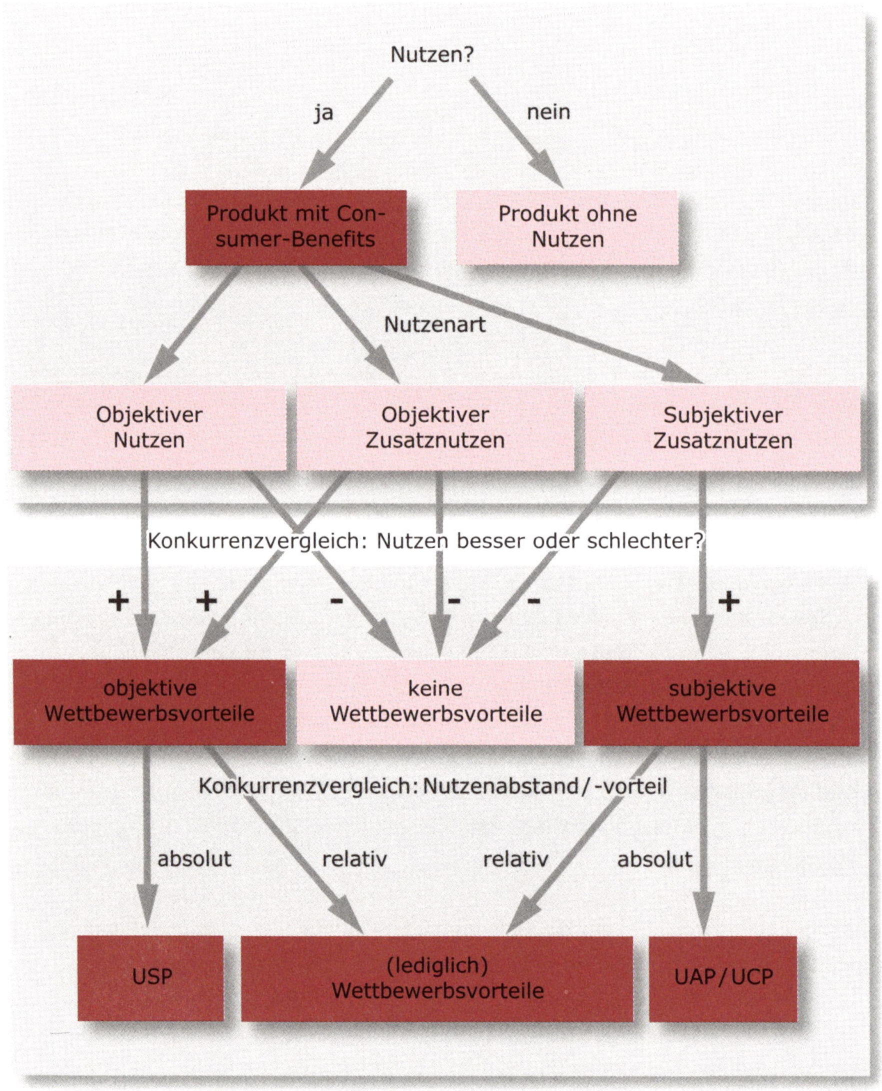

Abbildung 56: Das Benefit-Modell

Und zum besseren Verständnis noch einmal an einem Beispiel illustriert:

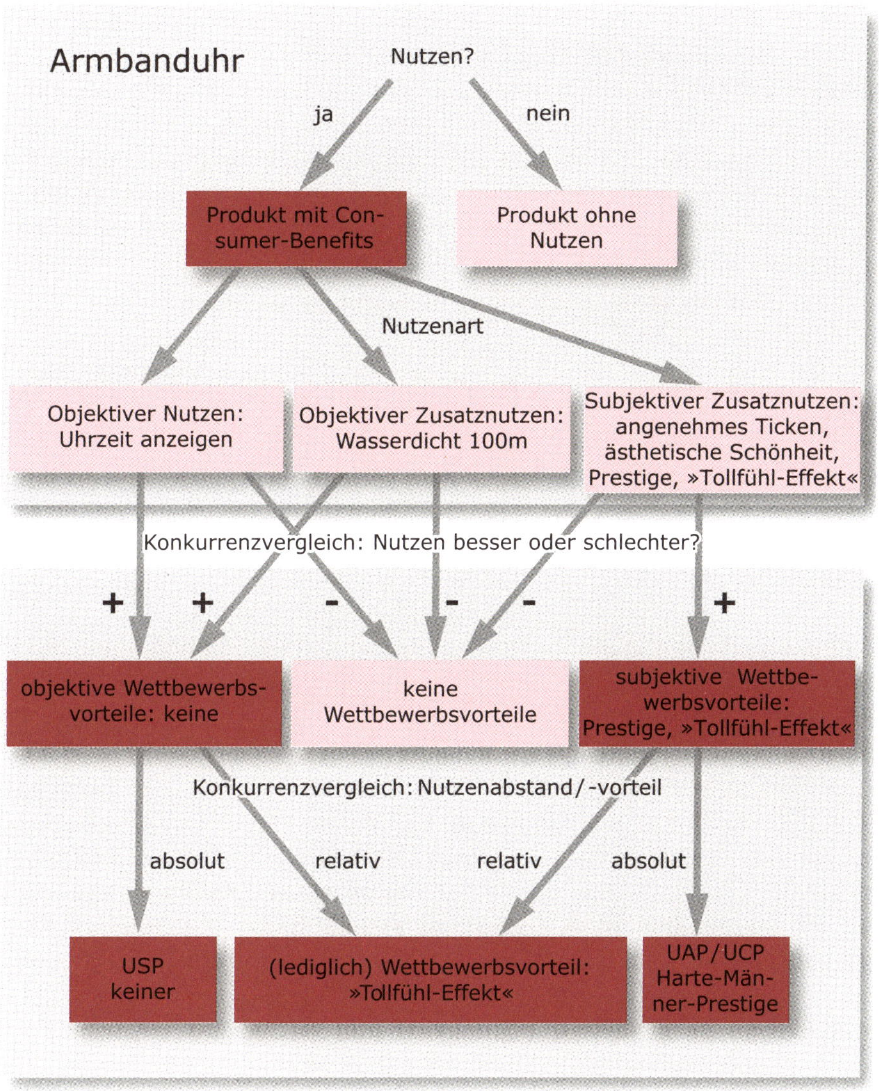

Abbildung 57: Das Benefit-Modell am Beispiel Armbanduhr

Zusammenfassend sei noch angemerkt, dass die Consumer-Benefits

- objektiv, nachvollziehbar, auf Fakten basierend (gegebenenfalls eine USP) oder
- subjektiv, das heißt emotional ansprechend (gegebenenfalls eine UAP) oder
- beides sein können.[149]

Hier Beispiele für mögliche Consumer-Benefits einer Einbauküche:

- objektiv: hervorragende Materialien, pflegeleicht, besondere Ausstattung;
- subjektiv: Wohlfühlwirkung;
- beides zugleich.

Das kommunizierte Produktversprechen ist das Aufregendste, was man dem Konsumenten über das Produkt sagen kann. Gleichzeitig stellt es die Einzigartigkeit des Produktes heraus,[150] es ist die »Seele der Werbung«.[151] Denn der Verbraucher kauft den versprochen Nutzen, nicht das Produkt: Schönheit statt Seife.

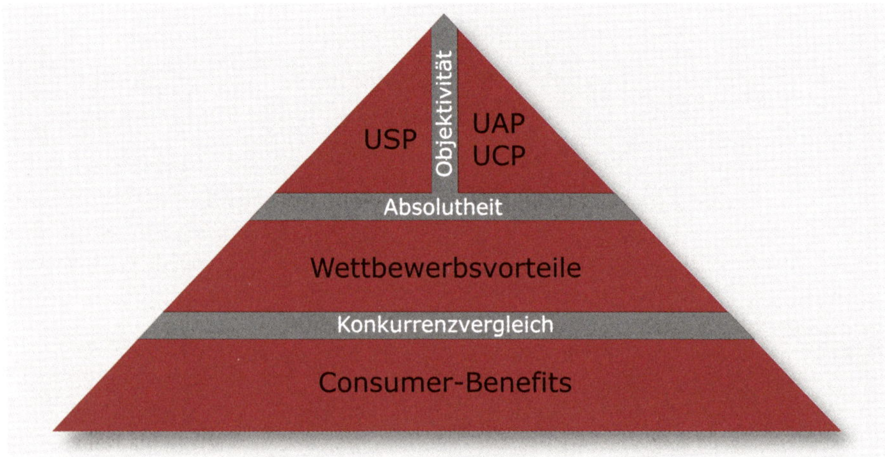

Abbildung 58: Hierarchie der Nutzenversprechen

Betrachtet man Werbung, kann man sich die Frage stellen, was einem hier eigentlich nähergebracht werden soll. Das Produkt ist häufig noch relativ gut zu identifizieren, aber die Frage nach den Benefits (oder Wettbewerbsvorteilen oder UAP/USP) ist leider weitaus schwieriger zu beantworten.

Ein paar fragwürdige Beispiele:

- Strom, der gelb oder »lekker« ist,
- Mobilfunkanbieter, die es (auf Englisch) tun können,
- Kühlregalriegel, die von tanzenden und singenden Pinguinkindern vorgeführt werden,
- die Mittelklasseautomarke, die besser ankommt,
- die Sanis, die auch für Niederländer im Einsatz sind.

Auf einen Punkt sei hier noch eingegangen: »unique« bedeutet einzigartig, nicht alleine. Daraus folgt, dass es mehr als eine USP geben kann, also kann man grundsätzlich auch mehr als eine kommunizieren. »Viel hilft viel« gilt allerdings in der Kommunikation nur sehr bedingt. Zwar erscheint es vielen Herstellern sicherer, mehrere Benefits aufzuführen, aber bedenken Sie: Besser ein gemerktes Argument als vier vergessene.

Daher fordert zum Beispiel Hartleben, dass die Kernbotschaft kurz und prägnant ist und nur ein zentrales Element enthält.[152] Die Existenz beziehungs-

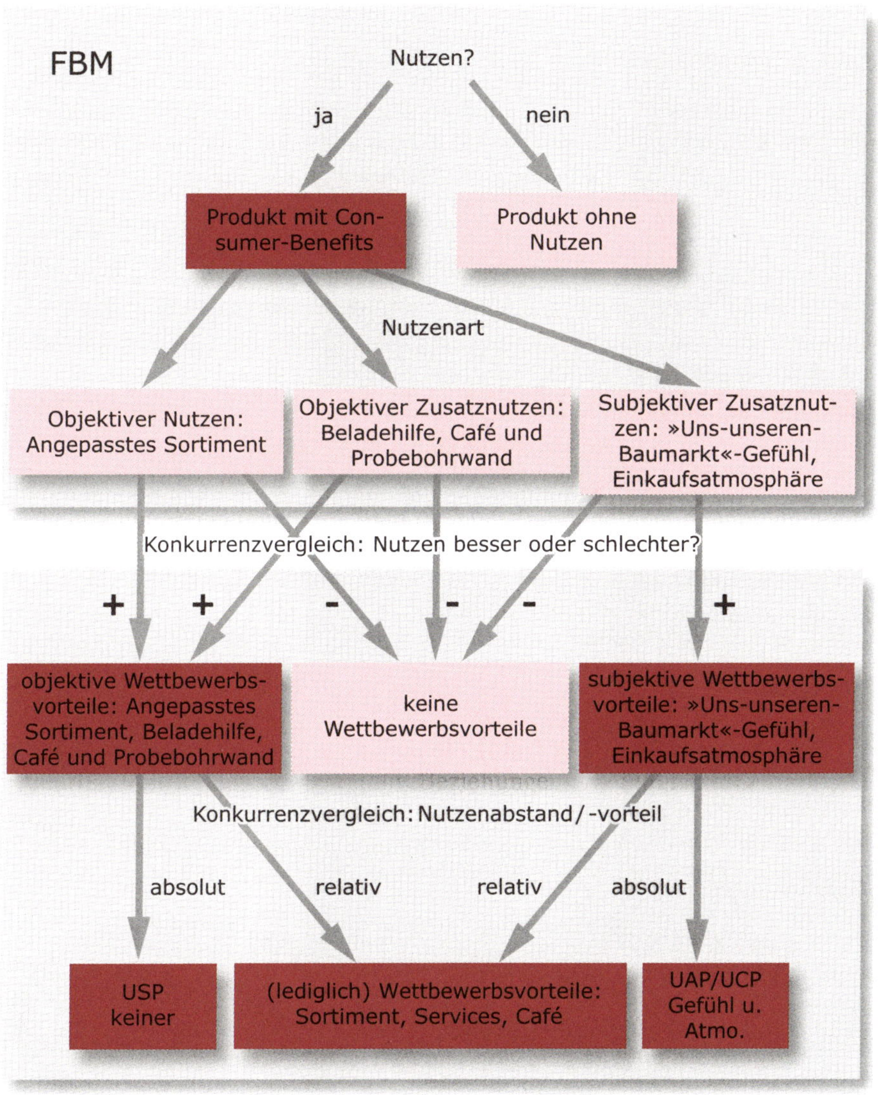

Abbildung 59: Das Benefit-Modell am Beispiel Frauenbaumarkt

weise das Nutzen eines Wettbewerbsvorteils, einer UAP/UCP oder einer USP sagt natürlich noch nichts über deren Güte aus. Die Relevanz für den Konsumenten ist und bleibt entscheidendes Kriterium.

M&M kommunizierten lange mit dem Slogan »Schmilzt im Mund – nicht in der Hand«.[153] Ist dieser Benefit relevant? Für jüngere Zielgruppen sicher nicht, vielleicht aber für die Eltern, die das Produkt bezahlen. Die Frage wird durch die familieninterne Kräfteverteilung entschieden.

15.6 Positionierung

Die Positionierung umfasst alle Maßnahmen, die darauf abzielen, das Angebot so in die subjektive Wahrnehmung der Abnehmer einzufügen, dass es sich von den konkurrierenden Angeboten abhebt und diesen vorgezogen wird.[154]

Positionierung ist also nicht das, was man mit dem Produkt macht, sondern was man mit der Gedankenwelt der potenziellen Konsumenten macht.[155] Es handelt sich um das Bestreben, an sich austauschbaren Produkten Eigenständigkeit zu verleihen, indem man ihre Vorteile und Nutzenaspekte kommunikativ herausstellt. Das Ergebnis einer erfolgreichen Positionierung ist eine UAP/UCP, falls der Konsument das Thema mit dieser Marke verbindet.

16 Reason why (Nutzenbegründung)

Der Reason why ist die Erläuterung und Begründung, dass der versprochene Nutzen (oder Zusatznutzen) wirklich existiert. »Der Benefit behauptet die Alleinstellung, der Reason why begründet sie.«[156]

Synonyme dafür sind Proof, Nutzenbeweis, Nutzenargumentation oder Reason to believe.

Durch die Nutzenbegründung wird häufig der Effekt der Werbung verstärkt, da die Werbebotschaft glaubwürdiger wird. Logischerweise ist der Reason why immer in Bezug zum Benefit zu sehen. Existieren mehrere Benefits, dann müssen jeweils auch Reasons why gefunden werden. Sie können auch implizit ausgedrückt werden, zum Beispiel über Bilder, Stimmungen, Musik und Testimonials.[157]

Der Reason why kann ein Hard Fact oder ein Soft Fact sein. Bei objektiven Benefits kommen eher Hard Facts und bei subjektiven Benefits eher Soft Facts zum Tragen.

Reason why	Erläuterung/Beispiele
Hard Facts	sachliche Argumente, Leistungsdaten, Testberichte, Zeugnisse, Gütesiegel, konkrete Angebote (zum Beispiel Geld-zurück-Garantie)
Soft Facts	Emotionales über Gefühlswelten, Fotos, Bilder, Testimonials (fiktive Zeugen, zufriedene Kunden), subjektive Ansprachen

Hier noch einmal das Beispiel der Einbauküche:

Benefit	Benefit	Reason why
objektiv	pflegeleicht (Hard Fact)	beschichtet mit Nanopartikeln, wasserabweisende, kratzfeste Materialien
	Staumöglichkeit (Hard Fact)	5 Kubikmeter Stauraum
subjektiv	Wohlfühlwirkung (Soft Fact)	Slice of Life: glückliche Familie (Foto), Einrichtungsbeispiel
	Ästhetik (Soft Fact)	ansprechendes Foto der Küche

Betrachten wir beispielhaft die Schokoladentafelmarken Milka, Ritter Sport, Merci und Kinder, so lässt sich Folgendes feststellen:

Marke	Benefit	Reason why
Kinder	gesund	viel Milch drin
Merci	kleines Dankeschön	Slice of Life: »Engel kann man nicht kaufen, aber man kann ihnen begegnen«
Milka	zart, Genuss	mit Alpenmilch
Ritter Sport	Power, Energie	quadratisch, praktisch, kräftige Farben, hart, Aufbrechmechanismus

Solche Begründungen sind notwendig, weil der Konsument der Werbung leider nicht mehr alles glaubt. Daher muss eine stichhaltige Begründung, eine Glaubhaftmachung her.[158]

Nicht für jeden Benefit lässt sich ein Reason why finden. In diesen Fällen ist abzuwägen, ob er ohne Reason why oder ob ein alternativer Benefit mit einem adäquaten Reason why möglicherweise besser funktionieren würde.

Noch einmal ganz klar: Es geht hier nicht um den Grund, warum der Nutzen ein Nutzen ist. Begründen Sie bitte nicht, warum dem Kunden das Produkt gefällt, das kann er alleine! Begründen Sie, warum die Behauptung der Nutzenversprechung (Benefit) wahr ist – oder es zumindest sein könnte.

Reasons why	**Beurteilung**
Consumer-Benefit: Erfüllt den Wunsch nach Selbstdarstellung, ...	
... weil der Konsument ein Egoproblem hat.	falsch
... weil man sich damit darstellen kann.	zu wenig
... weil das Produkt in der Gruppe der Zehnjährigen als das führende seiner Art angesehen wird und 70 Prozent den Wunsch hegen, es zu besitzen.	gut
... weil es ein sozial sichtbares Produkt ist.	zu wenig
... weil die Peergroup der Zehnjährigen Besitzer dieses Produktes als cool bezeichnet.	gut
Consumer-Benefit: Ist süß, aber das ist nicht so schlimm, ...	
... weil der Konsument nicht dick werden will.	falsch
... weil das Testimonial schlank ist.	okay bis gut
... weil das Testimonial trotzdem Leistung bringt.	okay bis gut
... weil es keine Schokolade enthält und Konsumenten Schokolade für den Hauptdickmacher halten.	gut
... weil es nur 10 Gramm Zucker enthält und die Konkurrenzprodukte mindestens 23 Gramm haben.	gut
Consumer-Benefit: Macht Männer attraktiver für Frauen, ...	
... weil die Konsumenten Singles sind.	falsch
... weil die Konsumenten nicht attraktiv sind.	falsch
... weil es die »xyz-Formel« enthält.	okay bis gut
... weil es im Spot so dargestellt wird, als ob alle Frauen verrückt nach dem Mann werden.	okay bis gut

Frage 46: Wie lassen sich die identifizierten Benefits begründen (Reasons why)?
Ganz einfach: Der FBM ist speziell für Frauen gemacht.

17 Tonality

Die Tonalität (Tonality) ist die Atmosphäre, das Flair, das die Werbebotschaft umgeben soll. Sie umschreibt den Stil der Kommunikation. Die Tonalität definiert damit die Individualität, welche die Werbung übermitteln soll. Sie wird üblicherweise mit Adjektiven beschrieben.[159]

Wir sprechen auch von Stil, werblicher Tonart, Darbietungsatmosphäre, Grundton (als Stilkonstante), atmosphärischer Verpackung oder Tone of Voice.

Bei der Tonality handelt es sich um Anmutungen, um Gefühlsreize. Sie sagt aus, *wie* etwas kommuniziert werden solle[160] und ist die atmosphärische »Verpackung« der Botschaft.[161] Tonality legt fest, wie der Nutzen präsentiert wird und wie die Zielgruppe emotional angesprochen wird.[162]

Somit ermöglicht die Tonalität eine Identifikation der Zielgruppe mit der Marke und prägt deren Image mit.[163] Auch hier gilt wieder: Der Köder muss dem Fisch schmecken, nicht dem Angler!

Es sollte eine gewisse Kontinuität im Grundton aufrechterhalten werden. Er gilt als Vorgabe für die Gestaltung.[164]

Beispiele für Begriffspaare: eher rational oder emotional, kühl oder verspielt, humoristisch oder ernst, arrogant oder zurückhaltend, aggressiv oder sachlich, witzig oder seriös, flippig oder konservativ, laut oder leise, ...

Beispiele für Adjektive: abenteuerlich, aggressiv, akademisch-trocken, altmodisch, amerikanisch, apokalyptisch, asiatisch, aufwendig, ausgeflippt, authentisch, avantgardistisch, bauernschlau, bayrisch, beängstigend, belehrend, beruhigend, besinnlich, bieder, billig, blauäugig, blumig, blutrünstig, bombastisch, chillig, DDR-nostalgisch, dekadent, distinguiert, dominant, durchgeknallt, dynamisch, elegant, emanzipiert, ergreifend, ernst, erzkonservativ, exklusiv, feministisch, frech, freizügig, frivol, funktionell, fürsorglich, gehässig, geizig, genussvoll, gesellig, hart, heimatverbunden, heiß, hochtrabend, homosexuell, humorig, informativ, inspirierend, international, jugendlich, karrieristisch, kindlich, klassisch, konservativ, korrekt, kräftig, kreativ, laut, liebevoll, lustig, magisch, modisch, mollig, mütterlich, nobel, nordisch, öko, ostdeutsch, pädagogisch, patent, pedantisch, pfiffig, pittoresk, pompös, prollig, provokativ, punkig, rockig, romantisch, rührend, rustikal, schnulzig, schockierend, schwäbisch, seriös, sexy, snobistisch, sozial, spacig, spannend, spaßig, sportlich, spritzig, stilvoll, technisch, teuer, traditionsbewusst, treu, überdreht, überzogen, unerwartet, unmoralisch, unterwürfig, vergleichend, verspielt, vertrauenswürdig, vintage, vital, warm, westernlike, wissenschaftlich, wuchtig und so weiter.

Frage 47: Wie soll die Grundstimmung der Kommunikation aussehen (Tonality)?
Weiblich, sportlich, stark, seriös, vertrauenswürdig, emotional, chic, hochwertig, aber bodenständig, authentisch, persönlich, kompetent, stilvoll, trendy, sexy, aufregend, powervoll, freundlich, einladend, hell, modern, locker.

Exkurs: Gestaltungsstrategie (Copy-Strategie)

Die *Gestaltungsstrategie*, auch als Creative Platform bezeichnet, besteht aus den drei soeben beschriebenen Elementen:

- Consumer-Benefit (Nutzenversprechen),
- Reason why (Nutzenbegründung, Glaubhaftmachung),
- Tonalität/Flair (kommunikative Grundstimmung, Grundton).[165]

In der Gestaltungsstrategie wird festgelegt, welche Themen, Inhalte, Argumentationslinien und Botschaften durch die Kommunikation vermittelt werden sollen. Außerdem enthält sie Angaben zur werblichen Grundstimmung, das heißt, sie gibt Vorgaben für die Gestaltung.

Die Gestaltungsstrategie ist die Grundlage für die Umsetzung einer Werbekampagne. Ausgehend von der Positionierung definiert sie die Eindrücke, die der Verbraucher von der beworbenen Marke haben soll.[166] Die Copy-Strategie ist ein langfristig ausgerichtetes Dokument, das heißt, es sollte nach Möglichkeit länger genutzt werden, um für Kontinuität in der Werbung zu sorgen.[167] Auf der Basis der Gestaltungsstrategie wird die Werbeidee – die Art der kreativen Umsetzung – entwickelt.[168] Sie sollte die Grundlage für die Beurteilung der kreativen Arbeit sein.

Die Copy-Strategie lässt sich wie folgt zusammenfassen:[169]

Consumer-Benefit	Wie soll die zentrale Werbeaussage lauten beziehungsweise welches Produktversprechen soll und kann herausgestellt werden?
Reason why	Wie kann diese Aussage beziehungsweise dieses Versprechen stichhaltig begründet werden?
Tonalität/Flair	Mit welcher einheitlichen Linie (visuell und verbal) können das Versprechen und die Begründung herausgestellt, vielleicht sogar bewiesen werden?

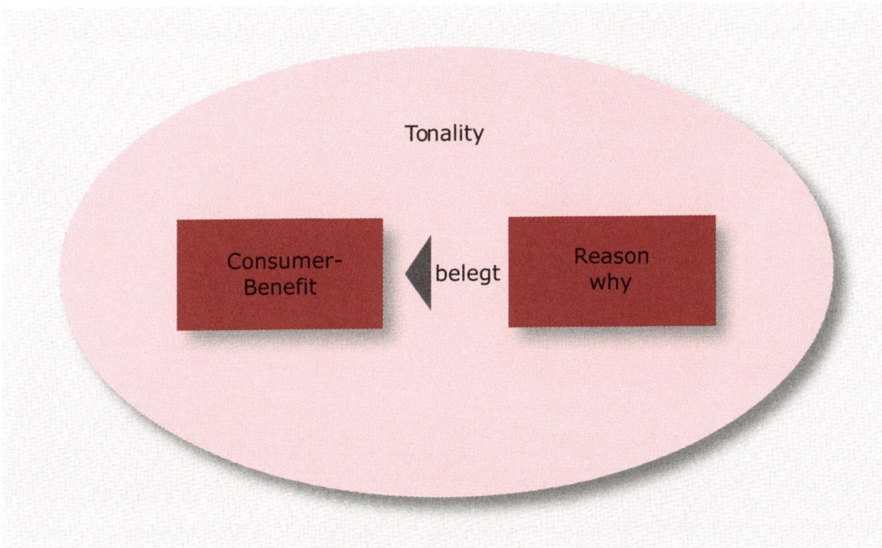

Abbildung 60: Gestaltungsstrategie – Zusammenhang

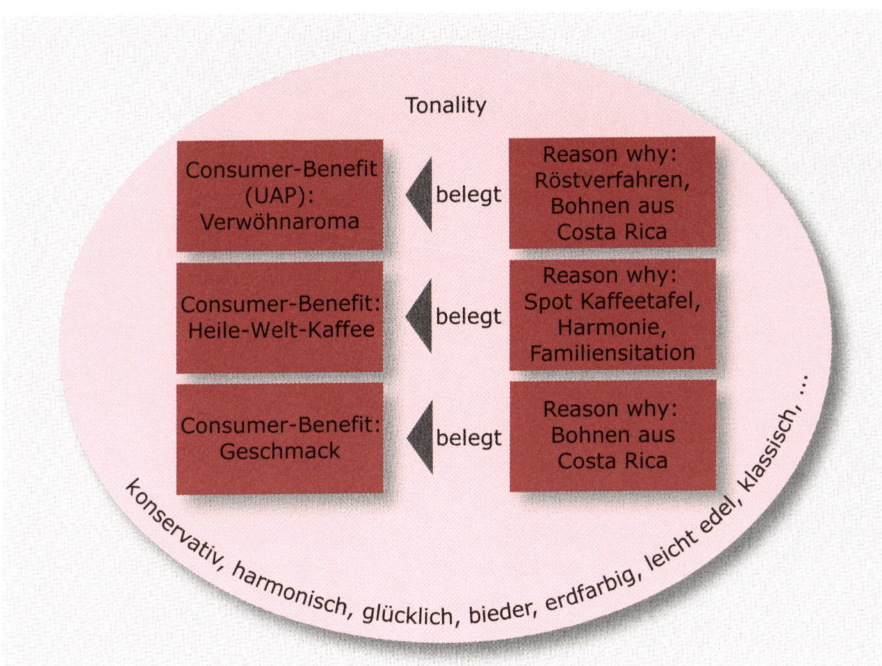

Abbildung 61: Gestaltungsstrategie – Beispiel Kaffee

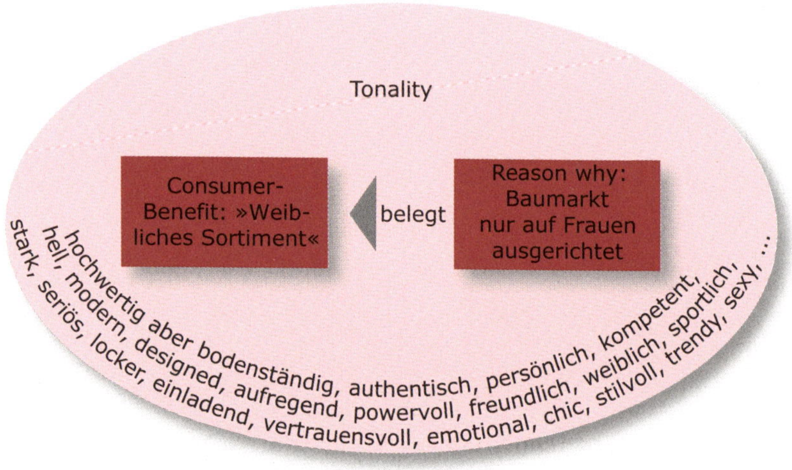

Abbildung 62: Gestaltungsstrategie – Beispiel Frauenbaumarkt

18 Pflichtbestandteile

Die Pflichtbestandteile sind Soll- beziehungsweise Mussvorgaben des Herstellers an die Agentur beziehungsweise Gestaltung. Dazu gehören Gestaltungsrichtlinien und Kommunikationsregeln des Herstellers sowie sonstige Vorgaben und Wünsche. In Kapitel 9 wurden schon Einschränkungen des Herstellers bearbeitet; dort ging es insbesondere um Unerwünschtes. Hier stehen nun Dinge im Vordergrund, die gewollt sind. Dazu gehört besonders die Unterstützung der Corporate Identity des Herstellers.

18.1 Corporate Identity

Die Corporate Identity (CI) ist die Unternehmenspersönlichkeit oder Unternehmensidentität, die sich im Verhalten des Unternehmens und der Mitarbeiter (Corporate Behaviour), in der Kommunikation (Corporate Communication) und im Erscheinungsbild des Unternehmens (Corporate Design) ausdrückt. [170]

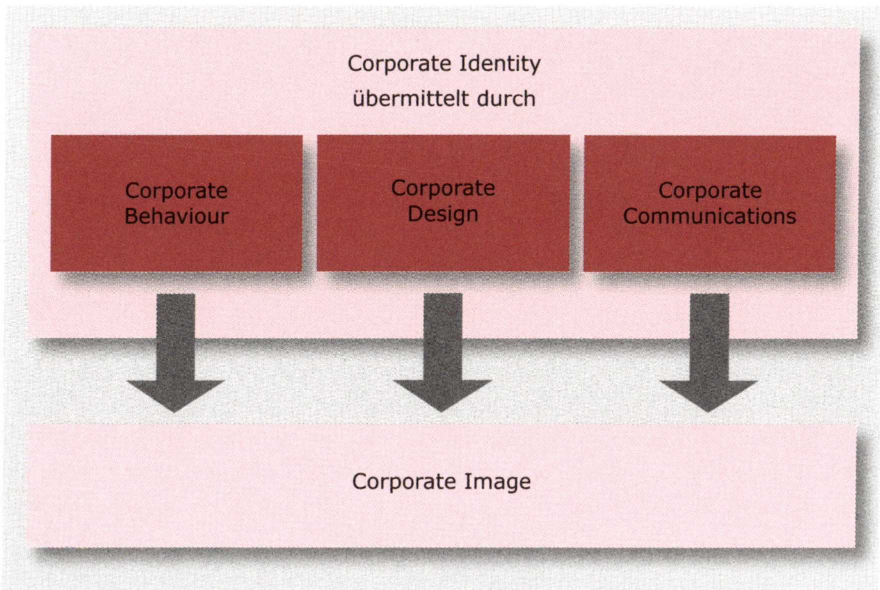

Abbildung 63: Zusammenhang Corporate Identity und Corporate Image

Unter CI versteht man also ein entwickeltes Vorstellungsbild von einem Unternehmen – ein Selbstbild oder Soll-Image, das in die Köpfe der Konsumenten transportiert werden soll.[171] Die CI strahlt kontinuierlich nach innen (Mitarbeiter) und außen (Umwelt) ab und produziert so in der Öffentlichkeit ein spezifisches Image als (mehr oder minder genaues) Abbild der Identität.

Corporate Image ist das tatsächliche Vorstellungsbild vom Unternehmen in den Köpfen der Konsumenten.[172]

Es kann nach Skandalen des Unternehmens natürlich auch negativ sein, wie zum Beispiel im Falle der Brent-Spa-Affäre oder der Wolfsburger Bordell-Affäre.

Bei der Erfüllung der Anforderungen und Wünsche geht es folglich um das Vermeiden von Ärger und Irrtümern, zum Beispiel mit falsch platzierten Logos oder nicht akzeptablen Schriften. Ein weiterer Punkt auf der Wunschliste des Herstellers können Schlüsselsignale sein.

18.2 Schlüsselsignale

Um die Erinnerungsleistung beim Konsumenten zu steigern, ist es sinnvoll, stets dieselben visuellen Grundmotive einzusetzen.[173] Diese werden Schlüsselsignale, Key Visuals, Leitbilder oder Schlüsselbilder genannt.

Ein Schlüsselbild sollte den visuellen Kern der Botschaft darstellen.[174]

Beispiele für Schlüsselsignale (Key-Visuals):

- ein Tropfen in einer Kaffeetasse,
- Petersilie auf dem Teller mit Katzenfutter,
- eine Plastikflasche fällt in einen Stapel Handtücher,
- eine lange Leine voller weißer Wäsche,
- Herr Kaiser,
- der Cowboy,
- eine lila Kuh.

Weitere Pflichtbestandteile können Händlernachweise, Text-/Bildinhalte oder auch Adressen, Telefonnummern, URLs sein. Die Auskunftsfreudigkeit des Herstellers zu diesem Punkt ist normalerweise relativ hoch, so dass weitere Ausführungen an dieser Stelle nicht nötig scheinen.

Frage 48: Gibt es besondere Vorgaben, die die Gestaltung betreffen, wie zum Beispiel eine Corporate Identity mit Gestaltungsregeln oder zu verwendende Schlüsselsignale (Pflichtbestandteile)?
Noch nicht, es ist ja ein Teil des Briefings.

19 Erfolgskriterien und Erfolgskontrolle

Wenn man eine Aufgabe gestellt bekommt, ist es natürlich auch sehr interessant zu wissen, nach welchen Kriterien ihre Erledigung abschließend beurteilt werden soll. Dieses Kapitel soll über Werbewirkungskontrolle und Werbeerfolgskontrolle Aufschluss geben. Leider sind die Hersteller in diesem Punkt häufig sehr geheimniskrämerisch und wollen sich nicht so recht in die Karten schauen lassen. Sie vergessen dabei unglücklicherweise, dass Sie doch an ihrer Seite kämpfen. Vielfach ist das Verhältnis durch Misstrauen geprägt. So versucht man, (a) so wenig Informationen preiszugeben wie möglich – meist in Form von schlechten oder viel zu kurzen Briefings – und (b), wenn die Kampagne dann trotzdem ein Erfolg wird, diesen vor der beauftragten Agentur geheim zu halten. Schließlich könnte sie dann ja nicht mehr so leicht ausgetauscht werden und würde vielleicht gar gleichberechtigter Partner werden wollen oder Ähnliches. Ein sehr abstruses, schwer verständliches Verhalten, das aber regelmäßig vorkommt und daher hier thematisiert werden soll. Versuchen Sie auf jeden Fall, diese schwere Nuss zu knacken; suchen Sie die Partnerschaft, ergreifen Sie die Initiative – beide Parteien haben am Ende etwas davon.

Hintergrundwissen Erfolgskriterien

Die Werbeausgaben sind für viele Hersteller eine hohe Investition. Viele Unternehmen wenden über fünf Prozent ihres Umsatz für Werbung auf.[175] Umso erschreckender ist der sorglose Umgang mit diesen Geldern: »I know half the money I spend on advertising is wasted. I just don't know which half.«[176]

Entsprechend Abbildung 63 sind die Erfolgskriterien der Werbeerfolgskontrolle ökonomischer und die Kriterien der Werbewirkungskontrolle außerökonomischer Natur.

Unter ökonomischen Erfolgskriterien versteht man die messbaren Erfolgsindikatoren (finales Verhalten), zum Beispiel Umsatz, Absatz, Marktanteil, Erstkaufrate und Wiederkaufrate.[177]

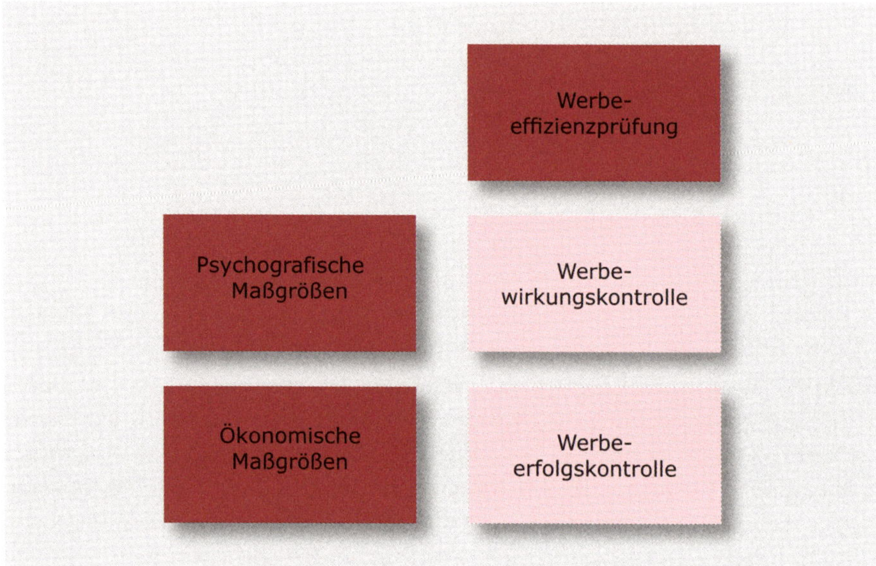

Abbildung 64: Werbewirkungskontrolle und Werbeerfolgskontrolle[178]

Problem: Der Zusammenhang zwischen Werbeeinsatz und diesen Kriterien lässt sich meist nicht eindeutig feststellen – man kann zwar messen, dass 6 Prozent mehr gekauft wurden, aber es ist nicht sicher, ob dies an der Kommunikation lag. Es besteht keine eindeutige Kausalbeziehung. Gründe hierfür sind:179

Gründe	Beispiele
Effekte anderer Instrumente im Marketing	parallele Preis- oder Leistungsänderungen des Herstellers
Konkurrenzaktivitäten	Preisänderungen oder neue Produkte
Spill-over-Effekte	Ausstrahlungseffekte durch andere Kommunikation, zum Beispiel zwischen Sportsponsoring und klassischer Werbung
Carry-over-Effekte	Ausstrahlungseffekte durch frühere Kommunikation, zum Beispiel im Vorjahr
Zeitlücke zwischen Werbung und Kauf	es besteht gerade kein Bedarf
Saisonale und konjunkturelle Einflüsse	es ist gerade kein Grillwetter oder der Job ist zurzeit zu unsicher für größere Ausgaben

Während es sich bei den ökonomischen Erfolgskriterien um beobachtbare Phänomene handelt, ist dies bei den außerökonomischen Kriterien der Werbewirkungskontrolle anders. Hier finden geistige Prozesse statt, also nicht beobachtbares Verhalten. Deswegen gilt es, beobachtbare Indikatoren zu finden, die mit relativer Verlässlichkeit die Werbewirkung vorhersagen.[180]

Außerökonomische Erfolgskriterien[181]	
Werbekontakte	**kommunikative Wirkungen**
Reichweite, Kontaktmenge und -verteilung, Share of Voice und Share of Mind	Werbeerinnerung, Markenbekanntheit, Informationen (Wissen) über die Marke, Einstellungen/Images, Präferenzen und Kaufabsicht

Der Hersteller sollte sich vorher Gedanken machen, wie er den Erfolg der Kampagne abschließend messen möchte. Sie können dann Ihre Aktivitäten darauf ausrichten. Fragen Sie also nach.

Frage 49: Wie soll der Erfolg der Kampagne – und damit der Kreativarbeit – gemessen werden?
Zum einen über eine Befragung Ende Dezember 2008 zum Bekanntheitsgrad in der Zielgruppe, zum anderen über die Besucherzahlen in den Filialen. Es werden zwischen Weihnachten 2008 und Neujahr 2009 über 1.000 Besucher pro Tag erwartet.

20 Zeitplan für die kreative Arbeit

Der Zeitdruck in der Branche wächst. Ältere Werber berichten immer wieder davon, wie angenehm es früher war, als man ihnen noch genügend Zeit einräumte. Zwar hat die IT uns einige Möglichkeiten eröffnet, den Prozess in der Agentur zu beschleunigen, aber gerade die Kreativleistung braucht einfach immer noch ihren zeitlichen Spielraum. Wenn ganze Kampagnen in einer Woche entwickelt werden sollen, bleibt keine Zeit für Kreativität. In der Branche hört man öfter den Satz: »Werber sind Schlampen und Verpacker Pedanten.«

Darin steckt gewiss ein wahrer Kern. Nehmen wir als Beispiel das Thema Typografie: In Packungsagenturen (also bei den Verpackern) wird oft wochenlang über die richtige Schrift nachgedacht. In der Werbeagentur ist dies aufgrund der engen Zeitpläne gar nicht möglich, vieles muss »geschlampt« werden. Wer sich also die Schriften einer beliebigen großen Agentur anschaut, wird relativ viele »alte Bekannte« treffen – wenig überraschend. Auch wenn der Hersteller letztendlich die Marschroute bestimmt: Werden Sie nicht müde, mehr Zeit für die Kreativität zu verlangen!

Und nun zum Thema: Der Zeitplan gibt die Deadline an.

Frage 50: Wann sind die Deadlines für die Kreativarbeit?
»Noch nicht fertig?!«

Marketingkonzept

Sollten Sie sich irgendwann auf dem Weg bis hierher gefragt haben, wieso der Untertitel des Buches *Marketing-Wissen für Werber, Kreative & Co.* lautet, dann kommt jetzt die Auflösung des Rätsels.

Wir illustrieren das an einem Beispiel für ein Marketingkonzept des täglichen Lebens. Stellen Sie sich vor, Sie sind Designer, und neben Ihnen zieht eine junge Dame ein, die Ihre Hormone tanzen lässt. Automatisch – wahrscheinlich ohne es zu wissen – machen Sie das Richtige: ein Marketingkonzept.

1 Situationsanalyse oder »Lage abchecken«

1.1 Marktanalyse

Frage 1: Ist Vanessa (nennen wir sie mal so) tatsächlich auf dem Markt? Soll heißen: Können Sie ihre Bedürfnisse überhaupt befriedigen? Sollte sie zum Beispiel homosexuelle Neigungen haben, müssten Sie sich die Frage stellen, ob Sie zu einer weitgehenden Produktveränderung (Geschlechtsumwandlung) bereit wären.

Die Marktanalyse definiert also den Markt über die Bestimmung der Bedürfnisse; ohne Bedürfnisse kein Markt. Hat Vanessa Bedürfnisse, oder andersherum: Gibt es eine Zielgruppe für die Bedürfnisbefriedigung, die Sie anbieten? Ist also Vanessa grundsätzlich an Ihrem Angebot interessiert?

Konkret formuliert wäre die Marktdefinition: Markt für Geborgenheit, Familienersatz, Wärme, Zärtlichkeit, Zweisamkeit, Zeitvertreib, Sex und so weiter.

Frage 2: Wer sind die Marktteilnehmer (Marktstruktur) auf diesem soeben definierten Markt, und wie sehen die Beziehungen der Teilnehmer (Marktprozesse) aus?

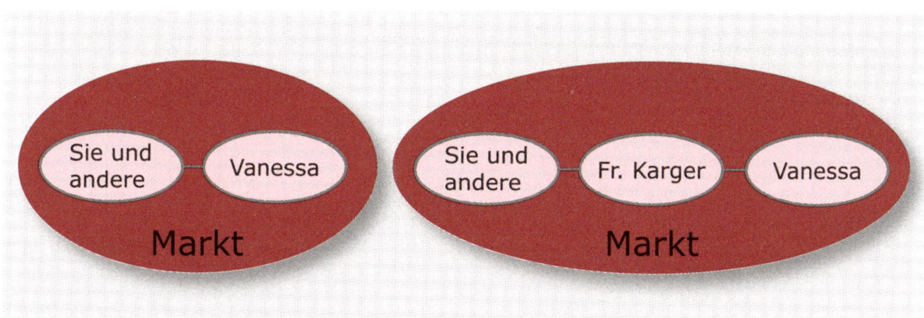

Abbildung 65: Marktstrukturen und -prozesse zu Vanessa

Die Teilnehmer auf dem definierten Markt sind – wenn wir von dem statistisch häufigeren Fall der Heterosexualität ausgehen – auf der einen Seite männlich, auf der anderen Seite weiblich: Häufig sind die Prozesse (Beziehungen) direkt und auch Zweierbeziehungen, wie in der Abbildung 65 links. Eine weitere Möglichkeit wäre der indirekte Vertrieb, das heißt das Zwischenschalten von Händlern und Absatzmittlern. Der Händler als Käufer und Verkäufer von Waren und Dienstleistungen schließt sich hier durch den Gesetzgeber aus (Verbot des Menschenhandels). Jedoch gibt es Absatzmittler: Heiratsvermittler, Kuppler und Kupplerinnen, klassische Kontaktanzeigen oder auch das Internet. Teilweise wird hier gemakelt, teilweise sind die Leistungen unentgeltlich.

Frage 3: Marktkennzahlen. Männer in Deutschland zum 31.12.2006: 40.301.200 (49 Prozent) und Frauen: 42.013.700 (51 Prozent).[182] Hier könnte noch eine genauere Analyse verfeinerte Zahlen bringen: Altersgruppen, Neigungen et cetera.

1.2 Zielgruppenanalyse

Was sind Vanessas (als Sinnbild für ihre Zielgruppe) Vorlieben? Was mag sie für ein Typ sein? Was sind ihre Bedürfnisse im Detail? Wie ist ihr Kauf- beziehungsweise Balzverhalten? Sucht sie etwas Festes? Wie ist ihr Konsumverhalten? Wie häufig kauft sie ein (wechselt sie die Partner)? Wie groß ist diese Zielgruppe an Vanessas?[183]

1.3 Unternehmensanalyse

Das Unternehmen sind hier natürlich Sie. Wer sind Sie also? Was bieten Sie heute an? Was können Sie noch anbieten? Hier muss ich aus gegebenem Anlass um objektive Selbstkritik bitten. Selbstbeschummlung ist gegebenenfalls angenehmer, aber hilft Ihnen in Bezug auf Vanessa nicht weiter. Wir müssen es ja Vanessa nicht direkt erzählen, aber es ist im Marketing wichtig, sich die eigenen Schwächen klar vor Augen zu führen.

1.4 Instrumentalanalyse

Die Instrumentalanalyse betrachtet die Marketinginstrumente, die Sie bislang nutzen:

- Ihre Leistung: Was sind Sie für ein Typ, was können Sie, was geben Sie anderen Menschen? Wie ist Ihre Verpackung? Ja, nicht nur die inneren Werte zählen ...

- Ihr Preis: Was kosten Sie Vanessa? Was muss sie direkt an Sie beziehungsweise für Sie zahlen? Was kosten Sie indirekt, zum Beispiel die Dinge, die sie für Sie aufgeben muss?
- Ihre Verfügbarkeit: Was muss Vanessa tun, um Sie zu bekommen?
- Ihre Kommunikation: Wie kommunizieren Sie Ihre Existenz und Ihre eindeutigen Vorteile? Hier geht es nicht unbedingt um die (doch so schwierige) reine Kommunikation zwischen Mann und Frau. Auch die indirekte Kommunikation mittels Bildern und Gegenständen ist gemeint, zum Beispiel was die eigene Bleibe angeht: Gibt es wirklich Frauen, die schwarze Regale und Vitrinen mit Ihren gesammelten »Trophäen« mögen? Falls Sie dies noch immer glauben: Ihr Lichtkonzept sowie Blumen sind wichtige Stichworte an dieser Stelle.

1.5 Konkurrenzanalyse

Wer bemüht sich noch um Vanessa? Was haben die anderen so drauf? Was sind deren Vorzüge? Können die Vanessa womöglich besser befriedigen? Was kosten sie Vanessa? Wie kommunizieren sie?

1.6 Umfeldanalyse

Es gibt fünf Umfelder oder Rahmenbedingungen, die Sie sich anschauen sollten:

- *Politisch-rechtliches Umfeld:* Gibt es rechtliche Einschränkungen, die Ihrer Liebe zu Vanessa im Wege stehen könnten, wie zum Beispiel Einwanderungsgesetze?
- *Soziokulturelles Umfeld:* Wird Ihre Beziehung gesellschaftlich akzeptiert werden? Liegen Sie beide vielleicht sogar im Trend? Kommen Typen wie Sie gerade in Mode oder aus der Mode?
- *Technologisches Umfeld:* Gibt es technologische Veränderungen, die Sie, Vanessa oder Ihre Beziehung nachhaltig verändern könnten? Wie ging das früher alles ohne Handy?
- *Ökologisches Umfeld:* Ist Ihre (zukünftige) Beziehung an irgendwelche Ressourcen gebunden? Wie wirken Sie ohne das Cabrio Ihres Vaters?
- *Ökonomisches Umfeld:* Welchen Einfluss hat die Konjunktur auf Ihr Glück? Wenn es Deutschland schlechter geht, wird sie Sie dann mehr, gleich viel oder weniger lieben? Das heißt, liebt sie Sie auch ohne Ihren Job?

1.7 Handelsanalyse

Gibt es Kupplerinnen in Ihrem Haus? Können Sie Frau Kargers Hilfe nutzen? Was verlangt sie dafür? Vertrauen Sie ihr – klatschtechnisch und von der Erfolgswahrscheinlichkeit her? Vertritt sie Sie in Ihrem Interesse?

1.8 Lieferantenanalyse

Sind Sie von irgendwelchen Lieferanten abhängig? Was wäre, wenn es keine schwarzen Klamotten zur Unterstützung Ihres Designer-Images mehr gäbe?

Mit diesen acht Punkten haben Sie die Situation skizziert. Nun ist es an der Zeit, nach vorne zu blicken.

2 Ziele oder »Was wollen Sie erreichen?«

Sagen wir es politisch korrekt: Vanessa heiraten, glücklich werden und eine »Rama-Familie« gründen.

3 Strategie oder Schlachtplan

Hier stellt sich die Frage, wie Sie das Ziel erreichen möchten. Grundsätzlich rate ich von irgendwelchen Standardstrategien ab, die höchstens zufällig mal klappen. Wir haben die Situation analysiert, um adäquat zu reagieren!

Und nun wird plötzlich auch klar, dass wir unter Punkt 1 (Situationsanalyse) teilweise noch nicht detailliert genug waren. Wir brauchen mehr Informationen über Vanessa, wie zum Beispiel:

- Worauf steht sie nun genau?
- Was fährt Vanessa für ein Auto?
- Was isst sie gerne?
- Welche Blumen kommen bei ihr an?
- Welche Unterwäsche mag sie bei Männern? (Gegebenenfalls ist auch interessant, welche sie selbst trägt)
- Hat sie eine Tätowierung? Und wo? Und was?
- Welche Uhr trägt sie?
- Was liest sie?

Auch könnten uns einige Informationen über Vanessas Exfreunde und nähere Details über die Nebenbuhler weiterhelfen. Nachdem diese Daten vorliegen, entscheiden wir uns für folgende Strategie:

Sie planen, Vanessa im Hausflur abzufangen, mit Klagen über Hausmeister Krause in ein Gespräch zu verwickeln (weil Sie wissen, dass sie ihn nicht mag) und dann zum Essen beim Italiener (hohe Wahrscheinlichkeit des Mögens) einzuladen.

4 Marketingmix oder Details planen

Die früher genutzten Marketinginstrumente werden hier überarbeitet, das heißt, Sie überlegen sich, wie Sie die einzelnen Elemente optimal auf Vanessa ausrichten können:

- Ihre Leistung: Wollen Sie Ihren Typ verändern, lässt sich Ihr Image aufpolieren? Etwas Sport? Neue – etwas lebensbejahendere – Klamotten?
- Ihr Preis: Den Italiener zahlen Sie, aber was für Kosten kommen danach auf Vanessa zu? Was kommt beim Gespräch raus? Was muss sie direkt an Sie beziehungsweise für Sie zahlen?
- Ihre Verfügbarkeit: Ihre Blicke verraten Sie eh …
- Ihre Kommunikation: Die Frage ist wohl eher, warum Vanessa sich trotz der Szene im Treppenhaus immer noch mit Ihnen treffen wollte … Hier kommt aber auch die Unterhaltung beim Italiener hinzu: Was geben Sie von sich preis? Erzählen Sie über Ihre Ex?

Und wie im richtigen Leben hat Ihre Strategie auch nur Erfolg, wenn diese letzten vier Punkte alle wunderbar zusammenpassen und so Vanessa in ihren Bann ziehen. Und wenn Sie nicht gestorben sind, dann …

So sieht ein Marketingkonzept aus.

Wenn man Ihre Person nun durch eine Marke ersetzt, gilt es, dieselben Fragen zu stellen und zu beantworten, um eine Marketingkonzeption aufzustellen. Dies ist der Kern des Marketings, sozusagen die Bibel für die Marke, der Fahrplan.[184] Ihnen ist sicherlich aufgefallen, dass die meisten Punkte des Marketingkonzepts auch im Briefing zu finden sind. Das Briefing ist die Weitergabe der relevanten Informationen an die Agentur und muss also in weiten Punkten mit dem Marketingkonzept deckungsgleich sein.

Sie haben also über das Briefing das gesamte Marketing erfahren. Und nun? Nun sollten Sie eigentlich alle nötigen Informationen zusammen haben, um mit Ihrer Kreativarbeit zu beginnen. Ein präzises Briefing ist zwar kein Garant für gute Kreation, aber eine wichtige Voraussetzung dafür.[185]

Auf gutes Gelingen. Ich wünsche Ihnen viele Nägel, schöne Löwen und vor allem glückliche und dankbare Kunden.

Anmerkungen

1 Vgl. Studie »Brennpunkt Briefing« von Diffferent, S. 10, und Richter | Weber, S. 35.

2 Vgl. Schwedler, S. 11. Philip Knight: »We had to learn to do well all the things involved in getting to the consumer, starting with understanding who the customer is and what the brand represents«, vgl. hierzu auch Willigan, S. 94.

3 Dave Packard wird hierzu passend zitiert mit: »Marketing ist zu wichtig, um es der Marketingabteilung zu überlassen«, nach Rüggeberg, S. 3.

4 Vgl. Kloss, S. 236; Schnettler | Wendt (Konzeption), S. 32. Ebenso sieht Koschnick das Briefing als zentrale Plattform der Interaktion, vgl. Koschnick, S. 293. Hingegen bei Schneider: Das Briefing ist »die schriftliche Auftragserteilung«, Schneider, S. 254.

5 Vgl. Kloss, S. 236; ähnlich Huth | Pflaum, die von »alle … relevanten Unterlagen und Fakten« sprechen, Huth | Pflaum, S. 58; ferner auch Unger | Fuchs: »alle … als notwendig angesehenen Informationen«, Unger | Fuchs, S. 412.

6 Vgl. Mansaray, S. 64, und Kroeber-Riel | Weinberg, S. 698. Der Wunsch ist »Ausdruck des Bedürfnisses«, Solomon | Bamossy | Askegaard, S. 120. Bedürfnisse sind empfundene Mangelzustände als Motivauslöser, die zunächst nicht zielgerichtet sind. Erst durch (mehr oder weniger gefühlsmäßige und gedankliche) Verarbeitung dieser Empfindung erlangt ein Bedürfnis Motivqualität, vgl. Trommsdorff, S. 118.

7 In Anlehnung an Kamenz (Marketing), S. 30.

8 In Anlehnung an Kamenz (Marketing), S. 42 f.

9 Zitat aus einem Werbespot der LBS.

10 Der Zentralverband der deutschen Werbewirtschaft (ZAW) sieht insbesondere folgende Vorschriften zum Werberecht: Gesetz gegen den unlauteren Wettbewerb (UWG), Lebensmittel- und Futtermittelgesetzbuch (LFGB), Jugendschutzgesetz (JuSchG), Jugendmedienschutz-Staatsvertrag (JMStV), Landespressegesetze (LPG), Rundfunkstaatsvertrag, Mediendienstestaatsvertrag, Bundesdatenschutzgesetz, Heilmittelwerbegesetz (HWG), Betäubungsmittelgesetz, Preisangabenverordnung, Landesbauordnungen (LBO), Gesetz über Ordnungswidrigkeiten (OWiG), Straßenverkehrsordnung, Teledienstedatenschutzgesetz (TDDSG), Teledienstegesetz (TDG), vgl. *www.zaw.de.*

11 Vgl. Huth | Pflaum, S. 82. Hier ist die Unterscheidung zwischen Marketingzielgruppe und Werbezielgruppe nicht nötig: Die Werbezielgruppe ist das Einzige, was zählt.

12 In Anlehnung an Hartleben, S. 76.

13 Wie viele Menschen gibt es, denen Sie bei einem Satz wie »die Person wäre ein toller Partner für dich« trauen?

14 Vereinfacht lassen sich Motive auch als Bedürfnisse charakterisieren, vgl. Kirsch | Müllerschön, S. 40. Für eine detaillierte Unterteilung siehe zum Beispiel: Raab | Unger, S. 200 ff.

15 Vgl. unter anderem Mansaray, S. 64; Kroeber-Riel | Weinberg, S. 698; Solomon | Bamossy | Askegaard, S. 120, und Trommsdorff, S. 118.

16 Balderjahn, Sp. 180; ähnlich auch Raab | Unger, S. 203.

17 Vgl. unter anderem Kirsch | Müllerschön, S. 40 f., und Solomon | Bamossy | Askegaard, S. 122.

18 Vgl. Kirsch | Müllerschön, S. 40 ff.

19 In Anlehnung an Schiffman | Kanuk, S. 107.

20 Vgl. Thomae, S. 15.

21 Vgl. Raab | Unger, S. 217.

22 Balderjahn, Sp. 180 und ergänzend Sp. 185.

23 Vgl. Mansaray, S. 73 f.

24 Vgl. Riesenbeck | Perrey, S. 139.

25 Vgl. Raab | Unger, S. 206.

26 Vgl. Solomon | Bamossy | Askegaard, S. 142.

27 Vgl. Felser | Kaupp | Pepels, S. 40 f.

28 Vgl. Hartleben, S. 87 f.

29 Vgl. Hartleben, S. 110.

30 Vgl. Trommsdorff, S. 135. Mehr dazu bei Föll, S. 38.

31 Vgl. ähnlich Trommsdorff, S. 135.

32 Vgl. Riesenbeck | Perrey, S. 144.

33 »Tamara« ist eine Marmeladenmarke im Discounter Aldi.

34 An dieser Stelle ist es mir wichtig zu erwähnen, dass (a) diese Punkte im Unterricht erarbeitet wurden (noch einmal danke!) und (b) hier keine Punkte aufgelistet sind, die nicht vom – in der Mehrzahl anwesenden – weiblichen Teil der Bevölkerung abgesegnet wurden.

35 Vgl. Esch, S. 114 ff.; Kroeber-Riel | Esch, S. 143.

36 Zaichkowsky, S. 342: »A person's perceived relevance of the object based on inherent needs, values, and interests.« ähnlich bei Deimel, S. 153. Pepels fügt hinzu: »Involvement ist ein innerer Zustand der Aktivierung, die die Informationsaufnahme, -speicherung und -verarbeitung beeinflusst«, Pepels (Käuferverhalten), S. 61.

37 Vgl. Trommsdorff, S. 56.

38 Vgl. Lachmann, S. 27.

39 Vgl. Trommsdorff, S. 57.
40 Vgl. Felser, S. 56.
41 Vgl. zum Beispiel bei Raab | Unger, S. 97 ff.
42 Vgl. Kroeber-Riel | Weinberg, S. 622 ff.
43 Lönneker S. 2.
44 Vgl. Lönneker, S. 4, ebenso Grünewald, S. 235 f.
45 Vgl. Hartleben, S. 77.
46 Mit freundlicher Überlassung des Semiometrie-Centers von TNS Infratest: *www.tnsinfratest.com*.
47 Quelle: Religionswissenschaftlicher Medien- und Informationsdienst e.V., Marburg, vgl. *www.remid.de*.
48 Vgl. Drucker, S. 99.
49 Vgl. Meyer | Davidson, S. 372, und Froböse | Kaapke, S. 118.
50 Vgl. Hartleben, S 94.
51 Vgl. Hartleben, S. 117 f.
52 Vgl. Hartleben, S. 119.
53 Florian Witek über eine Person der Sprayerszene.
54 Vgl. Kotler | Armstrong | Saunders | Wong, S. 365 ff.
55 Mit freundlicher Überlassung des Semiometrie-Centers von TNS Infratest: *www.tnsinfratest.com*.
56 Die folgenden Ausführungen sind der Studie »Lebensstile 2020« und dem »Trend-Report 2006« entnommen, vgl. Dziemba | Pock | Steinle, S. 118 ff. und Horx | Friedemann, S. 54 ff.
57 In Anlehnung an Dziemba | Pock | Steinle, S. 16.
58 Vgl. Dziemba | Pock | Steinle, S. 118 ff. und Horx | Friedemann, S. 54 ff.
59 Vgl. Kampik, S. 152.
60 Vgl. Kalka | Allgayer S. 244 f.
61 Vgl. Allgayer S. 239.
62 Die Ausführungen entstammen: Kalka | Allgayer, S. 161 ff.
63 Vgl. Kalka | Allgayer, S. 161 ff.
64 Mit freundlicher Überlassung der GIM Gesellschaft für Innovative Marktforschung, www.g-i-m.com.
65 Mit freundlicher Überlassung der GIM Gesellschaft für Innovative Marktforschung.
66 Vgl. zum Beispiel: Berthel | Becker, S. 149 f., oder Bröckermann, S. 232 ff. Produktbezogen ist Pepels (Käuferverhalten), S. 81 f., empfehlenswert.
67 Der Begriff Leistung ist insofern umfassender (als der Begriff Produkt), als er verdeutlicht, dass es nicht nur um das Produkt an sich geht, sondern um die Leistung, die beim Käufer ankommt und dort Nutzen stiftet. Dies beinhaltet nicht nur Dienstleistungen und Services, sondern zum Beispiel auch die Eignung, mit den Produkt anzugeben. Dies wird leicht übersehen, wenn man das Produkt begrifflich in den Mittelpunkt stellt.

[68] In Anlehnung an Meffert, S. 437.

[69] In Anlehnung an Bänsch, S. 30 f. und S. 246, zitiert nach Meffert, S. 333.

[70] Deutsches Institut für Normung e.V.

[71] DIN 55350.

[72] Koppelmann hat noch weitere Anspruchsgruppen in seinem System detailliert analysiert. Es sei hier auf dic Literatur verwiesen: Händleransprüche, vgl. Koppelmann (Produktmarketing), S. 182 ff.; Logistikansprüche, vgl. Koppelmann (Produktmarketing), S. 196 ff., und Herstelleransprüche, vgl. Koppelmann (Produktmarketing), S. 199 ff.

[73] Vgl. Koppelmann (Produktmarketing) S. 141 f.

[74] In Anlehnung an Koppelmann (Produktmarketing), S. 141.

[75] In Anlehnung an Koppelmann (Produktmarketing), S. 143.

[76] In Anlehnung an Koppelmann (Produktmarketing), S. 145.

[77] In Anlehnung an Koppelmann (Produktmarketing), S. 159.

[78] In Anlehnung an Koppelmann (Produktmarketing), S. 159.

[79] In Anlehnung an Koppelmann (Produktmarketing), S. 159.

[80] Vgl. Kotler | Keller | Bliemel, S. 509.

[81] Image wird auch bezeichnet als: »subjektive, verstandes- und gefühlsmäßige Bedeutungsinhalte, die der Konsument mit der Marke verbindet«, Mayer | Mayer, S. 6, beziehungsweise als: »das Bild, das sich jemand von einem Gegenstand macht«, vgl. Kroeber-Riel | Weinberg, S. 197, oder: »Image heißt Persönlichkeit. Produkte haben genau wie Menschen eine Persönlichkeit, die sie im Markt erfolgreich oder erfolglos macht«, Ogilvy, S. 14.

[82] Bravo Faktor Jugend 2, 1999, Slide 6, http://www.bauermedia.com/fileadmin/user_upload/pdf/studien/zielgruppe/jugend/jugend2.pdf. (Stand: 13. November 2007).

[83] Bei dieser Überlegung ist der Ausgangspunkt das Angebot aller Alternativen der Bedürfnisbefriedigung am Markt, das sogenannte »available set«. Viele Konsumenten ziehen jedoch zur Kaufentscheidung nur eine bestimmte Zahl von Produkten in die engere Wahl (zum Beispiel nach Sympathie und den finanziellen Möglichkeiten).

[84] Vgl. Stern Markenprofile 11, S. 61.

[85] Vgl. zu den folgenden Ausführungen BBDO, S. 13 ff.

[86] In Anlehnung an BBDO, S. 14.

[87] Vgl. Leibenstein, S. 190 ff.

[88] Der Prestige Value oder Prestigewert entspricht dem Geltungsnutzen aus Kapitel 3.1. Weiterführend vgl. auch Schuster, S. 108 ff.

[89] Vgl. Leibenstein, S. 199 ff., und Vigneron | Johnson, S. 5 f.

[90] Vgl. Bungard, S. 2, vgl. http://rpkhome.mach.unikarlsruhe.de/~paral/MAP/pnprojektive_verfahren_l.ppt (Stand: 21. Juli 2007).

[91] Vgl. Kamenz (Marktforschung), S. 117, und Schnettler | Wendt (Marketing), S. 303 sowie S. 349.

92 Vgl. Salcher, S. 62 f.
93 In Anlehnung an den Fragebogen im *FAZ-Magazin*.
94 Vgl. Bungard, S. 10, vgl. http://rpkhome.mach.unikarlsruhe.de/~paral/MAP/pnprojektive_verfahren_l.ppt (Stand: 21. Juli 2007).
95 Vgl. Schnettler | Wendt (Marketing), S. 349. Eine Variante der Symbolzuordnung ist die Semiometrie, das Zuordnen von Wörtern. Hierzu mehr in Kapitel 2.7.
96 Vgl. Sauermann, S. 122, und Schnettler | Wendt (Marketing), S. 305.
97 Vgl. Salcher, S. 161, und Bungard, S. 9, vgl. http://rpkhome.mach.unikarlsruhe.de/~paral/MAP/pnprojektive_verfahren_l.ppt (Stand: 21. Juli 2007).
98 Vgl. Domizlaff, S. 75 ff.
99 Domizlaff, S. 75.
100 Eine begriffliche Trennung zwischen Verpackung und Packung ist im Rahmen dieses Buches nicht notwendig, vgl. zur Trennung: Koppelmann (Produktmarketing), S. 505 oder Meffert, S. 455.
101 Vgl. beispielsweise Meffert, S. 456 ff.; Kamenz (Marketing), S. 115.
102 http://www1.landsend.de/cgibin/ncommerce3/ExecMacro/LandsEndGermany/ledeu_Help.d2w/report?mdiv=ab&target=our_guarantee.html (Stand: 7. Juli 2007).
103 Diese Anmerkung sei erlaubt, obwohl oder wahrscheinlich gerade weil mein Lieblingsauto ein alter Opel GT Cabrio ist. Schade, wohin die Marke sich entwickelt hat. Alternativ könnte als Beispiel natürlich auch KIA oder Fiat stehen.
104 Mit den Marken: Axe, Becel, Bivi, Dove, Knorr, Langnese, Pfanni, Rama, Signal.
105 Mit den Marken: Always, Ariel, Braun, Duracell, Gilette, Lenor, Oral-B, Pampers, Pringles, Tempo, Wick.
106 Mit den Marken: 8 x 4, Hansaplast, Labello, Nivea, Tesa.
107 Mit den Marken: Ata, Fa, Persil, Perwoll, Pril, Pritt, Schwarzkof, Somat, Spee, Weißer Riese.
108 »Die Feuerzangenbowle«, deutscher Spielfilm, 1944.
109 Vgl. Langwost, S. 92 ff.
110 Beispiel: Wie viel Prozent von allen Bierlieferungen an alle Restaurants machen die Bierlieferungen des Herstellers an die Restaurants aus?
111 Vgl. Meffert, S. 288 f.
112 Vgl. Meffert, S. 290.
113 Baumärkte haben teilweise über 100.000 Artikel im Sortiment, vgl. Bottler, S. 15.
114 In der Nähe der Achsen verläuft die PAF normalerweise abgerundet, aber dies hilft hier der Erklärung nicht wirklich weiter und macht das Beispiel daher nur unnötig kompliziert.
115 Vgl. Riesenbeck | Perrey, S. 193.

116 Vgl. Hars, S. 65.
117 Vgl. Bünte, S. 66; Séguéla, S. 67 ff.
118 Hier die Bezeichnungen von SevenOneMedia, die Begriffe werden in Deutschland noch relativ uneinheitlich verwandt.
119 AE steht dabei für »Annoncen-Expeditionen«.
120 Vgl. Geyer | Ephrosi, S. 40.
121 Vgl. Schmidt, S. 38.
122 Vgl. Rüggeberg, S. 29.
123 In Anlehnung an Rüggeberg, S. 32.
124 Daten mit Dank von Nielsen Media Research.
125 Vgl. ZAW, S. 13.
126 Vgl. Kirsch | Müllerschön, S. 101. Unternehmens- und Marketingziel sind hier synonym zu verwenden. Marketing ist marktorientierte Unternehmensführung. Unternehmensführung bezieht sich auf die Unternehmensziele. Ein Unterschied besteht bei Zielen für die Marketingabteilung, aber darum geht es hier nicht.
127 Ulrich | Fluri, S. 97 f.
128 Vgl. Kirsch | Müllerschön, S. 101, sowie Kamenz (Marketing), S. 70 ff.
129 Vgl. Kirsch | Müllerschön, S. 103.
130 Anders formuliert: Der Bekanntheitsgrad gibt den Prozentsatz der relevanten Zielgruppe an, die von der Existenz der Marke wissen. Gründe, warum die Steigerung des Bekanntheitsgrades häufig ein wichtiges Ziel darstellt: (a) Bei zunehmend illoyalem Käuferverhalten wird den Marken mehr Aufmerksamkeit zuteil, die bereits bekannt sind, und (b) Kunden fällt der Kauf eines Produktes, das ihnen bekannt vorkommt, viel leichter (gefühlte Sicherheit), vgl. Froböse | Kaapke, S. 108.
131 Man unterstellt, dass ein zufriedener Kunde tendenziell eher beim Unternehmen gehalten werden kann als ein unzufriedener Kunde, vgl. Froböse | Kaapke, S. 108.
132 Vgl. zum Beispiel Kirsch | Müllerschön, S. 102; Kamenz (Marketing), S. 34.
133 So errechnet sich beispielsweise der Kundendeckungsbeitrag folgendermaßen:
Bruttoumsatz (ohne Umsatzsteuer) des Kunden
– Erlösschmälerungen (zum Beispiel Rabatte, Provisionen)
= Nettoumsatz
– (Herstellkosten + Gemeinkostenanteil)
= Kundendeckungsbeitrag I
– zurechenbare Marketingkosten (zum Beispiel Werbung)
= Kundendeckungsbeitrag II
– zurechenbare Vertriebskosten (zum Beispiel Besuchskosten, Auftragsabwicklungskosten)
= Kundendeckungsbeitrag III
– zurechenbare Nachkaufkosten (zum Beispiel Transport, Service, Kulanz)
= Kundendeckungsbeitrag IV

134 Vgl. Kamenz (Marketing), S. 34.

135 Dieser Effekt wird »Economies of Scale« genannt.

136 Eine Ausnahme wäre hier zum Beispiel, wenn die Ausweitung der Produktion (durch die Erhöhung der Menge) neue Produktionsstätten voraussetzt, so dass dadurch die Kosten überproportional steigen, weil man für eine zusätzlich zu produzierende Tüte Gummibären eine Produktionshalle anmietet.

137 Schweiger, S. 915.

138 Synonym auch: Marketinginstrumentarium, operatives Marketing oder die Marketinginstrumente.

139 Brutto, das heißt Rabatte sind hier nicht abgezogen. Daten mit Dank von Nielsen Media Research.

140 Zum Beispiel: »What do you wish to communicate about this brand?«, Robertson, S. 53.

141 Vgl. Schnettler | Wendt (Marketing), S. 258.

142 Vgl. Vershofen, S. 69 ff.

143 Beispiel: Fluss mit »R« Ihr »Rhein« gibt 5 Punkte, falls noch jemand den »Rhein« eingetragen hat. Er bringt Ihnen 10 Punkte, wenn niemand sonst den »Rhein« hat, aber jemand zum Beispiel die »Ruhr«. Phänomenale 20 Punkte beschafft Ihnen der Rhein, wenn keiner sonst einen Fluss mit »R« hat. 20 Punkte für den absoluten Wettbewerbsvorteil.

144 Hier ist Stadt-Land-Fluss etwas fairer, da nicht zwischen der Güte von »Rhein« und »Ruhr« unterschieden wird. Jedoch kommt der relative Wettbewerbsvorteil zum Tragen. Denn, wenn Sie einen unbekannten Fluss mit »R« haben, zum Beispiel die in Österreich entspringende »Raab« oder den »Rußbach«, dann haben Sie eine höhere Wahrscheinlichkeit, dass niemand sonst den Fluss auch hat. Damit sind Ihnen 10 Punkte fast sicher (statt 5 Punkte bei mehreren Teilnehmern mit dem gleichen Fluss). 10 Punkte für den relativen Wettbewerbsvorteil

145 Vgl. Schnettler | Wendt (Kommunikationspolitik), S. 39, zur zentralen Route vgl. zum Beispiel Kroeber-Riel | Weinberg, S. 614 ff.

146 Vgl. Schnettler | Wendt (Kommunikationspolitik), S. 13 f.; Schneider spricht hier von natürlicher USP und künstlicher USP: der UAP, vgl. Schneider, S. 252.

147 Vgl. Kloss, S. 20; Schneider, S. 252; Pepels (Kommunikations-Management), S. 356.

148 Vgl. Schnettler | Wendt (Kommunikationspolitik), S. 14.

149 Vgl. Dunker, S. 149.

150 Vgl. Saatchi & Saatchi, zitiert nach Sandt | Rohde, S. 326.

151 Vgl. Ogilvy, zitiert nach Sandt | Rohde, S. 327.

152 Vgl. Hartleben, S. 148 f., Felser spricht sich für einfacher, klarer, prägnanter, eingängiger und vor allem schneller aus, vgl. Felser, S. 19.

153 Vgl. Pepels (Kommunikations-Management), S. 355.
154 Vgl. Kroeber-Riel | Esch, S. 51; Pepels (Kommunikations-Management), S. 354.
155 Vgl. Ries | Trout, S. 19, sowie Sandt | Rohde, S. 325.
156 Kloss, S. 194. Schon 1939 hat Domizlaff die Notwendigkeit des Reason why erkannt, obwohl anders ausgedrückt: »In den Anfangszeiten einer natürlichen Markenbildung ist jede laute Reklame gefährlich. Dagegen sind sachliche Begründungen der Qualität wertvoll, die es der öffentlichen Meinung ermöglichen, eine günstige Stellungnahme sich selbst und anderen gegenüber zu vertreten«, Domizlaff, S. 83.
157 Vgl. Sandt | Rohde, S.328.
158 Vgl. Schneider, S. 253.
159 Vgl. Kloss, S. 194.
160 Vgl. Pickert, S. 82.
161 Vgl. Schneider, S. 253.
162 Vgl. Behrens, S. 375.
163 Vgl. Schweiger | Schrattenecker, S. 223.
164 Vgl. Schneider, S. 254.
165 Vgl. Schnettler | Wendt (Marketing), S. 258.
166 Vgl. Kloss, S. 194.
167 Vgl. Schweiger | Schrattenecker, S. 223.
168 Vgl. Schweiger | Schrattenecker, S. 223.
169 Vgl. Schneider, S. 251. Copy steht hierbei für den Werbetext (englisch: »copy«).
170 Vgl. Schweiger | Schratteneder, S. 108, und Pepels (Kommunikations-Management) S. 828.
171 Vgl. Schnettler | Wendt (Marketing), S. 241.
172 Vgl. Schnettler | Wendt (Marketing), S. 241.
173 Vgl. Kroeber-Riel, S. 199, und Felser, S. 387. In der Praxis werden Grundmotive zu häufig gewechselt, so dass es gar nicht erst zu Schlüsselbildern kommt, vgl. Ruge | Andresen, S. 141 ff.
174 Vgl. Kroeber-Riel | Esch, S. 124.
175 Vgl. Erichson | Maretzki, S. 523. Riesenbeck | Perrey nennen zwei Beispiele über 10 Prozent: Procter & Gamble (10,7 Prozent) und Adidas (13,6 Prozent), vgl. Riesenbeck | Perrey, S. 228.
176 Auf Deutsch: »Die Hälfte meines Werbebudgets ist zum Fenster rausgeworfen, ich weiß nur nicht welche!« Es ist in der Literatur strittig, wer der Urheber dieses Zitats ist. Manche schreiben es John Wanamaker (US-Einzelhändler) zu, vgl. beispielsweise Erichson | Maretzki, S. 523; andere Lord Leverhulme (Gründer von Unilever), vgl. Springer, S. 6.
177 Vgl. Schnettler | Wendt (Marketing), S. 349.
178 Vgl. Pepels (Kommunikations-Management), S. 129.

[179] Vgl. Schnettler | Wendt (Marketing), S. 349.
[180] Vgl. Schnettler | Wendt (Marketing), S. 349.
[181] Vgl. Erichson | Maretzki, S. 528.
[182] Vgl. Statistisches Bundesamt Deutschland: www.destatis.de.
[183] Illustration von Carolin Reich.
[184] Vgl. Becker, S. 5.
[185] Vgl. Richter | Weber, S. 34.

Literatur

Allgayer, Florian: *Zielgruppen finden und gewinnen,* Landsberg am Lech 2007

Balderjahn, Ingo | Scholderer, Joachim: *Konsumentenverhalten und Marketing,* Stuttgart 2007

Balderjahn, Ingo: Bedürfnisse, Bedarf, Nutzen, in: Tietz, Bruno | Köhler, Richard | Zentes, Joachim: *Handwörterbuch des Marketing,* 2. Aufl., Stuttgart 1995, S. 179–190

Bänsch, Axel: *Käuferverhalten,* 8. Aufl., München 1998

BBDO: *Brand Equity Drivers Modell* – Band 3, vgl. *http://www.bbdo.de/de/home/studien.download.Par.0026.Link1Download.File1Title.pdf,* Stand: 22.07.2007

Becker, Jochen: *Marketing-Konzeption,* 8. Aufl., München 2006

Behrens, Gerold | Esch, Franz-Rudolf | Leischner, Erika | Neumaier, Maria: *Gabler Lexikon Werbung,* Wiesbaden 2001

Benkenstein, Martin: *Entscheidungsorientiertes Marketing,* Wiesbaden 2001

Berndt, Ralph | Hermanns, Arnold: *Handbuch Marketing-Kommunikation,* Wiesbaden 1993

Berthel, Jürgen | Becker, Fred G.: *Personalmanagement,* 8. Aufl., Stuttgart 2007

Bottler, Stefan: Preisschlachten und Service rund um Schrauben, in: *w&v werben & verkaufen,* Heft 29, 2006, S.14–18

Bröckermann, Reiner: *Personalwirtschaft,* Stuttgart 2007

Broda, Stephan: *Marketing-Praxis,* 2. Aufl., Wiesbaden 2005

Bungard, Walter: *Projektive Verfahren,* vgl. *http://rpkhome.mach.uni-karlsruhe.de/~paral/MAP/pnprojektive_verfahren_l.ppt,* Stand: 21.07.07.

Bünte, Claudia: *Der Marken Optimizer: Ein integriertes Modell zur Imageoptimierung einer bestehenden Markenerweiterung unter besonderer Berücksichtigung der Familienmarke am Beispiel NIVEA und NIVEA Beauté,* Diss., Münster 2005

Cooper, Alan: *How to plan Advertising,* 2. Aufl., London 1997

Deimel, Klaus: Grundlagen des Involvement und Anwendung im Marketing, in: *Marketing ZFP,* 11. Jg., Heft 3, 1989, S. 153–161

Diffferent (Hrsg.): *Brennpunkt Briefing,* o.O., o.J.

Domizlaff, Hans: *Die Gewinnung des öffentlichen Vertrauens,* Hamburg 1982

Drucker, Peter F.: The Theory of the Business, in: *Harvard Business Review,* 72. Jg., Heft 5, 1994, September/Oktober, S. 95–104

Dunker, Martin: *Marketing,* 2. Aufl., Rinteln 2006

Dziemba, Oliver | Pock, Benny | Steinle, Andreas: *Lebensstile 2020,* Kelkheim 2007

Equity: *Methodenbeschreibung APIA, http://www.equity.de/download/methoden/APIA_MethodenBeschreibung.pdf,* Stand: 28.08.2007

Erichson, Bernd | Maretzki, Jürgen: Werbeerfolgskontrolle, in: Berndt, Ralph | Hermanns, Arnold: *Handbuch Marketing-Kommunikation,* Wiesbaden 1993, S. 521–560

Esch, Franz-Rudolf: *Wirkung integrierter Kommunikation,* 4. Aufl., Wiesbaden 2006

Fantapié Altobelli, Claudia: *Marktforschung,* Stuttgart 2007

Felser, Georg | Kaupp, Peter | Pepels, Werner: *Examenswissen Marketing,* Bd. 1, Käuferverhalten, Köln 1999

Felser, Georg: *Werbe- und Konsumentenpsychologie,* 2. Aufl., Heidelberg/Berlin 2001

Föll, Kerstin: *Consumer Insight,* Wiesbaden 2007

Fritz, Wolfgang | von der Oelsnitz, Dietrich: *Marketing,* 4. Aufl., Stuttgart/Berlin/Köln 2006

Froböse, Michael | Kaapke, Andreas: *Marketing,* Frankfurt am Main 2000

Geyer, Helmut | Ephrosi, Luis: *Crashkurs Marketing,* 2. Aufl., Freiburg i.Br. 2005

Gladwell, Malcolm: *Blink!,* Frankfurt am Main 2005

Grünewald, Stephan: Dem beseelten Marketing gehört die Zukunft, in: *w&v werben & verkaufen,* Heft 42 PLUS, 1996, S. 234–238

Hansen, Ursula | Hennig-Thurau, Thorsten | Schrader, Ulf: *Produktpolitik,* 3. Aufl., Stuttgart 2001

Hars, Wolfgang: *Lurchi, Klementine und Co. – Unsere Reklamehelden und ihre Geschichten,* Berlin 2000

Hartleben, Ralph E.: *Werbekonzeption und Briefing,* Erlangen 2001

Herbst, Dieter | Scheier, Christian: *Corporate Imagery,* Berlin 2004

Homburg, Christian | Krohmer, Harley: *Marketingmanagement,* 2. Aufl., Wiesbaden 2006

Horx, Matthias | Friedemann, Christiane: Tiger Ladies, in: Zukunftsinstitut (Hrsg.): *Trend-Report 2006,* Kelkheim 2005, S. 54–65

Huth, Rupert | Pflaum, Dieter: *Einführung in die Werbelehre,* 6. Aufl., Stuttgart/Berlin/Köln 1996

Jung, Holger | von Matt, Jean-Remy: *Momentum,* 3. Aufl., Berlin 2002

Kalka, Jochen | Allgayer, Florian: *Zielgruppen,* Landsberg am Lech 2006

Kamenz, Uwe: *Marketing Basics,* Neuwied 2001

Kamenz, Uwe: *Marktforschung,* 2. Aufl., Stuttgart 2001

Kampik, Wilhelm: Konsumfacetten im Blick, in: Kalka, Jochen | Allgayer, Florian: *Zielgruppen,* Landsberg am Lech 2006, S. 152

Kemper, Wulf-Peter: *brandholdervalue,* München 2003

Kirsch, Jürgen | Müllerschön, Bernd: *Marketing kompakt,* 5. Aufl., Sternenfels 2003

Kloss, Ingomar: *Werbung,* 4. Aufl., München 2007

Koppelmann, Udo: *Marketing,* 8. Aufl., Stuttgart 2006

Koppelmann, Udo: *Produktmarketing,* 6. Aufl., Berlin/Heidelberg/New York 2001

Koschnick, Wolfgang J.: *Standard-Lexikon für Mediaplanung und Mediaforschung in Deutschland,* 2. Aufl., Band 1: A–K, München 1995

Kotler, Philip | Armstrong, Gary | Saunders, John | Wong, Veronica: *Grundlagen des Marketings,* 4. Aufl., München 2007

Kotler, Philip | Keller, Kevin Lane | Bliemel, Friedhelm: *Marketing-Management,* 12. Aufl., München 2007

Kroeber-Riel, Werner | Esch, Franz-Rudolf: *Strategie und Technik der Werbung,* 6. Aufl., Stuttgart 2004

Kroeber-Riel, Werner | Weinberg, Peter: *Konsumentenverhalten,* 8. Aufl., München 2003

Kroeber-Riel, Werner: *Bildkommunikation,* München 1993

Kuhlmann, Christian: *Grundlagen des Marketing,* München 2004

Kuß, Alfred: *Marketing-Einführung,* Wiesbaden 2001

Lachmann, Ulrich: *Wahrnehmung und Gestaltung von Werbung,* 3. Aufl., Hamburg 2004

Langwost, Ralf: *How to Catch the Big Idea,* Erlangen 2004

Leibenstein, Harvey: Bandwagon, Snob, and Veblen Effects in the Theory of Consumers' Demand, in: *Quarterly Journal of Economics,* 44. Jg., Heft 2, 1950, S. 183–207

Levenson, Bob: *Bill Bernbach's Book,* New York 1987

Lönneker, Jens: *Das Ende der Zielgruppen?* Internes Papier von Rheingold – Institut für qualitative Markt- und Medienanalysen, Köln 2004

Mansaray, Nabbie: *Strategisches Marketingmanagement,* Wiesbaden 2001

Mattmüller, Roland: *Integrativ-prozessuales Marketing,* 3. Aufl., Wiesbaden 2006

Mayer, Anneliese | Mayer, Ralf Ulrich: *Imagetransfer,* Hamburg 1987

Meffert, Heribert: *Marketing,* 9. Aufl., Wiesbaden 2000

Meyer, Anton | Davidson, J. Hugh: *Offensives Marketing,* München 2001

Ogilvy, David: *Ogilvy über Werbung,* Düsseldorf/Wien 1984

Pechtl, Hans: *Preispolitik,* Stuttgart 2005

Pepels, Werner (Hrsg.): *Moderne Marktforschungspraxis,* Neuwied 1999

Pepels, Werner: *Käuferverhalten und Marktforschung,* Stuttgart 1995

Pepels, Werner: *Kommunikations-Management,* 4. Aufl., Stuttgart 2001

Pickert, Mike: *Die Konzeption der Werbung,* Heidelberg/Zürich 1994

Raab, Gerhard | Unger, Fritz: *Marktpsychologie,* Wiesbaden 2001

Ramme, Iris: *Marketing,* 2. Aufl., Stuttgart 2004

Richter, Kerstin | Weber, Markus: Auf die Agentur abgewälzt, in: *w&v werben & verkaufen,* Heft 8, 2006, S. 34–36

Ries, Al | Trout, Jack: *Positioning,* Hamburg 1986

Riesenbeck, Hajo | Perrey, Jesko: *Mega-Macht Marke,* 2. Aufl., Heidelberg 2005

Robertson, Charlie: Creative briefs and briefings, in: Cooper, Alan: *How to plan Advertising,* 2. Aufl., London 1997, S. 48–63

Rogge, Hans-Jürgen: *Werbung,* 6. Aufl., Ludwigshafen 2004

Ruge, Hans-Dieter | Andresen, Thomas B.: Acht Barrieren für die strategische Bildkommunikation, in: Forschungsgruppe Konsum und Verhalten (Hrsg.): *Konsumentenforschung,* München 1994, S. 139–156

Rüggeberg, Harald: *Marketing für Unternehmensgründer,* Wiesbaden 2003

Saatchi & Saatchi: *Das Briefing,* o.O., o.J.

Salcher, Ernst F.: *Psychologische Marktforschung,* 2. Aufl., Berlin 1995

Sandt, Björn | Rohde, Uwe: Copystrategische Grundlagen der Werbung, in: Berndt, Ralph | Hermanns, Arnold: *Handbuch Marketing-Kommunikation,* Wiesbaden 1993, S. 317–331

Sattler, Henrik | Völckner, Franziska: *Markenpolitik,* 2. Aufl., Stuttgart/Berlin/Köln 2007

Sauermann, Peter: Qualitative Befragungstechniken, in: Pepels, Werner (Hrsg.): *Moderne Marktforschungspraxis,* Neuwied 1999, S. 116–128

Schiffman, Leon G. | Kanuk, Leslie Lazar: *Consumer Behavior,* 6. Aufl., Englewood Cliffs 1997

Schmidt, Hans: Rau aber herzlich, in: *w&v werben & verkaufen,* Heft 18, 2007, S. 38–39

Schneider, Karl (Hrsg.): *Werbung in Theorie und Praxis,* 6. Aufl., Waiblingen 2003

Schnettler, Josef | Wendt, Gero: *Kommunikationspolitik für Werbe- und Kommunikationsberufe,* Berlin 2003

Schnettler, Josef | Wendt, Gero: *Konzeption und Mediaplanung für Werbe- und Kommunikationsberufe,* Berlin 2003

Schnettler, Josef | Wendt, Gero: *Marketing und Marktforschung,* 2. Aufl., Berlin 2006

Schuster, Heinz-Werner: Prestigegeleitetes Konsumentenverhalten, Teil 1: Typologie des Distinktionskonsums, in: GfK (Hrsg.): *Jahrbuch der Absatz- und Verbrauchsforschung,* Heft 2, 1994, S. 108–121

Schwedler, Erhard: *Kompaktwissen Marketing,* Wiesbaden 2000

Schweiger, Günter | Schrattenecker, Gertraud: *Werbung,* 6. Aufl., Stuttgart 2005

Schweiger, Günter: Image und Imagetransfer, in: Tietz, Bruno | Köhler, Richard | Zentes, Joachim: *Handwörterbuch des Marketing,* 2. Aufl., Stuttgart 1995, S. 915–928

Séguéla, Jaques: *Hollywood wäscht weißer. Werbung mit dem Starsystem.* Landsberg am Lech 1983

Solomon, Michael | Bamossy, Gary | Askegaard, Søren: *Konsumentenverhalten,* München 2001

Springer, Paul: *Ads to Icons,* London 2007

Stern Markenprofile 11, *Die Rückkehr der Qualität,* Hamburg 2005

Thomae, Hans: *Enzyklopädie der Psychologie,* Themenbereich C: Theorie und Forschung, Serie IV: Motivation und Emotion, Bd. 1: Theorien und Formen der Motivation, Göttingen/Toronto/Zürich 1983

Thomae, Hans: Motivationsbegriffe und Motivationstheorien, in: Thomae, Hans: *Enzyklopädie der Psychologie,* Themenbereich C: Theorie und Forschung, Serie IV: Motivation und Emotion, Bd.1: Theorien und Formen der Motivation, Göttingen/Toronto/Zürich 1983, S. 1–61

Tietz, Bruno | Köhler, Richard | Zentes, Joachim: *Handwörterbuch des Marketing,* 2. Aufl., Stuttgart 1995

Trommsdorff, Volker: *Konsumentenverhalten,* 6. Aufl., Stuttgart 2004

Tropp, Jörg: *Markenmanagement,* Wiesbaden 2004

Uhe, Gerd: *Operatives Marketing,* Berlin 2002

Uhe, Gerd: *Strategisches Marketing,* Berlin 2002

Ulrich, Peter | Fluri, Edgar: *Management,* 7. Aufl., Bern/Stuttgart 1995

Unger, Fritz | Fuchs, Wolfgang: *Management der Marktkommunikation,* 2. Aufl., Heidelberg 1999

Vershofen, Wilhelm: *Handbuch der Verbrauchsforschung,* Band 1, Berlin 1940

Vigneron, Franck | Johnson, Lester W.: A Review and a Conceptual Framework of Prestige-Seeking Consumer Behavior, in: *Academy of Marketing Science Review, http://www.amsreview.org/articles/vigneron01-1999.pdf,* Stand: 20.07.07

von Dultzig, Kay: *Marketing kompakt,* 2. Aufl., München 2004

Weis, Hans Christian | Steinmetz, Peter: *Marktforschung,* 6. Aufl., Ludwigshafen 2005

Willigan, Geraldine E.: High-Performance Marketing: An Interview with Nike's Phil Knight, in: *Harvard Business Review,* 70. Jg., Heft 4, 1994, Juli/August, S. 90–101

Zaichkowsky, Judith Lynne: Measuring the Involvement Construct, in: *Journal of Consumer Research,* 12. Jg., Heft 4, 1985, S. 341–352

ZAW Zentralverband der deutschen Werbewirtschaft: *Werbung in Deutschland 2007*, Berlin 2007

Zerres, Michael P.: *Marketing,* 2. Aufl., Stuttgart/Berlin/Köln 2006

Glossar

Die wichtigsten Begriffe des Buches noch einmal für Sie zusammengefasst:

4 P: Siehe Marketingmix.

A-, B-, C-Lage: Standortlagen werden je nach Güte kategorisiert. Eine A-Lage ist dabei die beste Lage.

Above-the-line (ATL): ist klassische Werbung, also Print, TV, Kino und Funk.

Automatisierungsgrad: ist der Grad des Ersetzens des Menschen durch Maschinen.

Bedürfnisse: können schlicht als Beweggründe des Willens, beziehungsweise als Antriebsfedern für das Handeln umschrieben werden. Das bedeutet, kein menschliches Handeln ohne Bedürfnis, bewusst oder unbewusst. Die wesentlich bestimmenden Faktoren von Bedürfnissen sind Ängste und Wünsche. Diese können begründet oder diffus sein. Im Spannungsverhältnis zwischen Ängsten und Wünschen trifft der Mensch seine Entscheidungen (auch Kaufentscheidungen).

Bekanntheitsgrad: gibt an, wie bekannt eine Person/ein Produkt ist. Die gestützte Bekanntheit wird mit Gedächtnishilfen ermittelt. Beispiel: Wie viel Prozent der Befragten kreuzen bei der Frage »Welche der folgenden Automarken kennen Sie: Maserati, Fiat et cetera?« Maserati an. Die ungestützte Bekanntheit erfragt man ohne Gedächtnisstütze. Beispiel: Wie viel Prozent der Befragten schreiben bei der Frage »Welche Automarken kennen Sie?« Maserati auf den Antwortzettel. Logischerweise ist die gestützte höher als die ungestützte Bekanntheit.

Below-the-line (BTL): ist alles, was nicht klassische Werbung ist, zum Beispiel Vkf, Events, Geschäftsberichte und Websites.

Briefing: übermittelt alle Informationen, die für die Realisierung eines Vorhabens notwendig sind.

Bruttowerbeausgaben: sind die Werbespendings, also die Ausgaben, die Unternehmen für Werbung hätten ausgeben müssen, wenn sie den jeweiligen offiziellen Preislistenpreis gezahlt hätten. Bruttowerbeausgaben berücksichtigen keine Rabatte, Skonti und sonstige Preisnachlässe, die Werbetreibenden und Agenturen gewährt werden. Zieht man also die Abzüge von den Werbeausgaben ab, so kommen die Nettowerbeeinnahmen bei den Medien an.

Consumer-Benefits: geben an, welchen Nutzen der Konsument aus dem Produkt/der Marke zieht, beziehungsweise ziehen kann.

Consumer-Insights: sind Informationen über Bedürfnisse/Motive, welche einen Wettbewerbsvorteil bewirken können, weil sie ein besonderes Leistungsversprechen ermöglichen.

Copy-Strategie: Siehe Gestaltungsstrategie.

Discriminator: Siehe USP.

Distributionsquote: ist der Anteil der Geschäfte, die zum Beispiel Schwartau Himbeere führen, geteilt durch die Anzahl aller Geschäfte, die »solche Produkte« (hier Marmelade, Konfitüre, süßer Brotaufstrich) führen: Supermärkte, Discounter, Tankstellen, Kioske/Trinkhallen und so weiter.

Eigenkapital: ist das Kapital (Geld), das die Eigner (Besitzer) eines Unternehmens in das Unternehmen eingebracht haben.

Einkaufsmacht: Jede Verhandlung ist gekennzeichnet durch die Stärke der Verhandlungspartner. Je stärker die eine Seite, desto mehr kann sie das Verhandlungsergebnis beeinflussen. Einkaufsmacht bezeichnet die Stärke des Einkaufenden gegenüber dem Verkaufenden (dem Lieferanten).

Fremdkapital: ist das Kapital (Geld), das sich die Eigner (Besitzer) eines Unternehmens von anderen (zum Beispiel Banken) geliehen haben.

F&E: steht für Forschung und Entwicklung, also den Teil des Unternehmens, der für Innovationen bei Produkten zuständig ist.

Garantie: ist eine zusätzliche, freiwillige Leistung des Händlers und/oder des Herstellers.

Gestaltungsstrategie: legt fest, welche Themen, Inhalte, Argumentationslinien und Botschaften durch die Kommunikation vermittelt werden sollen. Außerdem enthält sie Angaben zur werblichen Grundstimmung, das heißt, sie gibt Vorgaben für die Gestaltung. Auch Copy-Strategie genannt.

Gewährleistung: ist eine gesetzliche Verpflichtung. Der Umfang der Gewährleistung (juristisch: Sachmängelhaftung), die ein Verkäufer (der Händler gegenüber dem Konsumenten, aber auch der Hersteller gegenüber dem Händler) für das verkaufte Produkt leisten muss, ist gesetzlich vorgegeben. Der Verkäufer steht dafür ein, dass die gehandelte Ware frei von Sachmängeln ist und haftet daher für alle Mängel, die schon zum Zeitpunkt des Verkaufs bestanden haben. Der Zustand der Ware zum Zeitpunkt der Übergabe ist dabei entscheidend. Die gesetzliche Gewährleistung nach § 437 BGB beträgt 24 Monate.

Hybrides Einkaufsverhalten: besagt, dass die Konsumenten ihre Einkaufsstätten heute nicht mehr so streng nach ihrem Einkommen aussuchen wie noch in den Achtzigern und Neunzigern. Heute kaufen auch viele »Reiche« bei den

Discountern. In Bezug auf den Konsum zeigt sich ein ähnliches Bild: man konsumiert billige Kleidungsstücke zusammen mit exklusiven, man serviert Feinkostoliven mit selbst gebackenem Brot aus Zutaten von einem Discounter oder Biobrot mit Chorizo vom Discounter.

Infrastruktur: bezeichnet zum einen die externe Infrastruktur (zum Beispiel Anbindung an den öffentlichen Verkehr), zum anderen die interne Infrastruktur (bei großen Werken das Straßensystem, aber auch das interne Netzwerk).

Involvement: ist der Grad der Bedeutung (Wichtigkeit) des Produktes (oder Themas) für den Menschen, das heißt, es geht um die Bereitschaft, sich mit einem Produkt zu befassen. Involvement kennzeichnet so die von einer Person wahrgenommene Relevanz, basierend auf den eigenen Bedürfnissen.

Kapazität: ist die mögliche Ausbringungs- oder Produktionsmenge des Unternehmens.

Kontaktmenge und -verteilung: Kontakt als tatsächlicher Kontakt einer Person mit dem Werbeträger. Die Menge gibt die Anzahl der Kontakte an, die Verteilung bezieht sich auf verschiedene Zielgruppen und deren Verteilung.

Kundendienst: eine – nicht extra bezahlte – Dienstleistung.

Liquidität: die Fähigkeit, zeitnahe Ausgaben tätigen zu können, das heißt das Geld, das man schnell zur Verfügung hat, gemäß der Frage: »Bist du flüssig?«

Marken: sind Namen, Begriffe, Zeichen, Symbole et cetera zum Zweck der Kennzeichnung der Produkte oder Dienstleistungen eines Anbieters oder einer Anbietergruppe und der Differenzierung gegenüber Konkurrenzprodukten.

Markenimage: »the consumer´s idea of a product« (David Ogilvy, 1951).

Marketing: ist die Befriedigung von Bedürfnissen anderer (der Kunden), um seine eigenen Ziele (zum Beispiel Gewinn) zu erreichen.

Marketingkonzeption: ist ein schlüssiger, ganzheitlicher Handlungsplan (»Fahrplan«), der sich an angestrebten Zielen (sogenannten »Wunschorten«) orientiert, für ihre Realisierung geeignete Strategien (»Routen«) wählt und auf ihrer Grundlage die adäquaten Marketinginstrumente (»Beförderungsmittel«) festlegt.

Marketingmix: bezeichnet die Festlegung der Instrumente (»Werkzeuge«) zur Erreichung der gesetzten Ziele. Dies sind: leistungspolitische, kontrahierungspolitische, distributionspolitische und kommunikationspolitische Instrumente. Auch 4 P, Marketinginstrumente, Marketingmaßnahmen genannt.

Marktanteil: ist – wie der Name schon sagt – der Anteil (eines Unternehmens) am Markt aus der Summe aller Anbieter. So spaltet sich der Markt in verschiedene (Markt-)Anteile auf. Analog: (gegebenenfalls ungleich) geschnittene Kuchenstücke. Je nach Größe des »Kuchenstücks« sind die Unternehmen auf diesem Markt vertreten: Der Marktanteil zeigt das Größenverhältnis der Unternehmen beziehungsweise Marken am Markt. Es macht unter Umständen einen Unterschied, ob man den Marktanteil auf den Umsatz (wertmäßiger Marktanteil) oder auf die Absatzmenge (mengenmäßiger Marktanteil) bezieht. Beispiel: Produkte, die sehr unterschiedliche Preise haben. Hier »verzerrt« der Preis die Anteile, somit bekommen teurere Produkte umsatzmäßig mehr Marktanteil. Mengenmäßig ist ein Porsche gleich ein Fiat. Beim Umsatz sieht dies dann anders aus.

Marktdurchdringung: gibt die Erhältlichkeit des Produktes/der Marke an. Das heißt, in wie vielen Geschäften bekommt man zum Beispiel Schwartau Marmelade Himbeere oder das iPhone?

Monopolist: ist ein Unternehmen, das ohne Konkurrenz am Markt tätig ist. Dies ist ein seltener Fall, meist durch gesetzliche Regelungen begünstigt, zum Beispiel das Briefmonopol der Post.

Nachfragermacht: bedeutet, dass die Nachfrager (hier: Händler) die bessere Verhandlungsposition besitzen und daher die Konditionen (zum Beispiel Preise, Rabatte, Lieferbedingungen et cetera) mehrheitlich bestimmen. Dies ist selbstredend schlecht für die Anbieter (hier: Hersteller).

Nettowerbeeinnahmen: sind die Einnahmen der Medien aufgrund von Werbeschaltungen.

Nutzen: ist der Grad der Befriedigung von Bedürfnissen durch die Verwendung des Produkts.

Opportunitätskosten: entstehen dadurch, dass man Opportunitäten (andere Gelegenheiten) verpasst, zum Beispiel: die Arbeitszeit, die für den Einkauf aufgewendet wird, steht nicht für andere Arbeiten zur Verfügung. Wenn man also drei Tage mit der Internetrecherche für einen neuen Flachbildschirm verwendet, um dann 30 Euro zu sparen, aber derweil mehr als 30 Euro hätte verdienen können, dann ist das wenig sinnvoll. Es handelt sich somit um »entgangenen Gewinn«.

POS: ist der Point-of-Sale, der Ort an dem verkauft wird, Verkaufsort.

Positionierung: bezeichnet alle Maßnahmen, die darauf abzielen, das Angebot so in die subjektive Wahrnehmung der Abnehmer einzufügen, dass es sich von den konkurrierenden Angeboten abhebt und diesen vorgezogen wird. Positionierung ist nicht das, was man mit dem Produkt macht, sondern was man mit der Gedankenwelt der potentiellen Konsumenten macht.

Produktivität: gibt das Verhältnis von Input (dem Eingesetzten) zum Output (dem Ergebnis) an. Beispiel: Wie viele Bilder haben Sie in drei Stunden bearbeitet? Input = 3 Arbeitsstunden; Output = Anzahl der bearbeiteten Bilder.

Qualität: ist der Erfüllungsgrad eines individuellen Abnehmerbedürfnisses.

Reason why: ist die Erläuterung und Begründung, dass der versprochene Nutzen (oder Zusatznutzen) wirklich existiert. »Der Benefit behauptet die Alleinstellung, der Reason why begründet sie.«

Reichweite: meint mediatechnisch die Anzahl der Personen, die in einem betrachteten Zeitraum mindestens einmal Kontakt mit dem belegten Werbeträger hatten.

Rentabilität: gibt an, ob ein Unternehmen Gewinne erwirtschaftet oder nicht. Rentabel = Gewinn; unrentabel = Verlust. Es gibt verschiedene Rentabilitätskennzahlen, welche die Relation zwischen Gewinn und einem bestimmten anderen Faktor bezeichnen. Zum Beispiel: Umsatzrentabilität = Gewinn ÷ Umsatz; Eigenkapitalrentabilität = Gewinn ÷ eingesetztes Eigenkapital.

Share of Mind: steht für den Anteil einer Kampagne an den Durchschnittskontakten pro Person des Gesamtmarktes (Nettobetrachtung). Die Nettoreichweite ist die Anzahl aller mit einem Medium erreichten Personen (unabhängig davon, wie oft sie erreicht wurde).

Share of Voice: steht für den Anteil einer Kampagne an den Kontakten (Bruttoreichweite) des Gesamtmarktes (Bruttobetrachtung). Die Bruttoreichweite ist die Anzahl aller Kontakte mit einem Medium.

Slice of Life: ist eine von 14 verschiedenen sogenannten Gestaltungs- oder Copy-Techniken, nach denen sich Werbespots und auch teilweise andere klassische Werbeformen unterteilen und entwickeln lassen. Slice of Life steht für Geschichten aus dem realen Leben. Es sind Realfilme in Kurzform oder Szenendarstellungen. Die Produkte werden in Alltagssituationen gezeigt. Hierbei unterscheidet man zwei verschiedene Formen: (a) Dialog: Meist als »Zweifler-Überzeuger-Situation« dargestellt, an deren Ende der Zweifler natürlich überzeugt ist, und (b) Kommentar: Beim TV-Spot spricht der Off-Sprecher zum Produkt oder zu den Akteuren im Spot. Die anderen 13 Gestaltungstechniken sind: Testimonial, Präsenter/Demonstrator/Experte, Lifestyle, Erotik, Produktpersönlichkeit/Symbolfigur, (Produkt-) Demonstration/Präsentation, (technische) Kompetenz, Wissenschaft/wissenschaftlicher Nachweis, Musik/Musical/Jingle, Humor, Traumwelt, Stimmungs- und Gefühlsbilder, Animation.

SMP: siehe USP.

Sortiment/Produktprogramm: ist das gesamte Angebot eines Herstellers im Sinne aller angebotenen Produkte.

Stille Reserven: oder Rücklagen sind nicht aus der Bilanz ersichtliche Teile des Eigenkapitals. Zum Beispiel können dies unterbewertete (das heißt zu »günstig« angerechnete) Häuser des Unternehmens sein. Man kann es sich als Geld im »Geheimfach« vorstellen.

Tonalität (Tonality): ist die Atmosphäre, der Flair, der die Werbebotschaft umgeben soll. Sie umschreibt den Stil der Kommunikation. Die Tonalität definiert damit die Individualität, die die Werbung übermitteln soll. Sie wird üblicherweise mit Adjektiven beschrieben.

UAP/UCP: steht für »unique advertising proposition« beziehungsweise »unique communication proposition« und ist ein Benefit (Nutzen), der erst durch Werbung/Kommunikation geschaffen wird. Die Differenzierung erfolgt über Erlebniswerte. Es handelt sich um eine emotionale Alleinstellung.

USP: steht für »unique selling proposition«, das heißt ein einzigartiges, auf den Produktcharakteristika beruhendes Verkaufsversprechen, auch als das Alleinstellungsmerkmal bezeichnet.

Verpackung: umhüllt das Produkt (Packgut).

Werbekontakt: kurz Kontakt, steht für den tatsächlichen Kontakt einer Person mit dem Werbeträger (Medium).

Wertschöpfungskette: bezeichnet die Wertvermehrung (Schöpfung) bei der Verarbeitung von Produkten. Beispiel: ein belegtes Brötchen ist mehr wert (teurer) als die Zutaten oder ein Auto ist mehr wert, als die Einzelteile: Blech, Plastik et cetera.

Wettbewerbsvorteile: sind jene Nutzenelemente des Produktes, bei denen das eigene Produkt besser als die Konkurrenzprodukte ist, also höhere Nutzenstiftung bietet.

Ziele: sind allgemein Wunschzustände.

Zielgruppe: ist hier der Personenkreis, der mit der Kommunikation/der Werbung erreicht werden soll.

Register

Danksagung

Ich danke zuallererst meinen lieben Studenten, die mich zu diesem Werk inspiriert haben und von denen ein großer Teil der Inhalte stammt. Sie haben mir durch ihre Fragen das Thema nähergebracht und den Bedarf aufgezeigt. Leider fehlt bei weit über tausend Studenten der Platz, alle namentlich zu erwähnen. Ich hoffe, ihr habt Verständnis dafür. Herausheben möchte ich aber die schlechten Studenten, denn die haben mich am meisten weitergebracht. Hier verzichte ich aus gegebenem Anlass auf die persönliche Nennung.

Spezieller Dank auch an meinen persönlichen Lektor Jörg Sievert, der sich durch das Werk eines Legasthenikers quälen musste. Arme Sau, so viele Biere kann ich dir nie ausgeben. Dank an meine lieben Freunde, die mir mit zahlreichen Kommentaren, Hinweisen und Anregungen zur Seite standen: die Finks, der Gerds, der Holgi, der Hömmi, Jenny und die anderen.

Danke auch an meine Dozentenkollegen für die zahlreichen Diskussionen in Dozentenräumen, Gängen, Herrentoiletten, auf Partys, in dunklen Gassen und auf Konferenzen.

Ich danke meinen Kreativkollegen in den Agenturen. Leider kann ich nicht alle nennen, aber Oliver Arndt, Larsen Emmelmann, Jochen Schlaier und Christoph Tophinke müssen Platz finden. Jungs, ohne euch hätte ich die Zielgruppe dieses Buches nie verstanden. Danke.

Ein Dank an meine Buchagentin Anja Keil, allein schon für den Satz: »Sorry, ich musste noch mit meiner Buchagentin telefonieren!«, mit dem ich den einen oder anderen Blender verstörte. Ich danke dem Verlag, ohne den dieses Werk mein kleines Hirn nie verlassen hätte, insbesondere Michael Schickerling, den Vanessa spontan begeisterte.

Ich bedanke mich zudem bei der IT-Branche. Super, dass ihr Kisten entwickelt habt, die das Schreiben so viel einfacher machen. Spezieller Dank hier an Apple, deren Kisten man zudem auch noch gerne angucken mag.

Danke an Klassik Radio und Delta Radio für die Abnahme der DJ-Aufgaben während des Schreibens. Danke an meinen Körper, der dieses Projekt ohne Murren mit mir durchgezogen hat, und danke an die Pharmaunternehmen, die uns dabei unterstützt haben.

Danke auch an die Frauen, die ich näher kennenlernen durfte. Ihr habt mir klargemacht, dass Kommunikation nicht so einfach ist, wie es scheint.

Danke an meine lieben Eltern, ohne die ich nie das geworden wäre, was ich bin: ein glücklicher Mensch. Ihr seid das Größte!

Autoreninformation

Philip Wölki ist 40 Jahre alt und arbeitet seit 1999 als Dozent an zahlreichen Bildungsinstitutionen (Universitäten, Fachhochschulen, Akademien, Berufsfachschulen und Weiterbildungsträgern) in Deutschland und China. Nach Jahren in verantwortlichen Positionen bei Agenturen und Unternehmensberatungen entdeckte er seine Leidenschaft zur Wissensvermittlung. Vorher studierte er BWL mit Schwerpunkt Marketing und Werbung an Universitäten in Köln, Rotterdam, Dublin, Madrid und den USA. Er arbeitet zudem als freier Unternehmensberater und Journalist. Philip Wölki freut sich über Feedback unter woelki@marketingfuerkreative.de.